Story日本の歴史
近現代史編

日本史教育研究会

山川出版社

まえがき

歴史は嫌いという高校生・中学生が多いと以前から言われています。その主な理由は、とにかく沢山の出来事や人名・年代を覚えなければ、いい成績がとれない、というところにあるようです。

しかし、もし皆さんが歴史の勉強は暗記することだと思っているとしたら、それは違うと私たちは声を大にしていいたいのです。でも一方では、私たちがいくらそう叫んだところで、入学試験や学校の定期テストでは、ほとんどの場合、たくさん暗記したほうが勝ちというのも厳然とした事実でしょう。どうも戦後の歴史教育はどこかでボタンをかけ違えてしまったようです。

では、ほんとうは何のために私たちは歴史を学ぶのでしょう。それは簡単に言えば、ひとつの歴史上の出来事が何故《なぜ》おきたのか、その出来事がその後の世の中をどう変えていったのか、歴史上の人物がどういう一生を送ったのか、当時の社会が現在とどう異《こと》なっていたのか、そういう事を学ぶことによって、自分がこれから生きていく世の中で、物事をより正しく判断し、よりよく生きていく上での参考にすることだと思います。

そこで私たちは、事実の羅列《られつ》のような教科書とは違うもの、すなわち歴史を学ぶ上で大切と思われる出来事や人物について、もう少し詳しくわかる、読んでおもしろい本を皆さんに提供できればと考え、この『story　日本の歴史』を書きました。

この中から、皆さんが興味をもつ出来事や人物の項を読んでみて、さらに興味をもったら参考図書を読んでみることをお勧めします。そして、歴史を勉強することが、本当はとてもおもしろいということを知っていただければ、私たちの願いも達せられたことになります。

日本史教育研究会

二〇〇〇年一月

目次

Ⅰ　幕末・明治

Ⅱ　大正・昭和前期

Ⅲ 戦後

Ⅰ 幕末・明治

大日本帝国憲法の発布式典（1889年）
〈明治神宮聖徳絵画館所蔵〉

大日本帝国憲法原本（国立公文書館所蔵）

1　薩摩と長州 ——尊王攘夷から武力討幕へ——

尊王攘夷運動の幕開け

一八五八（安政《あんせい》五）年六月、日米修好通商条約が締結《ていけつ》された。「違勅《いちょく》」調印（天皇の勅許《ちょっきょ》を得ずに通商条約に調印したこと）と、開港による経済的混乱はそれまで別々であった尊王《そんのう》論と攘夷《じょうい》論を一体化し、反幕《はんばく》的意識が下級武士を中心に生み出された。安政の大獄《たいごく》に憤激《ふんげき》した志士《しし》が大老井伊直弼《いいなおすけ》を暗殺した一八六〇（安政七）年三月三日の桜田門外《さくらだもんがい》の変は尊王攘夷運動の本格的幕開けとなった。参加者はほとんど水戸浪士《みとろうし》で、薩摩《さつま》藩士も一人参加した。そこには大久保一蔵《おおくぼいちぞう》（のちの利通《としみち》）らの「精忠《せいちゅう》組」が藩主島津茂久《しまづしげひさ》の必死の説得で参加を断念した経緯《けいい》もあった。土佐《とさ》藩も事件の翌年武市瑞山《たけちずいざん》により結成された勤王党《きんのうとう》を中心に尊攘派が台頭《たいとう》し、また長州藩でも吉《よし》田《だ》松陰《しょういん》の松下村塾《しょうかそんじゅく》で育った尊攘派が松陰の斬首《ざんしゅ》に対して幕府への復讐心《ふくしゅうしん》を募《つの》らせていた。しかし、水戸藩はもともと尊王思想の強い藩であるが、御三家《ごさんけ》の一つでもあり幕府への遠慮があった。土佐藩も外様《とざま》ながら幕初以来佐幕《さばく》的な傾向が強かった。それに対し、鎌倉時代以来の伝統をもつ薩摩と、尊王意識の強い長州の両藩では下級武士らが尊攘から討幕《とうばく》に向かうことになった。だが、両藩はこのあとしばらくは随分《ずいぶん》違った道を歩んでいく。

公武合体運動と尊攘運動の対立

井伊直弼暗殺により幕府独裁が終わると、かつての一橋《ひとつばし》派が復権《ふっけん》して、新たに「公武合体《こうぶがったい》」派として幕政を主導していくことになる。公武合体的方針を掲《かか》げたのはまず長州藩であったが、長井雅楽《ながいうた》の「航海遠略策《こうかいえんりゃくさく》」（朝廷《ちょうてい》が命じ幕府が実施する交易《こうえき》により国力充実をはかる）が尊攘派により葬《ほうむ》られてから長州は尊攘運動に突き進むことになる。この頃も尊攘派のテロは水戸浪士によるものが目立ってはいるが（第一次東禅寺《とうぜんじ》事件、坂下門外《さかしたもんがい》の変など）、長州尊攘激派のテロ事件としては一八六二（文久《ぶんきゅう》二）年一二月に品川御殿山《しながわごてんやま》に移ったイギリス公使館の襲撃《しゅうげき》がある。この時は高杉晋作《たかすぎしんさく》・伊藤俊輔《いとうしゅんすけ》（のちの博文《ひろぶみ》）、井上聞多《いのうえもんた》（のちの馨《かおる》）、久坂玄瑞《くさかげんずい》らの松下村塾《しょうかそんじゅく》メンバーが参加している。

一方薩摩は島津斉彬《しまづなりあきら》の急死後、弟久光《ひさみつ》が藩の実権をにぎり、公武合体《こうぶがったい》運動を進めていく。久光は六二年春兵を率《ひき》いて上京し、さらに勅使大原重徳《ちょくしおおはらしげとみ》に随行《ずいこう》する形で江戸へ下《くだ》り幕府に改革を要求した。その手始めが一橋慶喜《ひとつばしよしのぶ》（将軍後見職《こうけんしょく》）、松平慶永《まつだいらよしなが》（政事総裁職《せいじそうさいしょく》）、松平容保《まつだいらかたもり》（京都守護職《しゅごしょく》）の登用《とうよう》である。しかし、薩摩尊攘派は久光が攘夷を実行するため上京したと勘違いし、その先鋒《せんぽう》となるべく京都伏見《ふしみ》の船宿《ふなやど》寺田屋に集結したが、久光の「上意《じょうい》」により有馬新七《ありましんしち》らは仲間の奈良原喜八郎《ならはらきはちろう》らに討たれた。その久光が江戸より帰国する途中《とちゅう》、横浜《よこはま》付近で行列を横切ろうとしたイギリス人三人を藩士らが死傷させた（生麦《なまむぎ》事件）。これは久光が直接手を下したわけではないが、彼の黙認《もくにん》のもとであり、当時公武合体派であろうと攘夷的な本質を持っていたことがわかる。このような薩摩の攘夷意識をたたくため、イギリスは翌年軍艦七隻《せき》を鹿児島《かごしま》へ送り、城下《じょうか》を砲撃した（薩英《さつえい》戦争）。しかしこれがきっかけで薩摩はイギリスに接近し反幕《はんばく》開国論に転換するのである。

長州は朝廷に働きかけて攘夷の実行を幕府に迫《せま》り、それが功《こう》を奏《そう》して一八六三（文久三）年五月一〇日の攘夷決行《けっこう》となり、下関《しものせき》を通過するアメリカ船などに砲撃を加え攘夷の鬱憤《うっぷん》をはらした。しかしその二カ月後、公武合体派の公家《くげ》が尊攘派の三条実美《さんじょうさねとみ》ら七人の公家《くげ》を朝廷《ちょうてい》から追放した（八月一八日の政変）。これにより尊攘派は朝廷における足場を失い、奪回《だっかい》をめざす尊攘派は長州尊攘派を中心に「京都出入《でい》り」が激しくなるなか、その拠点《きょてん》であった池田屋が幕府側の新撰組《しんせんぐみ》により襲撃《しゅうげき》され、七人が斬殺《ざんさつ》、二三人が捕縛《ほばく》された。この時桂小五郎《かつらこごろう》は脱出し難を逃れた。これに憤慨《ふんがい》した久坂玄瑞《くさかげんずい》らは大挙《たいきょ》して上京したが、幕命《ばくめい》により警護にあたっていた薩摩（中心は西郷隆盛《さいごうたかもり》）・会津《あいづ》藩兵らに撃退され敗死した（禁門《きんもん》の変）。幕府はさらに長州征討《せいとう》を実施した。各地での尊攘激派の挙兵《きょへい》もことごとく鎮圧《ちんあつ》され、尊攘運動は挫折《ざせつ》を余儀《よぎ》なくされた。また長州も薩摩と同様列強《れっきょう》の軍事的洗礼《せんれい》を受け（一八六四年の四国《しこく》艦隊下関砲撃）、頑《かたく》なな攘夷論は転換し始める。

武力討幕へ

薩摩と長州はその後それぞれ歳若《とし》い下級武士が藩権力を動かす情勢となった。長州の高杉らは幕府の長州再征《さいせい》に向けては「武備恭順《ぶびきょうじゅん》」を唱《とな》えて、討幕《とうばく》の意志を固め、薩摩も長州に同調し反幕的傾向を強めていった。しかし両藩が提携《ていけい》するには大きな感情的しこりがあった（特に禁門の変の経緯《けいい》）。それを取り除き薩長《さっちょう》同盟の提携《ていけい》のために奔走《ほんそう》したのは坂本龍馬《さかもとりょうま》である。それがやっと実ったのは一八六六（慶応《けいおう》二）年一月であった。京都で西郷と木戸孝允《きどたかよし》（桂小五郎）が会って同盟を結ぶことになったが、龍馬は遅れて上京し、話が進展していないのをみて二人を一喝《いっかつ》し、成立させたという。これは当時でも武士にとって藩の枠《わく》を越えて他藩に援助を乞《こ》うことの難しさを示している。その後薩摩は長州のために軍艦・武器の調達の支援をし、長州も幕府を迎え撃つべく一八六三年結成の奇兵《きへい》隊《たい》をはじめとする諸隊の士気《しき》はあがった。長州再征《さいせい》の際幕府側は戦意なく敗北し、将軍家茂《いえもち》死去を口実に撤兵《てっぺい》した。またこの年は最大規模の世直《よなお》し一揆《いっき》が全国に吹き荒れ、打ちこわしも江戸・大阪で頻発《ひんぱつ》し、幕府は追いつめられることになる。一方、薩長討幕派は攘夷論者孝明《こうめい》天皇の死去により、一五歳で即位した睦仁親王《むつひとしんのう》（明治《めいじ》天皇）を擁《よう》して勢いを増した。

長崎における高杉晋作（中）と伊藤俊輔（右）
〈東行記念館所蔵〉　写真は1867年（慶応3）年3月，高杉らが下関開港問題の折衝に，長崎に赴いたときのもの。

明けて慶応三年、幕府は四侯《しこう》会議（島津久光《しまづひさみつ》・山内豊信《やまのうちとよしげ》・伊達宗城《だてむねなり》・松平慶永《まつだいらよしなが》）で政局の打開をはかることにも失敗して打つ手をなくし、土佐藩の提案に乗り最終的な決断を行った。大政奉還《たいせいほうかん》である。しかし、これは一五代将軍となった慶喜《よしのぶ》が政権を投げ出したというより、幕府の名を捨てた「公議政体論《こうぎせいたいろん》」による政権構想で徳川権力の延命《えんめい》をはかったと考えてよい。そのため同日（一〇月一四日）岩倉具視《いわくらともみ》が画策《かくさく》し、長州・薩摩に示された「討幕《とうばく》の密勅《みっちょく》」はその意味を失い、旧幕府側の思惑《おもわく》通りことが進むかにみえた。しかし、武力討幕派は起死回生《きしかいせい》の「王政復古《おうせいふっこ》の大号令《だいごうれい》」により旧幕府側の意図《いと》をくじき、その夜に招集された小御所《こごしょ》会議で山内・松平らの旧幕府側の議定《ぎじょう》との激論の末、岩倉・西郷らが天皇の権威を利用して慶喜の「辞官納地《じかんのうち》」（内大臣《ないだいじん》辞任と徳川家の領地返上）を決定した。その後の薩摩の江戸での挑発《ちょうはつ》行為もあり、翌年正月三日鳥羽伏見《とばふしみ》で旧幕府軍と薩長を中心とした新政府軍との武力衝突《しょうとつ》がおきた。新政府軍は兵力数で劣っていたが三日ほどの戦闘で勝利し、それを見て大阪城の慶喜は開陽丸《かいようまる》で江戸城に帰還《きかん》したので、新政府軍は西郷を参謀《さんぼう》として江戸に向けて進発した。この時品川弥二郎《しながわやじろう》が作詞し兵士に歌わせたのが「宮さん　宮さん　お馬の前にひらひらするのはなんじゃいな　あれは朝敵征伐せよとの錦《にしき》の御旗じゃ知らないか　トコトンヤレトンヤレナ」であるが、これは兵士を鼓舞《こぶ》するとともに、民衆に対してこの戦いの意味（天皇の権威発揚《はつよう》と「朝敵《ちょうてき》」たる徳川家を「征伐《せいばつ》」する官軍《かんぐん》の戦い）を宣伝する役割を果《は》たした。江戸総攻撃は西郷と勝海舟《かつかいしゅう》の談判《だんぱん》により無血《むけつ》開城となったが、彰義隊《しょうぎたい》のおこした上野《うえの》戦争は旧幕府側を追いつめる口実となり、その後、東北戦争から箱館《はこだて》戦争の終結（一八六九〈明治二〉年五月）により、武力討幕はその幕を下《お》ろす。

参考図書　田中彰『高杉晋作と奇兵隊』（岩波新書）、井上清『西郷隆盛』上・下（中公新書）、石井孝『明治維新の舞台裏』（岩波文庫）

2　勝海舟と坂本龍馬

海舟と龍馬の出会い

二人が出会うのは、龍馬《りょうま》が江戸に出て剣術修行《しゅぎょう》に励《はげ》み、尊攘《そんじょう》派の志士《しし》として成長しつつあった一八六二（文久二《ぶんきゅう》）年、龍馬二八歳の時である。龍馬は、千葉重太郎《じゅうたろう》（剣術の師、千葉定吉の子）とともに海舟《かいしゅう》を訪れ、場合によっては斬《き》って捨てるつもりであったというが、その時すでに血気にはやる観念的尊攘派ではもはやなかったというのが最近の定説である。安政《あんせい》の大獄《たいごく》後の尊攘運動の勃興《ぼっこう》期ではあるが、龍馬はその年齢や生まれ育ちを見ても、単純な尊攘論に心酔《しんすい》することなく、試行錯誤《しこうさくご》のなかで別の道を探り始めていたと考えてよい。また、尊攘派と対立する論客の説を直接確認する度量《どりょう》が彼にはあった。そして前越前《えちぜん》藩主松平慶永《まつだいらよしなが》（春嶽《しゅんがく》）の紹介で海舟に出会うことになったのである。海舟は四〇歳、すでに自らの思想を確立し幕臣《ばくしん》としての地位（軍艦奉行並《ぶぎょうなみ》）や彼に対する評価もある程度定まった頃であり、海舟が龍馬を説き伏せ、その場で龍馬は門人になったが、これは日本近代史にとって重要な意味をもつ出会いとなった。この二人が共《とも》に「燃焼《ねんしょう》」するほぼ五年間（一八六二～六七年）はまさに日本が近代への道を模索《もさく》する時期と重なり、その中心に二人がいたのである。

二人の生い立ちから出会いまで

海舟（名は義邦《よしくに》、通称麟太郎《りんたろう》）は一八二三（文政《ぶんせい》六）年、勝小吉《かつこきち》の長男として江戸本所亀沢《ほんじょかめざわ》町に生まれた。海舟の曾祖《そうそ》父《ふ》が検校《けんぎょう》（盲人としての最高位）となってから男谷《おだに》家の旗本《はたもと》株を買い取り、末子《まっし》の平蔵《へいぞう》に男谷家を継がせた。平蔵の三男小吉がさらに勝家の旗本株《かぶ》を引き継ぐ形で養子縁組をし、男谷家に同居して勝家を構え、海舟はその長男として生まれた。旗本株を買ったものの小身無役《しょうしんむやく》の旗本であり、家は貧しく、海舟の貧乏暮らしは有名である。一八三八（天保《てんぽう》九）年、一六歳で家督《かとく》を継ぐが、剣術修行《しゅぎょう》に励《はげ》むしかやることはなかった。ただ海舟は、剣術のみに終わらず、その後蘭学《らんがく》に関心を向ける。それは佐久間象山《さくましょうざん》との出会いがきっかけになったといえる。しかし勉学《べんがく》にかける気概《きがい》はあっても経済的余裕はなかった。そこで当時高価な『ヅーフ・ハルマ』（蘭日《らんにち》辞書）を借り受け、二部筆写して一部は自分のものとし、もう一部は売って借料に充《あ》てたという逸話がある。

　その後蘭学塾を開くまでになったが、彼が歴史に名を残すきっかけは、ペリーの来航《らいこう》である。幕府がそれまでの慣習にとらわれず広く意見を聞かざるをえないほど衝撃《しょうげき》を受けたこの事態に対し、この時海舟の提出した海防論・西洋的軍制改革論（費用は交易《こうえき》による利益によって賄《まかな》う）が異国応接掛《いこくおうせつがかり》大久保忠《おおくぼただ》寛《ひろ》（一翁《いちおう》）の目にとまり、役付《やくづき》（異国応接掛手附《てつけ》蘭書翻訳御用《らんしょほんやくごよう》）となった。そしてその年長崎で海軍伝《でん》習《しゅう》を命じられる（三三歳）。今までの剣術修行と蘭学研究が時機を得て一つの形に結実《けつじつ》したのである。その後の長崎伝習を終える四年間ほどが海舟にとって一番充実した時期であった。そして一八六〇（万《まん》延《えん》元）年、あの咸臨丸《かんりんまる》での渡米となる。日米修好通商条約の批准《ひじゅん》書交換のため新見正興《しんみまさおき》が派遣《はけん》される際、護衛と航海技術の習得をかね木村喜毅《きむらよしたけ》を「団長」とする咸臨丸が同行することになり、その船長に海舟がなったが、木村との折り合いが悪く、また船酔いでほとんど自室に籠《こ》もり切りであったという。航海術の向上はともかく、アメリカ（サンフランシスコ）を実際に見て日本の軍事的な未熟さや社会の違い（特に能力のある者が上に立つということ）を実感し、門閥《もんばつ》主義の打破《だは》の信念を強めることになる。帰国後は一八六一（文久《ぶんきゅう》元）年講武所《こうぶしょ》砲術師範役《しはんやく》となり、さらに軍艦操練頭取《そうれんとうどり》から軍艦奉行並《なみ》に進み、彼が自ら提案してきた機構の中枢《ちゅうすう》に就《つ》くことになり、本格的に自分の考えを実現させる時期が到来する。

その頃に海舟の分身となる龍馬が門下《もんか》に入るのである。

　龍馬は海舟に遅れること一二年、一八三五（天保六）年高知本丁筋《ほんちょうすじ》の町人郷士《ごうし》坂本家に生まれた。本家は酒造家の豪商才谷屋《さいたにや》であり、父坂本八平の曾祖父《そうそふ》の時に郷士株《かぶ》を買って坂本家を分家させたのである。八平の次男として生まれた龍馬は高知という風土と、買い取り郷士で、商家の出自《しゅつじ》を持ち、また次男ということで、身分・門閥《もんばつ》にとらわれない自由闊達《かったつ》さを生来《しょうらい》持っていたことがわかる。幼少期は「泣き虫龍馬」と言われていたが、日根野《ひねの》道場に通い、剣術の腕を上げ、さらに上達を期して江戸に剣術修行に赴《おもむ》く頃から龍馬は変わり始める。奇《く》しくもこの年は、ペリー来航の年であり（一八五三〈嘉永《かえい》六〉年）、千葉道場で剣術に励《はげ》みながらも日本の大きな変革のきっかけとなる「現場」にいて何かを感じた筈《はず》である。表面的には何事もなく江戸より帰国するが、この頃海舟とともに龍馬に大きな影響を与えた河田小龍《かわたこりゅう》に出会っている。河田小龍は狩野《かのう》派の画家であるが、中浜《なかはま》（ジョン）万次郎《まんじろう》の得た海外事情を聞き取って出版したり、長崎にも遊学し、また薩摩《さつま》藩の反射炉《はんしゃろ》を見学するなど、土佐《とさ》で一、二を争う知識人であった。彼に接したことで龍馬はすでに観念的な攘夷《じょうい》論者ではなくなっていたと思われる。その後しばらくして武市瑞山《たけちずいざん》（半平太《はんぺいた》）の結成した土佐勤王《きんのう》党に参加している。心は揺れながらも尊王攘夷をめざす志士に成長していった。そして脱藩。自由な気風を持つ土佐《とさ》藩からも「飛騰《ひとう》」し、そして海舟の門下に入るまでが半年ほどの間である。

海舟から龍馬へ

　その後の二人の動きはよく知られているように神戸《こうべ》海軍操練所《そうれんじょ》での師弟の絆《きずな》は確かなものとなり、以後海舟は軍艦奉行として幕臣《ばくしん》の立場から体制の変革を探り、龍馬は操練所塾頭《じゅくとう》をへて独自に亀山社中《かめやましゃちゅう》、さらに海援隊《かいえんたい》の設立へと、自由人（先駆《せんく》的な政治的経済的実践家《じっせんか》）として時代に関わる。二人が目指《めざ》したものはおおよそ雄藩《ゆうはん》連合的な組織を核とした西洋的議会制度の導

海舟の設計した神戸の和田岬砲台
（『西摂大観』より）

入による統一国家であり、その第一歩が「大政奉還《たいせいほうかん》」であった。そして一八六七（慶応《けいおう》三）年一〇月に大政奉還がなされた。時期・内容ともに二人の求めたものとは少し違っていたとはいえ、ここで二人の歴史的役割は終わったといえる。海舟はすでに時代の変革を龍馬に託《たく》した形となっていたが、王政復古《おうせいふっこ》の大号令後の鳥羽伏見《とばふしみ》の戦いに旧幕府側が敗北して江戸城総攻撃となった時、西郷隆盛《さいごうたかもり》と談判《だんぱん》して無血《むけつ》開城を決断し、徳川家追討《ついとう》の慰留役《いりゅうやく》に徹《てつ》した。それは彼の本来の歴史的役割ではなかった。一方、龍馬は薩長《さっちょう》同盟を成立させ武力討幕《とうばく》派を支援する傍《かたわ》ら、「船中八策《せんちゅうはっさく》」や「藩論」で未熟ではあるが大政奉還後の国家体制を明確に描いていた。しかし王政復古の大号令を知ることなく一一月一五日の誕生日、幕府見廻組《みまわりぐみ》の手にかかり京都近江《おうみ》屋で暗殺され、文字通り歴史的役割を終えた。三三歳の生涯《しょうがい》であった。

その後の海舟

龍馬の「船中八策」のような構想と薩長藩閥《さっちょうはんばつ》政府の政策が違っていたことに、もし龍馬が維新後も生きていたらどう対応したであろうか。その答えのヒントは、海舟が維新後、政治の表舞台に立つことなく（海軍卿《きょう》や枢密院顧問官《すうみついんこもんかん》などを歴任）、明治政府の政策（特に対中国政策）の批判を行っていたことに表現されているかもしれない。海舟は一八九九（明治三二）年、七七歳で没した。

参考図書　松浦玲『勝海舟』・池田敬正『坂本龍馬』・藤井哲博『長崎海軍伝習所』（以上、中公新書）、平尾道雄『坂本龍馬　海援隊始末記』（中公文庫）

3 西郷・大久保と木戸 ——藩閥の形成へ——

維新の三傑

薩摩の西郷隆盛《さいごうたかもり》と大久保利通《おおくぼとしみち》、それに長州の木戸孝允《きどたかよし》、この三者を「維新の三傑《さんけつ》（三元《げん》勲《くん》）」という。維新当時、活躍した英雄はほかにもいる。しかし、多くは早い時期に暗殺されたり病死した。政治的に旧体制を解体し、経済的に殖産興業《しょくさんこうぎょう》の方向を示し、惜《お》しまれつつ四〇～五〇歳で亡くなったのが、この三者である。一八七七・七八（明治一〇・一一）年とほぼ同時期に、しかもそれぞれ自刃《じじん》・暗殺・病死と、非業《ひごう》の死を遂《と》げたのであるから、当時の人々の心に残ったのであろう。しかし、三者は同時に同じことを考えていたのではないので、それを三者の生いたちからみてみよう。

西郷隆盛

一八二七（文政《ぶんせい》一〇）年、鹿児島《かごしま》城下で下級武士の家に誕生《たんじょう》する。同じ町内で同じ家格《かかく》の、三歳年少の大久保とは遊び友達であった。

藩主島津斉彬《しまづなりあきら》に登用《とうよう》され、斉彬の意を受けて、将軍継嗣《けいし》問題などの政界工作に活躍する。斉彬の死後、奄美大島《あまみおおしま》に流罪《るざい》となる。若い藩主忠義《ただよし》の父として実権を握った久光《ひさみつ》は、幕府内での藩の影響力を伸ばそうと画策《かくさく》する。久光は、西郷の力を利用しようとして赦免《しゃめん》するが、西郷の動きを理解できず、沖永良部《おきのえらぶ》島《じま》に流罪とし、知行《ちぎょう》も没収してしまう。この二人は、終生《しゅうせい》折り合いが悪かった。西郷は一八六四（元治《げんじ》元）年に召還《しょうかん》され、七月の禁門《きんもん》の変で、薩軍の参謀《さんぼう》として長州兵と戦い、一躍その存在を内外に示した。第一次長州征討《せいとう》後から、討幕《とうばく》派に転じる。

一八六六（慶応《けいおう》二）年、土佐《とさ》の坂本龍馬《さかもとりょうま》らの斡旋《あっせん》による薩長《さっちょう》連合を長州の木戸と結ぶ。六七（慶応三）年六月には大政奉還《たいせいほうかん》により列侯会議《れっこうかいぎ》をめざす土佐の後藤象二郎《ごとうしょうじろう》らと組む。ところが一〇月には大久保とともに討幕派の長州や公家《くげ》の岩倉具視《いわくらともみ》と謀《はか》り、薩長に討幕《とうばく》の密勅降下《みっちょくこうか》を工作する。同月一四日に徳川慶喜《とくがわよしのぶ》から大政奉還《たいせいほうかん》が上表《じょうひょう》され、討幕の名目を失い肩すかしにあった討幕派は、一二月九日の王政復古の大号令で巻き返す。このクーデターの中心人物も西郷と大久保で、二人は翌日に参与《さんよ》となる。さらに西郷は、旧幕府勢力を挑発《ちょうはつ》し、一八六八（明治元《がん》）年一月鳥羽《とば》・伏見《ふしみ》の戦いに始まる戊辰戦争《ぼしんせんそう》を引きおこす。三月に幕臣勝海舟《かつかいしゅう》と会談して、江戸城無血《むけつ》開城を決めたことはあまりに有名である。

戊辰戦争後、維新の功臣《こうしん》として優遇されながらも、西郷は鹿児島に帰り藩政改革を実施する。大久保や岩倉の要請《ようせい》で七一（明治四）年に上京して参議《さんぎ》となる。同年七月の廃藩置県《はいはんちけん》に協力し、同年秋の岩倉遣外《けんがい》使節団出発後は、留守《るす》政府の責任者として、徴兵《ちょうへい》制や地租改正《ちそかいせい》に取り組む。彼は最初の陸軍大将であった。一八七三年、征韓論《せいかんろん》を強く主張し、欧米より帰国して内治優先論《ないちゆうせんろん》を唱《とな》える大久保や木戸に敗れ、参議を辞して鹿児島に帰郷する（明治六年の政変）。故郷で青年の教育（私学校《しがっこう》）や狩猟《しゅりょう》にあけくれるが、七七年の西南《せいなん》戦争に敗れ、九月二四日、五一歳で鹿児島城山《しろやま》の露と消えた。

西郷の最大の業績は、幕府を倒したことであるが、新政府への展望はもっていなかったようである。最後は朝敵《ちょうてき》となるが、福沢諭吉《ふくざわゆきち》は権力への抵抗精神を褒《ほ》め、内村鑑三《うちむらかんぞう》は最大にして最後の武士と称《たた》える。人々にはロシアでの生存説が、特に一八九一年に流布《るふ》した。当時の実力者、伊藤博文《いとうひろぶみ》や山県有朋《やまがたありとも》への反感からであろうか。ともあれ、九八年には高村光雲《たかむらこううん》作の銅像が東京上野に建ち、権力や財力を求めない高潔《こうけつ》で包容《ほうよう》力のある人として親しまれている。

大久保利通

一八三〇（天保《てんぽう》元）年に、西郷と同じ町内で誕生し、後に島津斉彬に登用される。久光にも信用をえて、六一（文久《ぶんきゅう》元）年に藩政に参画《さんかく》するようになる。大久保の行動の特徴は、権力の中に入り、上位の力を利用しながら、自分の構想の方向に変えて行く方法をとることである。

一八六四年、復帰した西郷と討幕に力を注《そそ》ぎ、六六・六七年には京・大阪にいて岩倉らと討幕の方法を画策《かくさく》する。戊辰《ぼしん》戦争時には、京都で新政府の構想を練っていた。

一八六九（明治二）年の版籍奉還《はんせきほうかん》や七一年の廃藩置県を推進した。同年、民部省《みんぶしょう》を廃し、その機能を大蔵《おおくら》省に移し、大蔵卿《きょう》として内政・財政・殖産興業《しょくさんこうぎょう》を掌握《しょうあく》する。岩倉使節団の副使として欧米を巡《めぐ》り、ドイツのビスマルクに感銘《かんめい》して、七三年に帰国。内治《ないち》優先を説いて、西郷らの征韓論を退《しりぞ》け、同年一一月内務《ないむ》省を新設し、参議兼内務卿となる。同省は殖産興業・警察行政・地方行政を担当する、政府の最も中核の官庁である。大蔵卿に大隈重信《おおくましげのぶ》、工部《こうぶ》卿に伊藤博文《いとうひろぶみ》を配した、事実上の大久保政権の誕生である。

翌七四（明治七）年の佐賀の乱では、人々に恐れられるほど厳《きび》しい対処をする。一八七五年、下野《げや》していた木戸や土佐の板垣退助《いたがきたいすけ》と大阪で会談し、漸次《ぜんじ》立憲政体樹立《じゅりつ》の方向を認めた。翌七六年四月、大久保にとって大変名誉なことがあった。新築なった大久保邸《てい》に明治天皇が行幸《ぎょうこう》したのである。三条実美《さんじょうさねとみ》や岩倉らの公家《くげ》と肩を並べたのである。一連の士族の反乱を制圧した後、七七年には独自の県政を展開していた鹿児島県に中央の統制を強め、西郷らの蜂起《ほうき》を鎮圧《ちんあつ》した（西南戦争）。これを機に武力による反抗はなくなり、安定した中央政府となる。しかし大久保は、翌七八年五月一四日、馬車で出仕《しゅっし》の途中、石川県士族島田一良《しまだいちろう》らに襲われ四九歳の生涯《しょうがい》を閉じる。

大久保は、常に権力の中枢《ちゅうすう》にいた。藩主や天皇の側にいながら実権を掌握《しょうあく》して、極《きわ》めて現実的な判断や行動をとった。富国強兵と殖産興業を唱《とな》え、政策の遂行《すいこう》には良質の官僚《かんりょう》を育てて活用した。人材がいれば、薩長にこだわらずに地位を与えた。伊藤博文に、「度量が大きい。公正無私で、人を起用するにも人物本位で、出身や閥《ばつ》にこだわらない」といわせている。

木戸孝允

一八三三（天保四）年、萩《はぎ》で藩医の家に生まれ、桂《かつら》家の養子となる。幕末に京都で活躍した桂小五郎《こごろう》、その人である。松下村塾《しょうかそんじゅく》に学び、江戸にも遊学する。高杉晋作《たかすぎしんさく》らとともに長州の尊攘《そんじょう》派の中心人物であり、勝海舟や坂本龍馬とも交際していた。一八六三（文久三）年八月一八日の政変で長州が京都を逐《お》われても京都に残るが、禁門《きんもん》の変後は但馬《たじま》の出石《いづし》に逃れた。一八六五（慶応元）年に長州に帰り、木戸と改姓。翌年坂本らの仲介《ちゅうかい》による薩長《さっちょう》同盟を実現し、薩摩から武器を購入する。六七年秋には、西郷や大久保と討幕の出兵について協議もする。

一八六八（明治元）年参与《さんよ》となり、新政府の中枢に入る。五箇条《ごかじょう》の誓文《せいもん》の起草《きそう》では天皇が百官《ひゃっかん》を率《ひき》いて神に誓う形に改め、版籍奉還・廃藩置県を積極的に進め、大名の領有制を否定していった。長州出身の若手を非常にかわいがるが、岩倉使節団の副使として渡欧中に、後輩の伊藤が大久保派についたとして、大久保と不仲《ふなか》になる。七四年の台湾《たいわん》出兵時、大久保に反対して下野《げや》する。七五年大阪会議の結果、板垣とともに参議に復職するが、大久保独裁に不満を強め再度辞任する。西南戦争の最中《さなか》の七七年五月二六日、京都で病死した。四五歳であった。三傑のうち、唯一畳《ゆいいつたたみ》の上で亡《な》くなる人物である。常に長州閥のリーダーとして行動しているが、こだわりが強く感情を露骨《ろこつ》に出すこともあった。

ともあれ、それぞれ含む思いはともかく、討幕《とうばく》には薩摩・長州・土佐《とさ》が中心に動いた。戊辰戦争からは財政の豊かな肥前《ひぜん》の参加も功を奏《そう》し、維新政府は薩長土肥《さっちょうどひ》の藩閥《はんばつ》政府となった。中でも、西郷・大久保・木戸のいた薩摩・長州の出身者が、数多く枢要《すうよう》なポストを占めていくのである。

参考図書　猪飼隆明『西郷隆盛』（岩波新書）、毛利敏彦『大久保利通』・大江志乃夫『木戸孝允』（ともに中公新書）、伊藤隆『明治の群像』（実業之日本社）

4 岩倉使節団の異国体験

岩倉使節団とは

一八七一（明治四）年に出発した岩倉使節団と呼ばれる政府の公式訪問団は、アメリカ、イギリス、フランス、ドイツ、ロシア、スイスなど訪問国一二（ポルトガルとスペインは内乱で訪問中止）、期間約一年一〇カ月（予定は一〇カ月）、総勢五〇人に迫《せま》る近代史上最大の使節団であった。全権大使となった右《う》大臣の岩倉具視《いわくらともみ》をはじめ、副使に大蔵卿《きょう》大久保《おおくぼ》利通《としみち》、参議木戸《きど》孝允《たかよし》、工部大輔《たゆう》伊藤博文《いとうひろぶみ》など大臣級が名を連ね、全体の平均年齢が三〇歳台（最高は岩倉の四七歳）というのも維新直後とはいえ現在では考えられない構成である。各省派遣《はけん》の随員《ずいいん》にはそれぞれの視察分担も課せられた。藩別では薩摩《さつま》・長州《ちょうしゅう》・土佐《とさ》・肥前《ひぜん》出身者が多いが、幕末の洋行《ようこう》経験や語学力を買われた旧幕臣《ばくしん》も含まれ、まさに「呉越同舟《ごえつどうしゅう》」であった。一行はほかに四〇数名の留学生を伴っていて、山川捨松《やまかわすてまつ》（後の大山巌《おおやまいわお》の妻）や女子英学塾（後の津田塾）を開く津田梅子《つだうめこ》など五人の少女留学生もいた。中江兆民《なかえちょうみん》は同じ船でフランスに留学し、使節団のような上（政府）からの近代化ではなく、下（民衆）からの近代化の重要性を実感して、自由民権運動の理論家としての素地《そじ》を養った。一方、留守方《るすかた》も大変であった。発案者で大隈使節団ともなるはずであったが大久保らに阻《はば》まれた大隈重信《おおくましげのぶ》や、西郷隆盛《さいごうたかもり》中心の留守政府は、出張中は新政策を行わない約束などまでさせられた。使節団組か留守番組かがその後の分岐《ぶんき》点ともなった。しかし廃藩置県《はいはんちけん》直後の二年近くも何もしないわけにはいかない。学制公布、太陽暦への改暦、徴兵《ちょうへい》令、地租《ちそ》改正などは留守政府の施策《しさく》である。

岩倉使節団の見たもの

横浜から船で出航した使節団は二三日かけて太平洋を渡り、アメリカに到着後早くも日本との落差に驚かされる。すでに大陸横断鉄道が完成し、動くホテル（寝台車）を経験する。本来の目的であった幕末の不平等条約改正の予備交渉は、必要な全権委任状がないために、大久保と伊藤が日本に引き返すという失態《しったい》で始まった。しかも彼らが太平洋を再度戻った時には、条約改正交渉は断念され、重点は西洋の文物・制度の視察や新政権発足にあたっての友好・親善外交に移っていた。アメリカから渡ったヨーロッパでも議会、刑務所、学校、教会、工場、軍士官《しかん》学校、鉄道や運河などを精力的に視察した。工場見学では言葉の違いに加えて、企業秘密を理由に詳しい説明を拒《こば》まれるなど戸惑《とまど》いも多く、長い旅行中の大久保と木戸の対立など使節団の人間関係も一《ひと》筋縄《すじなわ》にはいかなかった。西洋を積極的に採用するか否《いな》かの溝《みぞ》は容易には埋まらなかったと想像できる。

使節団は実際の施設見学のほかにも、自由・人権と政府の制限、女性優先の風習、人前で平気で抱き合う男女など、各国の国民性や東西の価値観の違いを中心に社会・風俗にも目を配っている。その驚き様は随行した久米邦武《くめくにたけ》の報告書『特命全権大使・米欧回覧実記《べいおうかいらんじっき》』（岩波文庫・全五冊）に詳しい。

日本の近代化に生かされた経験

帰国後、彼らは留守政府との征韓《せいかん》論争（朝鮮を武力を用いても開国させるべきか国内統治の充実を優先するかの論争）に勝利して留守政府組の多くを追放して主導権を握り、自らが見聞《けんぶん》した西洋の制度や文化を採《と》り入れ、不必要な物は切り捨てていくことになる。例えば伊藤らは日本が採るべき制度について、アメリカでは民主主義の発展や自由・自主の精神に感激しつつも、皇帝不在の共和制や州（地方）自治が強い連邦《れんぽう》制が日本のめざす天皇絶対の中央集権制には不都合なこと、フランスでは訪問直前に起きたパリ・コミューンのような民衆（労働者）自治政権では困ること、イギリスは議会の権限が強すぎること、廃藩置県と同年に統一した若い国家で強い皇帝制という共通項を持つドイツの政治制度や法律を参考にすべきであることなどを視察中に見抜いていた。また、大国の間で翻弄《ほんろう》されるベルギー、オランダ、スイスなどの小国の姿

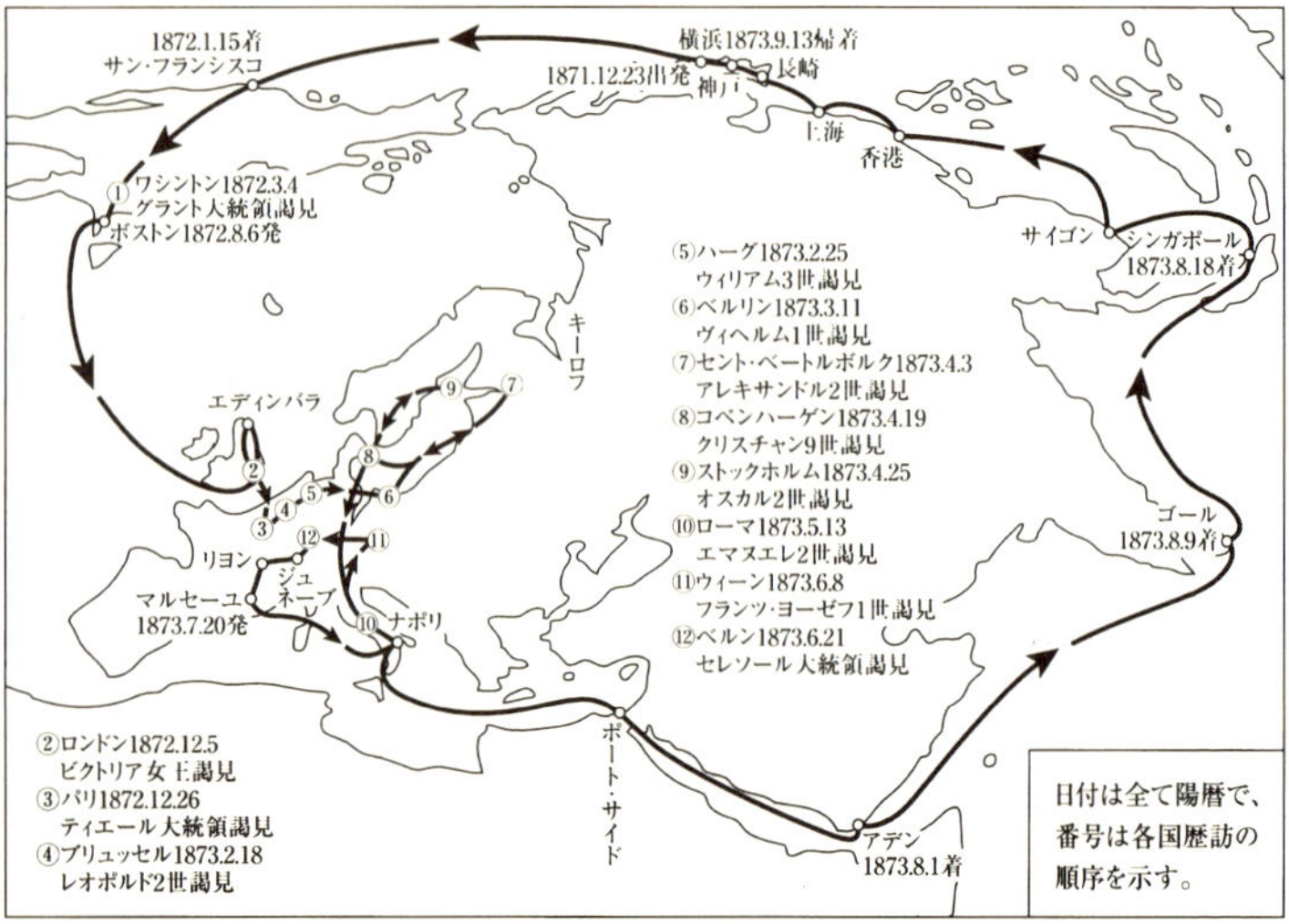

岩倉使節団のルート（田中彰『「脱亜」の明治維新―岩倉使節団を追う旅から』より）

に日本を重ね合わせ、国際法も大国の利害の前では無力になりかねないというパワー・ポリティクス（武力を背景にした権力外交）を体感し、軍隊の育成と民力の結集（富国強兵《ふこくきょうへい》）に思いを馳《は》せている。帰国時に寄港した東南アジアや中国では、本国とは違う傲慢《ごうまん》な西欧人や遅れたアジアの怠惰《たいだ》な様子を目《ま》の当たりにして、後（一八八五年）に福沢諭吉《ふくざわゆきち》が唱える「脱亜《だつあ》（入欧《にゅうおう》）論」に近い感想を持つに至った。

主目的であった条約改正は進展せず、莫大《ばくだい》な費用と時間を費やしただけという使節団に対する低い評価もある。しかし、この見聞が西洋を大胆に採り入れた富国強兵・殖産興業《しょくさんこうぎょう》・中央集権体制などの近代化の推進に生かされたこと、日本人の中に脱亜入欧的発想と小国が生きるための知恵を生んだことは言うまでもない。現代の感覚で推し量《はか》る以上の知見《ちけん》を得た大使節団であった。

参考図書　田中彰『小国主義』（岩波新書）・『岩倉使節団「欧米回覧実記」』（岩波同時代ライブラリー）

5　内務省の歩み

戦後五〇年を経《へ》た今、行財政改革の一環として、中央省庁《しょうちょう》の根本的再編が課題となっている。中央政府への権力の集中と、官僚《かんりょう》主導の行政構造をどう改革するかが問われている。

内務省とは

しかし、この中央省庁官僚主導の行政体制は、戦後に始まったことではなく、すでに明治以降《いこう》の近代国家の形成過程からみられる。政権を掌握《しょうあく》した新政府首脳は、自分たちを重要政策の決定者と位置づけて、政策の細かな立案や執行《しっこう》には専門的な知識・技能をもつ官僚を育成し、それにあたらせた。お雇《やと》い外国人に学ぶだけではなく、苦しい財政の中でも積極的に公費留学生を送った。当初は西南雄藩《ゆうはん》の藩《はん》閥《ばつ》出身者の多かった高級官吏《かんり》も、養成機関としての東京大学の充実や試験による任用制の採用で、内閣《ないかく》制度導入以降は、新しい専門集団が形成された。ともあれ、新政府は当初から官僚集団が中央の政策決定・執行に深く関与していた。

そのように権力が集中する戦前の中央省庁、中でも「内務省《ないむしょう》」は花形省庁であった。内政管轄《かんかつ》の役所ということであるが、主に地方行政全般と全国の警察行政を担当していたので、その権限は絶大なものであった。また東大閥《ばつ》を中心に強固な内務官僚閥をつくり、全国の地方警察・官僚機構に多大な影響力を示してもいたので、地方官庁や一般民衆がもっとも畏怖《いふ》した役所であった。しかも、昭和期になると戦争のさまざまな局面で、戦時体制強化の中核となった。

戦後、GHQの命令で内務省は解体・廃止された。それは、GHQが、当初の占領目的を平和で民主的な日本の建設に置いていたからである。

内務省の設立

内務省は大久保利通《おおくぼとしみち》の主導で設立された。一八七三（明治六）年のことである。岩倉使節団の副使の一人として欧米を視察してきた大久保は、日本の富国強兵《ふこくきょうへい》・殖産興業《しょくさんこうぎょう》の手本として、イギリスを考えていた。ところが、産業革命を終《お》え、鉄と石炭による繁栄を誇るイギリスを視《み》るにつれ、日本とのあまりの開きにショックを受ける。落差《らくさ》がありすぎたのである。帰国の年、七三年にドイツを訪問する。ビスマルクと出会った大久保は、中央の強力な指導力により殖産興業を進める決意をする。国内は征韓論《せいかんろん》の最中《さなか》、内治優先《ないちゆうせん》を主張する大久保は、西郷隆盛《さいごうたかもり》や板垣退助《いたがきたいすけ》ら征《せい》韓派と対立し、敗れた西郷らは下野《げや》する。いわゆる明治六年の政変である。この政変を通じて、大久保は政府の実権を握《にぎ》る。そこで、従来の内政担当諸機関を統合して、新しく内務省を設置し、初代の長官内務卿《ないむきょう》には大久保自らが就任《しゅうにん》する。

維新後の政府は、内国《ないこく》事務局・会計事務局、のちに民部省・大蔵省、廃藩置県《はいはんちけん》後は大蔵省と、内政の管轄《かんかつ》を移してきた。時代に即応《そくおう》して、殖産興業担当の工部《こうぶ》省も一八七〇（明治三）年にできている。そこへ、内務省新設である。設置の意図《いと》を、省務が開始された七四年一月の省内機構でみてみよう。大蔵省から移管したものは「勧業寮《かんぎょうりょう》・戸籍《こせき》寮・駅逓《えきてい》寮・土木《どぼく》寮・地理寮」（寮はのちの局に当る）、司法省からは「警保《けいほ》寮」、工部省からは「測量司」で、官房《かんぼう》・総務に当る上局《じょうきょく》を含め、一局六寮一司の構成となっている。主に大蔵省からの移管であるが、一等寮として重視しているのが、勧業寮と警保寮である（他は二等寮）。つまり、内務省設立当初の主要な任務は、勧業＝殖産興業、警保＝警察行政にあったといえる。特に警保寮は注目に値する。司法省時代は二等寮であり、それだけが内務省に移され、しかも格上げされているのである。明治六年の政変の結果誕生した大久保政権は、地租改正《ちそかいせい》や殖産興業を推進しつつ、士族の反乱や民衆の抵抗の鎮圧《ちんあつ》も当面の課題であった。警察網《もう》を全国に張りめぐらしたのは、史上明治政府が初めてで、それを管轄するのが警保寮、大久保はそれを直接配下《はいか》に置いたのである。新政府への不満分子を抑《おさ》えて殖産興業を進める、この大久保の構想を推進したのが内務省であった。

省務の変化

この後も、その時々の政治課題に応じて、各省からの移管や省内機構の再編を通じ、組織も任務も拡大される。まず、一八八一年に農商務省をつくり、勧業部門を分離・独立させた。以降《いこう》の内務省の管掌《かんしょう》は、地方行政担当（県治局《けんち》。のち地方局）と警察行政担当（警保局《けいほ》）が中心となり、時局に応じ国民生活全般を統制するようにもなった。内政的には政府の一番重要な役所といえる。事実、歴代の長官をみても、その時のトップかそれに次ぐ要人《ようじん》が就任している。明治中頃までの長官名を例示する。（内務卿）大久保・木戸孝允《きどたかよし》・伊藤博文《いとうひろぶみ》・松方正義《まつかたまさよし》・山田顕義《やまだあきよし》・山県有朋《やまがたありとも》、（八五年の内閣制移行後は内務大臣）山県・松方・西郷従道《さいごうつぐみち》・品川弥二郎《しながわやじろう》・副島種臣《そえじまたねおみ》らである。

一八八〇年代後半には、山県内相のもと、地方制度の総仕上げともいうべき、市制・町村制（八八年）、府県制・郡制（九〇年）が公布される。地方自治制の確立というが、それは形だけのことで、実はドイツ人モッセの指導のもと、中央政府の統制の強いものであった。全国の府知事・県令や府県警察部長（内務官僚から任命）の任免《にんめん》権を持つ内務大臣は、彼らを手足として強力な統制力・影響力行使が可能であった。警察行政や選挙事務の統括《とうかつ》については、第二回総選挙時の選挙干渉《かんしょう》問題で、品川内相が引責《いんせき》辞任したこと（九二年）は、あまりにも有名である。

日露戦争後の、いわゆる地方改良運動も内務省の主導であった。増税や徴兵《ちょうへい》の強化は、自作農《じさくのう》層はもちろん中小地主層にも打撃をあたえ、個々の農家だけでなく、村落そのものの存在があやうくなったのである。節約と勤勉を説く一九〇八年の戊申詔書《ぼしんしょうしょ》の発布《はっぷ》後、いかに農業生産を再建して、農村秩序を回復・補強するかが課題となる。神社《じんじゃ》の統合や祭礼をはじめとした生活習俗《しゅうぞく》の改良や農事改良を町村を単位として行い、農村を富国強兵の基盤として再編しようとしたのである。

資本主義の進展に伴って発生した労働・社会問題も扱い、生活困窮《こんきゅう》者や孤児等への対策とあわせて感《かん》化救済《かきゅうさい》事業（一九二〇年から社会事業）も担当した（二〇年社会局設置）。大逆《たいぎゃく》事件後の一九一一（明治四四）年に設置された特別高等警察（特高《とっこう》）も内務省の管轄《かんかつ》であった。この意味は大きい。単に犯罪の取締りというだけでなく、反体制的な全ての思想・言動に、全国の警察がかかわれるのである。

昭和に入り、第一次近衛文麿《このえふみまろ》内閣の下《もと》での戦時体制強化の中、国民精神総動員運動を担当したのも内務省である。一九三八（昭和一三）年に、内務省の衛生・社会行政を移管し、厚生《こうせい》省がつくられるが、これは結核《けっかく》患者が増えると戦争遂行《すいこう》に支障が出るとした陸軍の要望を、内務省が認めた結果である。四〇年結成の大政翼賛会《たいせいよくさんかい》も内務省の指導下に置き、戦争協力体制を徹底した。二年後の翼賛《よくさん》選挙では、推《すい》薦《せん》候補を当選させるために、官憲《かんけん》による露骨な選挙干渉も行った。戦争の進行とともに、防空・国土局他の省内再編をするとともに、神社《じんじゃ》行政も組み込んだ。また、植民地や占領地で施政官《しせいかん》として、拓殖《たくしょく》事務や軍政《ぐんせい》にかかわったのも、内務官僚であった。

内務省の廃止

戦後、ＧＨＱの五大改革の指令を受けてなされた、治安維持《ちあんいじ》法や特高《とっこう》警察の廃止、婦人参政権を認める選挙法の改正などは、内務省関係のことである。政府はその存続を強く望んだが、内務省にあまりにも集中していた権限は、ＧＨＱの指示のもと、一九四七年に解体され、内務省も廃止された。今日の、自治省・警察庁・建設省・国土庁・厚生省・労働省が、所轄《しょかつ》事務を引きついでいる。内務省の権限の大きさがわかる。

参考図書　毛利敏彦『大久保利通』（中公新書）、大日方純夫『警察の社会史』（岩波新書）

6 日本の鉄道の歩み

欧米諸国に遅れて近代の扉を開いた明治の日本では、鉄道は単にヒトとモノの新しい輸送手段として移動時間を短縮させただけでなく、人々の生活空間までも拡大させ資本主義の発達に貢献《こうけん》した。

鉄道のあけぼの

日本の鉄道が横浜・新橋間（一八七二年）、神戸・大阪間（七四年）更《さら》に京都間（七七年）に建設されたのは興味深い。これらは海外への開港場と人口の多い消費都市とを結んでいる。当時は建設技術、車両、レール、石炭など多くをイギリスの技術や輸入に頼っていた（開拓《かいたく》中心の北海道はアメリカに依頼した）。イギリスの望む織物などの製品の市場と生糸《きいと》などの輸入原料を運ぶ役割が鉄道には初めから課せられていた。その後、生糸や繭《まゆ》の産地と直結する上野《うえの》・高崎《たかさき》間（現在の高崎線）が作られ、翌八五年には積替えなしに鉄道のみで生糸を横浜へ直送するための赤羽《あかばね》・品川《しながわ》間（現在の山手《やまのて》線の一部）が完成した。山手線は貨物から旅客輸送へと大変貌《へんぼう》を遂《と》げた路線でもある。

鉄道建設・経営にかかわる諸問題

明治初期に鉄道政策を担当した工部省《こうぶしょう》（一八七〇～八五年）は、高給のお雇い外国人を他省よりも大量に受け入れた（鉄道関係では七四年の一一五人が最高）。しかし工部大学校を設立し技術の習得に努め徐々《じょじょ》にその数を減らしていく。それは日本人機関士の誕生（七九年）、日本人による京都・大津間逢坂《おうさか》山トンネル開削《かいさく》（八〇年）、客車（七五年）や機関車（九三年）の国産化などからも窺《うかが》える（単線でも衝突《しょうとつ》しないダイヤグラムによる運行編成はイギリスの秘密事項であったので遅れた）。

鉄道に関する知識がなかった当時は現在では考えられないことも起こった。新橋・横浜間で開通の翌七三年に窓から立小便をして罰せられた記録がある。鉄道不誘致合戦《ふゆうち》も激しかった。客を奪われる陸運、水運、鉄道開通により素通《すどお》りされる宿場《しゅくば》の反対も大きく、また、蒸気機関車の煤煙《ばいえん》は養鶏《ようけい》や農業に悪影響を与えると思われた。現在、駅と街の中心が離れている所が多いのはその名残《なご》りでもある。

線路の幅（ゲージ）も懸案《けんあん》事項であった。低予算での距離延長を優先する単線の狭軌《きょうき》（一〇六七ミリ）を選んだことが将来《しょうらい》の高速化と輸送力に支障を来《きた》し、広軌《こうき》（国際標準軌・一四三五ミリ）への改軌や複線化計画を生む（一九六四年開通の新幹線は広軌）。ただし主要幹線は一八八七年の私設鉄道条例により官設・民設共《とも》にゲージを統一したことがその後の輸送の一元化に役立った。鉄道は日本よりインドの方がその営業距離も歴史も長いが、イギリスに営業や権利を委ねた結果、ゲージが統一されず現在もなお輸送の障壁《しょうへき》となっている。イギリスに遅れること約五〇年、技術は外国に仰《あお》いでも鉄道の建設や経営を外国資本に認めなかった大隈重信《おおくましげのぶ》、伊藤博文《いとうひろぶみ》や当時の鉄道官僚・井上勝《いのうえまさる》らの功績といえよう。

私鉄ブームと営業距離の拡大

本格的な私鉄会社として一八八一年に日本鉄道会社が華族を中心に設立され、八三年に上野・熊谷《くまがや》（翌年高崎）間、九一年に青森《あおもり》までが開通した（現在の東北本線）。この成功で高額の金禄公債《きんろくこうさい》を所有している旧特権階級にとって鉄道会社への株式投資は（同時期の大阪紡績《ぼうせき》の成功による）紡績会社への出資と並ぶ人気となった。投機《とうき》目的の私鉄会社が多かったが、山陽・九州などの幹線の建設も実際進んだ。官設の東京・神戸間が中山道《なかせんどう》から東海道経由に変更されて全通した八九年には、私鉄が官設の営業距離を上回る。平行する区間では競争も激しく、名古屋・大阪間では一九〇二〜〇四年にわたって私鉄の関西鉄道と官設とが運賃値下げや駅弁《えきべん》配布などのサービス競争を展開した。

日露戦争と鉄道の国有化

日露戦争においても大陸への兵員輸送で貢献《こうけん》した鉄道はその役割を再認識され、一九〇六年の鉄道国有法により北海道炭礦《たんこう》、関西、山陽、九州、日本鉄道など主要一七幹線私鉄が〇七年までに国家に買収された。私鉄との営業距離は逆転し総距離の九割を超える国有鉄道が成立する。資本主義恐慌《きょうこう》で中小私鉄では経営危機もあったが、鉄道は依然《いぜん》花形産業であった。鉄道国有法は非常時の機密保持《ほじ》と軍事輸送の優先、輸送の一元化とそれに伴う低運賃化、外国人資本家の鉄道買収防止など軍事・経済上の理由が主であるが、設備投資の済《す》んだ鉄道の収益性も当初は意識された。国有化に伴い内閣直属の鉄道院が一九〇八年に新設され、二〇年には鉄道省に昇格し日本に鉄道大臣が誕生した（四三年に運輸通信省に改組）。

その後の日本の鉄道

鉄道は軽工業の時代には生糸、重工業の時代には北海道や筑豊《ちくほう》、常磐《じょうばん》などの炭坑に鉄道が敷かれ、石炭などを主とした貨物輸送で産業革命に貢献した。流通革命が起こり伝統の河川《かせん》水運は急速に衰退《すいたい》していった。大正時代に入ると政党政治の発展に伴い鉄道建設は政争の具となる。支持基盤である地方の農村を中心に鉄道を誘致《ゆうち》するため狭軌（または免許申請や敷設《ふせつ》が簡易な軽便《けいべん》鉄道）による新線建設を重視する立憲政友会と、東京・下関間などの幹線や都市部を中心に広軌改築や複線化で輸送力強化をめざす憲政会や技術系鉄道官僚との対立が一例である。中・小選挙区制では地元に鉄道や駅を誘致《ゆうち》することが代議士の功績となり、岩手県の大船渡《おおふなと》線のように対立候補の当落により鍋弦《なべつる》のように弧を描く路線も出現した。まさに「我田引《がでんいん》

道路（気仙沼《けせんぬま》街道）があるのにわざわざ鍋弦のように弧を描く大船渡線　（原田勝正『鉄道の語る日本の近代』そしえて文庫より）

鉄《てつ》」で、後に国鉄の赤字を拡大させることになる鉄道網《もう》が特に地方で拡大した。

一方都市部では、関西で小林一三《いちぞう》が現在の阪急《はんきゅう》沿線に郊外住宅やデパート、娯楽施設（宝塚《たからづか》温泉や遊園地、劇場など）を作り、私鉄多角化経営を展開した。関東でも沿線の宅地化やラッシュと逆の下り線への学校の誘致《ゆうち》、電力の供給が進んだ。鉄道が町を作り都市の生活スタイルを変えた。「モグラ電車」とよばれた東洋初の地下鉄が上野・浅草間（現在の銀座線）に開通したのは一九二七年のことである。

軍部の鉄道への介入《かいにゅう》も続いた。師団・連隊、軍港など軍都《ぐんと》への鉄道建設は優先され、ダイヤ編成の干《かん》渉《しょう》や私鉄にも非常時の軍事輸送の優先使用を義務づけた。昭和戦前期の国家総動員体制では、陸運統制令により再び経済・軍事目的で私鉄の国家買収や統廃合、不要線の休業が行われた。

一九〇六年に設立された半官半民の南満州鉄道株式会社（満鉄《まんてつ》）や韓国併合《へいごう》後の朝鮮半島を縦貫《じゅうかん》する総督府《そうとくふ》鉄道との関連にも注目したい。日露戦争後には東京→下関（船）→釜山《ふざん》→京城《けいじょう》（現ソウル）→（鴨《おう》緑江《りょくこう》）・安東《あんとう》→奉天《ほうてん》→満鉄→東清《とうしん》・シベリア鉄道経由でヨーロッパへという大陸横断国際切符《きっぷ》も発売された。満鉄と朝鮮半島内は同じ広軌であるが、長春《ちょうしゅん》以北はロシアのゲージ（一五二四ミリ）で直通運転は出来ない。ポーツマス条約で日本が旅順口《りょじゅんこう》・大連《だいれん》・長春間の権利を獲得すると、ロシアの南下を防ぐため再び広軌に改軌したのである（後に満鉄は満州国内を広軌に統一した）。

戦後のモータリゼーションの進展で鉄道は斜陽《しゃよう》化し、経営の抜本《ばっぽん》的改善を期待され、日本国有鉄道（国鉄）は一九八七年、鉄道国有法とは逆に分割・民営化された。しかし安全・大量・正確・低公害などで鉄道は再評価され、新幹線は延長し、各鉄道会社の経営努力も赤字ながら実を結びつつある。鉄道開業以来まもなく一三〇年、近代国家の歴史は鉄道と共に歩んだ歴史でもあった。

参考図書　原田勝正『日本の国鉄』（岩波新書）、井上勇一『鉄道ゲージが変えた現代史』（中公新書）

7　北海道開拓とアイヌ民族

蝦夷地

　蝦夷地《えぞち》と呼ばれた北海道は、先住民《せんじゅうみん》であるアイヌ民族の居住地《きょじゅうち》であり、狩猟《しゅりょう》・採集《さいしゅう》によって生活する彼らの母なる大地《だいち》（アイヌモシリ）であった。近世には和人《わじん》（シサム、アイヌからみた本州《ほんしゅう》の人間）の進出が激しく松前藩《まつまえはん》の交易《こうえき》支配によってアイヌは次第《しだい》に従属化を強《し》いられていった（松前藩は土地を和人地と蝦夷地に分け、アイヌと交易《こうえき》した。また幕府は幕末に蝦夷地《えぞち》を一時直轄《ちょっかつ》した）。一八五〇年代、蝦夷地の人口は約一〇万人余り、その内アイヌは一万六千人ほどであった。和人が多く居住《きょじゅう》したのは主に箱《はこ》（函）館《だて》、松前《まつまえ》など、アイヌは全島に散在していた。

北海道

　明治維新をむかえ、新政府は一八六九（明治二）年に早くも蝦夷地と和人地を合わせて北海道（西海道・東海道など古代の七道《しちどう》につぐ八番目の国家領域の意）として日本国に組み入れた。この地を富国強兵《ふこくきょうへい》・殖産興業《しょくさんこうぎょう》のためのフロンティア（未開《みかい》の辺境《へんきょう》）として、また北方ロシアの進出に対する軍事的拠点《きょてん》（屯田兵《とんでんへい》はそのために設置された）として重視したのである。

　同年に設置された開拓使《かいたくし》（一八八二年廃止、八六年から北海道庁）は立法・行政・司法・軍事・警察を含む強大な権限をもち、北海道を小植民地として農地を開き、産業を興《おこ》し、人口を移植《いしょく》し、同時に本州の近代化に必要な天然《てんねん》資源を得ようとした。器械・醸造《じょうぞう》・缶詰《かんづめ》等の官営《かんえい》工場、やがて鉱山・鉄道等へと莫大《ばくだい》な政府投資が行われた。近世以来の鮭《さけ》・鰊《にしん》・昆布《こんぶ》等の水産資源が本州に移出《いしゅつ》され、新たに発見された幌内炭田《ほろないたんでん》の開発・輸送のためには幌内・札幌《さっぽろ》・小樽《おたる》を結ぶ幌内《ほろない》鉄道が建設されて一八八二年に国内三番目の鉄道として営業を開始、近代化に必須《ひっす》であった石炭を本州へ移出した。これらの官営工場はや

1875年琴似《ことに》に入植した屯田兵（酒田県〈現山形県〉から募集に応じた士族たち）〈北海道大学附属図書館北方資料室提供〉

がて政商《せいしょう》達に安く払い下げられていく。有名なビール会社や、かつて三《みつ》井《い》王国といわれた三井財閥《ざいばつ》による北海道の炭鉱《たんこう》支配もこうした経過《けいか》で生まれた。

政府は「地所《じしょ》規則」（一八七二年）、「北海道地券《ちけん》発行条令」（七七年）などによって個人的土地所有のはっきりしない土地、つまりアイヌが共同で所有して生活資源を獲得していた山林原野を「無主《むしゅ》の地」として官有地に編入し、やがて「北海道土地払下《はらいさげ》規則」（八六年・九四年改正）、「未開発地処分法」（九七年）などにより、ほとんど無償《むしょう》で本州の資本家や皇室・華族《かぞく》・官僚《かんりょう》などに徐々《じょじょ》に払い下げた。これによって北海道には本州に例をみない大土地所有が成立する。その土地の多くは小作に出され、小作《こさく》農地三万五千町歩《ちょうぶ》を所有した皇室を頂点とする大寄生地主《きせいじぬし》制が形成されることとなった。

このような政策の下で、実際に原野《げんや》の開拓《かいたく》、鉱山の開発にあたった多くは本州から渡った人々だった。明治初年に一〇万ほどだった人口は一八九五年には約五〇万人に増大している。移住者は初めは明治維新で脱落した伊達《だて》・会津《あいづ》などの旧藩士《はんし》や秩禄《ちつろく》処分などで没落した士族《しぞく》が、やがて土地を持てない農民などが中心となる。彼らにとって北海道は自立、成功の期待をこめた新天地《しんてんち》であったが、現実は厳しく、苛酷《かこく》な労働に加え、開発に適する土地の多くは大地主に占有《せんゆう》されていて、結局はその小作人《こさくにん》になるほかはない場合も多かった。

アイヌ民族

近世以来烈《はげ》しい収奪《しゅうだつ》にさらされながらも独自の文化、生活を維持してきたアイヌは開拓の進展につれ、決定的な危機を迎《むか》える。本州猟師《りょうし》による乱獲《らんかく》や一八七九年の豪雪《ごうせつ》による鹿の減少、乱獲による鮭《さけ》の減少と漁の禁止（八三年、十勝川《とかちがわ》上流の鮭漁禁止）、開拓《かいたく》による自然の破壊に加え、仕掛《しか》け弓や毒矢《どくや》の使用を禁じられる（七五年）など、狩猟民《しゅりょうみん》としての基盤《きばん》を奪われていった。開拓使《かいたくし》はアイヌに農業を奨励《しょうれい》したが、土地は奪われ技術・資金などの実質的支援《しえん》は乏《とぼ》しく、農業への転換も困難であった。一八七五年、日本はロシアとの間で樺太《からふと》・千島《ちしま》交換条約を結ぶが、条約でロシア領となった樺太のアイヌ八百数十人が北海道石狩川《いしかりがわ》沿岸に移住させられ開拓《かいたく》にあてられる例もあった。生活に馴染《なじ》めない彼らの多くはやがて離散《りさん》する。

　また明治国家はアイヌの民族的文化を否定し、日本語の奨励《しょうれい》、入《い》れ墨《ずみ》や耳輪の禁止（七一年）、日本式姓氏《せいし》の強制（七六年）などの同化《どうか》政策によって日本人化を強要した。こうしてアイヌ民族は経済的にも文化的にも衰退《すいたい》を余儀《よぎ》なくされたが、加えて激しい社会的差別にさらされた。アイヌに対して「土人《どじん》」「旧土人《きゅうどじん》」の呼称《こしょう》が公的にも使われた。

　アイヌは悲惨《ひさん》な状況に陥《おちい》ったが、これを放置《ほうち》できなくなった政府は一八九九年「北海道旧土人《きゅうどじん》保護法」を制定する（この法律は百年を経《へ》て一九九七年に廃止され、代わっていわゆる「アイヌ新法」（アイヌ文化振興法）が制定された）。法律ではアイヌへの農地の給与《きゅうよ》、アイヌ子女《しじょ》のための学校設置などが定められていた。しかし土地の払下《はらいさげ》を受けても農耕に適する土地は少なく、またさまざまな理由で奪われることも多く、ほとんど救済《きゅうさい》の効果はなかったといわれる。学校は「土人《どじん》学校」の名が示すように、差別的で、同化のための教育しか行われなかった。

　こうした状況にアイヌはただ甘《あま》んじていたわけではない。民族の復興《ふっこう》を図《はか》るアイヌ自《みずか》らの活動として、ユーカラから優《すぐ》れた「アイヌ神謡集《しんようしゅう》」を編《あ》んだ知里幸恵《ちりゆきえ》、その弟でアイヌ語学を研究しアイヌ独立論を唱《とな》えた知里真志保《ましほ》、北海道アイヌ協会を設立（一九三〇年）しアイヌによるアイヌの復興《ふっこう》をめざした違《い》星北斗《ぼしほくと》（滝次郎《たきじろう》）らは著名《ちょめい》である。この間、アイヌ民族に関《かか》わった人として、アイヌとともに住んでキリスト教の伝道《でんどう》教育に携《たずさ》わり、アイヌ語に関する唯一《ゆいいつ》の辞書「アイヌ・英・和辞典」も編《あ》んだイギリス人ジョン・バチェラーが知られるほか、日本人のアイヌ語研究者としては金田一京助《きんだいちきょうすけ》が著名《ちょめい》である。また多くの研究者が人類学的な興味からアイヌ民族の研究をしたが、アイヌ民族の自立や幸福をめざすものは少なかった。

参考図書　新谷行『増補　アイヌ民族抵抗史』（三一新書）

資料　（知里幸恵の編訳したユーカラ）

梟《ふくろう》の神の自ら歌った謡　「銀の滴《しずく》降る降るまわりに」から

「銀の滴降る降るまわりに／金の滴降る降るまわりに、」という歌を私は歌いながら／流れに沿って下り、人間の村の上を／通りながら下を眺《なが》めると／昔の貧乏人が今お金持ちになっていて　昔のお金持ちが／今の貧乏人になっているようです／海辺に人間の子供たちがおもちゃの小弓に／おもちゃの小矢をもってあそんで居《お》ります／「銀の滴降る降るまわりに／金の滴降る降るまわり」という歌を／歌いながら子供らの上を／通りますと、（子供等は）私の下を走りながら／云うことには／「美しい鳥！　神様の鳥！／さあ、矢を射てあの鳥／神様の鳥を射当てたものは、一ばん先に取ったものは／ほんとうの勇者、ほんとうの強者だぞ」／云いながら昔貧乏人で今お金持ちになっている者の／子供等は、金の小弓に金の小矢を／番《つが》えて私を射ますと、金の小矢を／私は下を通したり上を通したりしました・・

知里幸恵編訳『アイヌ神謡集』（岩波文庫）から

8 琉球処分とその後の沖縄

琉球の開国

琉球《りゅうきゅう》王朝は、一六〇九（慶長《けいちょう》一四）年の島津家久《しまづいえひさ》の侵攻《しんこう》以来、「日清《にっしん》両属」の地位に甘んじてきた。それは兵力をほとんど持たない穏和《おんわ》な島が国家を保《たも》つ方便《ほうべん》ではあった。この状況がうち破られるきっかけは幕府同様一八五三（嘉永《かえい》六）年のペリーの来航《らいこう》である。ペリーが浦賀《うらが》来航に先立つ二カ月前に琉球に立ち寄ったのは、日本との条約交渉《こうしょう》が難航《なんこう》した場合に備《そな》えて武力を使ってでも日本の港に替わる寄港《きこう》地を得るためであった。日米和親条約は翌年、意外に短期間で調印することができたが、ペリーは琉球の開港をあきらめたわけでなく、下田《しもだ》より那覇《なは》に戻《もど》り琉米修好条約を結んでいる。しかしそれが通商条約には進まなかったため琉球王府《おうふ》は、幕府ほど危機感をもたず、親清《しんしん》派と親薩摩《さつま》派の暗闘《あんとう》が繰り返された。

『ペリー遠征記』に描かれた琉球の守礼門の風景

琉球藩の設置と最後の廃藩置県

日本では幕末の動乱から明治維新《いしん》となり、中央集権的な国家再編による版籍奉還《はんせきほうかん》、さらに一八七一（明治四）年、廃藩置県《はいはんちけん》が断行され藩《はん》が消滅した。しかしこの時も薩摩藩の支配が鹿児島県の管轄《かんかつ》に替わっただけという捉《とら》え方が琉球王府では一般的であった。しかし事態は急転し、翌年七月中央政府は、大山綱良《おおやまつなよし》参事を介《かい》して慶賀《けいが》を理由に使者の上京を命じ、明治天皇の勅《ちょく》により「尚泰《しょうたい》を封《ほう》じて琉球藩王《はんおう》となし、華族《かぞく》に列す」ことを伝えた。まさに寝耳《ねみみ》に水である。約四百年以上続いた琉球王朝は明治政府に包摂《ほうせつ》されることになった。琉球藩設置の報は清国にも伝えられた筈《はず》であるが何の反応もなかった。

さらに事態が進展するのは琉球島民の台湾遭難《そうなん》事件が大きなきっかけとなった。一八七一（明治四）年一二月、宮古《みやこ》島の島民を乗せた山原《やんばる》船が貢納米《こうのうまい》を那覇《なは》に送り届けたその帰途《きと》、台風に遭《あ》い台湾東南海岸に漂着し、宮古島民五四人が原住民《げんじゅうみん》（「生蕃《せいばん》」）により殺害されるという事件が発生した。それを知った中央政府は一八七三年、清《しん》国に抗議したが、清国は台湾が「化外《けがい》の地」であり、自国の法令が行き届かないという弁明をした。その後この事件は、日本の国内政治の成り行きで一八七四年西郷従道《さいごうつぐみち》の台湾出兵となったが、大きな軍事衝突《しょうとつ》とならず撤兵《てっぺい》した。この際、さらに明確に琉球島民は「日本国属民《ぞくみん》」と明記され、結果的に所属問題は決着したかにみえた。さらに同年琉球藩の管轄《かんかつ》を外務省から内務省に移し、翌年内務大丞松田道之《だいじょうまつだみちゆき》が清国との冊封《さくほう》関係を絶《た》つことを通達し、着々と「琉球処分」を進めていった。しかし琉球内ではこの頃になって事態の進展に驚き、親《しん》清派（頑固党《がんことう》）の反対運動が激しくなった。

その後、西南戦争や大久保暗殺で琉球問題は棚上《たなあ》げになっていたが、政権を受け継《つ》いだ伊藤博文《いとうひろぶみ》内務卿《ないむきょう》のもとで「琉球処分」の仕上げがなされた。一八七九年一月松田は首里《しゅり》に乗り込み、藩王代理今帰仁《なきじん》王子に対して、清国への進貢《しんこう》と冊封をなお画策《かくさく》する頑固党の動きを問責《もんせき》し、さらに三月二七日、琉球藩に対し「その藩を廃し、沖縄《おきなわ》県を置く」旨《むね》を申し渡した。その時松田は、一六〇余人の警察官、約四〇〇人の兵士《へいし》を伴っていた。武力による最後の廃藩置県が完了し、名実《めいじつ》ともに琉球王朝は消滅したのである。尚泰《しょうたい》は東京居住《きょじゅう》を命じられ、初代県令《けんれい》には鍋島直彬《なべしまなおよし》が派遣《はけん》された。この「琉球処分」に対しては、琉球民の支配層からの「一種の奴隷《どれい》解放」という評価もあるが、この処置は「武力併合《へいごう》」と言わざるをえない。

その後の沖縄

琉球処分に成功した中央政府は、旧支配層の反発を恐れて本土の諸改革の沖縄への実施を遅らせるなどの処置をとった。また中央政府の沖縄に対する考えが表れたのが分島問題（宮古《みやこ》・八重山《やえやま》は清国《しん》に割譲《かつじょう》する案）である。これは立ち消えとなった。

八代目知事として一八九二（明治二五）年に赴任《ふにん》した奈良原繁《ならはらしげる》（寺田屋事件で有馬新七《ありましんしち》らを斬った薩摩藩士）は今までの停滞した県政を改革したが、それを農政面で支えたのが農民出身で第一回の県費留学生の謝花昇《じゃはなのぼる》であった。しかし謝花はやがて奈良原の開墾《かいこん》政策が彼の考えと違うことを知り、島民に等しく土地が与えられる土地整理法案や参政権を求めて県技師を辞職して活動した。そして沖縄倶楽部《くらぶ》を結成したが、奈良原県政の圧迫で憤死《ふんし》した。その後、沖縄のアイデンティティーを唱《とな》えたのは伊波普猷《いはふゆう》である。彼は「沖縄学の父」といわれ、沖縄の言語・文化・歴史を解明し、沖縄は古く日本の民族文化と同じであるが、一地方をこえた独自の文化を持つ地域であることを学問的に裏付けた。

しかし本土人《ヤマトンチュ》と沖縄人《ウチナーンチュ》の格差は解消されることなく、奈良原県政以降、鹿児島県人《けんじん》が沖縄県政を牛耳《ぎゅうじ》ることになる。謝花らの参政権運動がようやく実り、一八九九（明治三二）年に衆議院選挙法が改正され、宮古・八重山を除き、衆議院に定員二名の議員を選出できることになったが、土地整理・「県制」未実施を理由に延期され、実際に初めて選挙が行われ、立憲政友会から立候補した高嶺朝教《たかみねちょうきょう》（首里《しゅり》）、岸本賀昌《きしもとがしょう》（那覇《なは》）が議会に送られたのは一九一二年五月であった。

参考図書　外間守善『沖縄の歴史と文化』・毛利敏彦『台湾出兵』（ともに中公新書）、高良倉吉『琉球王国』・比嘉春潮他『沖縄』（ともに岩波新書）

9　明治以降の日本の宗教事情

神仏分離と廃仏毀釈《きしゃく》

一八六七年、朝廷は王政復古《おうせいふっこ》の大号令に呼応《こおう》して仏事《ぶつじ》祭式を廃止した。状況を察知《さっち》した親《しん》徳川派の東本願寺《ひがしほんがんじ》は朝廷に献金するなどの対応を見せるが、翌年の神仏判然《しんぶつはんぜん》令で混乱に陥《おちい》ったのは、それまで神仏習合《しんぶつしゅうごう》に慣《な》れ親《した》しんでいた浄土真宗《じょうどしんしゅう》以外の仏教教団であった。各地で寺院・仏像の破壊がおこり、寺院内鎮守《ちんじゅ》は別立《べつりゅう》され（例《たと》えば京都四条《しじょう》の歓喜光寺《かんぎこうじ》は移転させられ、その鎮守《ちんじゅ》の錦天神《にしきてんじん》が残される）、神宮寺《じんぐうじ》・別当寺《べっとうじ》の多くは破却《はきゃく》された（例えば鎌倉鶴岡八幡宮《かまくらつるがおかはちまんぐう》境《けい》内《だい》にあった真言宗一二寺院は全《すべ》て破壊され、社僧《しゃそう》は神主《かんぬし》となった）。この狂乱状況を打破《だは》するために結束した仏教界は更に翌年、連合して耶蘇教禁制《やそきょうきんせい》を建白《けんぱく》するなどしたが、その代償《だいしょう》として、増上寺《ぞうじょうじ》・東本《ひがしほん》願寺《がんじ》・仏光寺《ぶっこうじ》などは北海道開拓《かいたく》を命じられた（今も大谷《おおたに》道路の名が残る）。一八七〇年に大教宣布《だいきょうせんぶ》の詔《みことのり》が出され、翌年、寺社領上知《じょうち》令、さらに翌年、国家管理（官吏《かんり》）の教導《きょうどう》職を設置（一八八四年廃止）し、「教則三条《きょうそくさんじょう》」を示した政府は神仏合併《がっぺい》の大教院《だいきょういん》を設立、また僧侶《そうりょ》に肉食《にくじき》・妻帯《さいたい》・蓄髪《ちくはつ》を許可し、帰農《きのう》も勧《すす》め、僧侶の「無産者《むさんしゃ》としての特権」を奪《うば》い、富国強兵《ふこくきょうへい》・国民皆兵《かいへい》政策（翌七三年に徴兵《ちょうへい》令）に組《く》み込《こ》んでいった。これらの動き（例えば各宗《しゅう》一県一宇《う》に合寺《ごうじ》する）に対し、（浄土）真宗地帯の越前大野《えちぜんおおの》・今立《いまだて》・坂井《さかい》の三郡《さんぐん》で護法一揆《ごほういっき》がおこるなど各地で騒動《そうどう》が勃発《ぼっぱつ》し、地租《ちそ》改正反対一揆などとの連動を恐れた政府は政策を緩和《かんわ》し、一八七五年には増上寺《ぞうじょうじ》に置いていた大教院《だいきょういん》を解散、七七年には統制の象徴的存在であった教部省《きょうぶしょう》は廃止され、内務省《ないむしょう》社寺局に移管された。その過程で大教院分離運動を続けたのが洋《よう》行《こう》した島地黙雷《しまじもくらい》を最大の論客とする（浄土）真宗教団である（黙雷は長州〈山口県〉出身であり、政界とのつながりもあった)。

国家神道《こっかしんとう》の成立

一八六八年、国事《こくじ》殉難《じゅんなん》者を京都東山《ひがしやま》の霊山《りょうぜん》正法寺《しょうぼうじ》境内で神式《しんしき》により祀《まつ》った政府は、翌年に東京招魂社《しょうこんしゃ》(七九年に軍部が管理する軍事施設である靖国《やすくに》神社と改称)を創建《そうけん》した。靖国神社は、戦後、一宗教法人となったが、現在に至るまで断続的に「国家護持」化の動きが見られる。なお、一八八一年には祭神《さいじん》論争により、伊勢《いせ》派と出雲《いづも》派が対立している。翌年、神宮皇学館《じんぐうこうがくかん》が設立されている。九〇年には神武《じんむ》天皇を祭神とする橿原《かしはら》神宮が創建《そうけん》されるが、そのために付近の被差別民が(東京遷都《せんと》時の浅草《あさくさ》にあった被差別集落と同様に)強制移住させられている。久米邦武《くめくにたけ》の「神道《しんとう》は祭天の古俗《こぞく》」が著《あら》わされたのはこの翌年であり(神道家から攻撃され、大学教授を辞職)、これに相《あい》対《たい》する形で吉野《よしの》神宮も創建され、南朝正統説の先駆《さきが》けとなった。日露戦争中の一九〇六年には、官幣《かんぺい》社《しゃ》・国幣社《こくへいしゃ》の経費が国庫負担となる。一〇年には樺太《からふと》神社が創建され、北海道・台湾《たいわん》・朝鮮にも「神宮《じんぐう》」が建設されるなど、植民地統治のシンボルとなっていった。一九二九年には神社制度調査会が「神社は宗教に非ず」とした。これによって正式に「国家神道《しんとう》」が成立したとも言えよう。

キリスト教の公認

幕末の一八五六年、幕府は開港場での踏絵《ふみえ》を禁止するが、これはもちろん、諸外国の圧力に屈したものであり、それが証拠に一八六七年には長崎奉行《ぶぎょう》がキリシタン六八人を逮捕《たいほ》している。この態度は「新政府」にも受け継がれ、六八年の「五榜《ごぼう》の掲示《けいじ》」の「キリシタン邪宗門《じゃしゅうもん》禁制」を承《う》けて長崎で浦上《うらかみ》キリシタンが弾圧されている。この流刑《るけい》処置に翌年、諸外国は抗議し、「新政府」も七一年に幕藩体制《ばくはんたいせい》以来の「宗門人別帳《しゅうもんにんべつちょう》」を廃止してようやくキリスト教敵視政策を改めだした。翌年、日本人初のプロテスタント教会が設立されるなどしたが、キリスト教禁制の高札《こうさつ》が撤去《てっきょ》されたのはさらにその翌七三年だった。一八七八年には上州安中《じょうしゅうあんなか》キリスト教会が設立され、地方にも広がりだした。『新約聖書』の邦訳《ほうやく》が完成するのはその二年後である。八四年にはキリスト教界に大リバイバル運動がおき、積極的な布教が始まる。九三年には日本基督《キリスト》教婦人矯風会《きょうふうかい》が結成され、また日本基督教会は田村直臣《たむらなおおみ》を『Japanese Bride（日本の花嫁）』で教職（牧師）を剥奪《はくだつ》している。日清《にっしん》戦争を挟《はさ》んで軍事色濃厚《のうこう》となった宗教界を反映してか、九五年には日本救世軍《きゅうせいぐん》が結成されている。同派は一九〇〇年、新吉原《しんよしわら》で廃娼《はいしょう》運動により遊廓《ゆうかく》側と乱闘事件をおこしている。青年層の動きとしては、一八九七年に日本学生基督教青年同盟、一九〇三年に日本基督教青年会同盟（YMCA）、二年後には日本基督教女子青年会（YWCA）が設立されている。世を挙《あ》げて反露感情《はんろかんじょう》が高まるなか、「不敬《ふけい》事件」で有名な内村《うちむら》鑑三《かんぞう》らは反戦論を唱《とな》えたが、世論の支持はあまり得られずに終わった。その内村が死んだ一九三〇年には、キリスト教五五団体が、政府に神社参拝強制への考慮を要望したが、当然ながら一蹴《いっしゅう》された。

教派神道《きょうはしんとう》の状況

既《すで》に一八五六年、朝廷は黒住宗忠《くろずみむねただ》に宗忠大明神《だいみょうじん》号を追贈《ついぞう》するなど、いわゆる教派神《しん》道《とう》公認化の動きはあったが、それが加速するのは幕末の混乱期である。まず、金光《こんこう》教は一八五九年に開教したとされ、川手文治郎《かわてぶんじろう》が生神金光大神《いきがみこんこうだいじん》（ただし戸籍には「金光大陣」と改名を強制された）の神号を唱《とな》え、その布教が合法化されたのが六七年である。一方、中山《なかやま》みきは一八六九（この年、島村《しまむら》みつが蓮門教《れんもんきょう》を開いている）～八二年にかけて、天理教《てんりきょう》の根本教典となる『おふでさき』を書き、七三年には丸山教《まるやまきょう》が開かれている。八二年、神道諸派の独立が許可されるが、天理教は甘露台《かんろだい》の石（最高の礼拝対象）を奈良《なら》警察に没収されている。政府の政策はこのようにアメとムチの両面があった。丸山教でも八五年に「み組《くみ》事件」がおこり終息《しゅうそく》まで二年を要した。九二年には大本《おおもと》教も開かれ、主要な教派神道《きょうはしんとう》が出揃《でそろ》った。天理教は九三年、政府に軍艦建造費を一万円も献納《けんのう》しているが、内務省《ないむしょう》は一八九六年、天理教などの取締りを秘密命令している。天理教が公認されたのはようやく一九〇八年のことである。教派神道界は一九一三年に「ほんみち」、一九一九年に円応教《えんのうきょう》（円応修法会《えんのうしゅうほうかい》）、一九三〇年に生長《せいちょう》の家、三四年には岡田茂吉《おかだもきち》が大日本観音会《だいにほんかんのんかい》（のち世界救世教《せかいきゅうせいきょう》）を開くなど活況《かっきょう》を呈《てい》した。ところがここでおこったのが第一次大本《おおもと》教事件（一九二一年）であり、教祖出口《きょうそでぐち》なおの墓は破壊され、多数の幹部が不敬罪《ふけいざい》などで起訴《きそ》された。一九一六年に、天皇制国家主義と妥協《だきょう》すべく皇道《こうどう》大本と改称していた大本教であったが、二〇年に内務省は、大本教取締りを全国に指令していた。その理由を簡単に述べれば、ソクラテスやイエスと同じく、国家の奉ずる神を信じず冒瀆《ぼうとく》しているという、一種の「瀆神罪《とくしんざい》」であった。この年に「明治神宮」の竣工鎮座祭《しゅんこうちんざさい》が盛大《せいだい》に営《いとな》まれたのも大いに関係している。二八年には、ほんみち教祖らが不敬事件で検挙《けんきょ》されている（第一次ほんみち事件）。

戦時下の宗教統制

一九三七年の盧溝橋《ろこうきょう》事件直後に文部《もんぶ》大臣は、宗教・文化団体に挙国一致《きょこくいっち》運動を要望し、それを受《う》けた日本基督教連盟は「時局に関する宣言」を発表する。こうした動きが顕著《けんちょ》になるのが三九年（翌年が紀元《きげん》二六〇〇年）で、一町村に一基の忠霊塔《ちゅうれいとう》建設が許可され、各地の招魂社《しょうこんしゃ》が護国《ごこく》神社と改称され、宗教団体法が公布される（施行《しこう》は一九四一年）。この年に三人の兵士が上官に兵役《へいえき》拒否を申し出、これを契機に彼らが所属したキリスト教集団灯台社《とうだいしゃ》はその主宰《しゅさい》者明石《あかし》順三《じゅんぞう》以下、苛酷《かこく》な弾圧を受けることになる。翌年には宗教団体登記《とうき》令が出され、大戦に向けての宗教的支柱《バックボーン》が完備されてゆく。第一回宗教報国《ほうこく》大会・「大東亜戦争」完遂《かんすい》宗教翼賛《よくさん》大会や日本基督教団創立総会が開かれ、大日本神祇《じんぎ》会が発足《ほっそく》するのが四一年であった。その陰《かげ》では、朝鮮人キリスト教徒二千余人が、神社参拝に反対して投獄《とうごく》されている。翌年には、大詔奉戴《たいしょうほうだい》宗教報国大会が開かれ、興亜《こうあ》宗教同盟が結成されるなか、仏具《ぶつぐ》・梵鐘《ぼんしょう》などが金属回収令により供出《きょうしゅつ》され、開戦半年も経《た》たずして早くも物資不足が表面化している。一方、旧ホーリネス教会系などの教職者が検挙《けんきょ》されている。なお、一九三五年に神《こう》戸《べ》に最初の回教《かいきょう》（イスラーム教会）寺院が創建されている。

戦争協力と抵抗

既《すで》に一九三〇年に創価《そうか》教育学会として設立（発会式は三七年挙行《きょこう》）されていた創価学会は、アジア・太平洋戦争中の四三年に幹部が検挙された。このように弾圧された日蓮《にちれん》系団体もあれば、三六年には藤井日達《ふじいにったつ》がインドの日本山妙法寺《にほんさんみょうほうじ》（一九一七年開教）の開堂供養《くよう》を修したり、翌年には死《の》なう団（日蓮会）が旧江戸城・議事堂前などで切腹未遂《せっぷくみすい》をおこし、三八年には日蓮宗僧侶《そうりょ》らにより皇道仏教行道会《こうどうぶっきょうぎょうどうかい》が結成されるなど多様であったが、特に戦前・戦中の護国《ごこく》思想に大きな役割を果たしたのが日蓮思想であった。これには、田中智学《たなかちがく》（国柱会《こくちゅうかい》）―北一輝《きたいっき》（二・二六事件）―井上日召《いのうえにっしょう》（血盟団《けつめいだん》事件）―石原莞爾《いしはらかんじ》（満州事変）らの人脈が連《つら》なる。また真宗教団では、二〇年に東本願寺は、真宗門徒は神宮大麻《じんぐうたいま》を受けるべきでない、と声明を出していたが、二八年になると天皇即位大典に関する教書《きょうしょ》を発表するなどした。三七年の盧溝橋事件直後には門末《もんまつ》に「報国《ほうこく》に努《つと》めよ」と達し、翌年西本願寺（門主《もんしゅ》の弟の大谷尊由《そんゆ》が拓務《たくむ》大臣だった）も同様の布達《ふたつ》を行った。ところが三九年、宗教団体法を公布した政府当局は、（浄土）真宗最高の教典である親鸞《しんらん》の『教行信証《きょうぎょうしんしょう》』中の「如来召喚《にょらいしょうかん》の勅命《ちょくめい》」「主上臣下背法違義《しゅじょうしんかはいほういぎ》」などを字句不穏当《ふおんとう》として改訂《かいてい》・削除《さくじょ》を命じ、結果的に教団は屈服した。こうした聖典《せいてん》改悪をも受けいれざるをえなかった教団中央に対し、翌年、和歌山県新宮《しんぐう》市の真宗門徒は神棚《かみだな》設置に反対するなど抵抗を示したが、特高《とっこう》課の調査対象となり、圧力をかけられた東本願寺は宗教団体法施《し》行《こう》の四一年、「殉国精神昂揚《じゅんこくせいしんこうよう》の教書」を発表してこの地の門信徒《もんしんと》を落胆《らくたん》させた。教派神道系では金光《こんこう》教も三二年の満州建国宣言を受けて鉄兜《てつかぶと》献納運動を行った。翌年、仏教各派も満州開教に積極的に赴《おもむ》き、弾圧に懲《こ》りた皇道《こうどう》大本は国体明徴《こくたいめいちょう》運動を展開した。これは政府の国体明徴声明（三五年）に先駆《さきが》けるものだった。皮肉《ひにく》なことに、この三五年から翌年にかけて、第二次大本教事件（多数の幹部の検挙《けんきょ》と本部爆破）がおき、続いてひとのみち教団幹部が検挙され、三八年には第二次ほんみち事件がおこる。

戦後の新興宗教

戦前の三八年に大日本立正交成会《りっしょうこうせいかい》として開かれ、戦後の四八年に立正交成会、六〇年に立正佼成会《こうせいかい》と改称した同会は、同じく戦後の四六年に再建された創価学会と共《とも》に、法華《ほっけ》系在家《ざいけ》教団としてめざましい成長を遂《と》げた。特に創価学会は五四年からの「折伏《しゃくぶく》大行進」、翌年の統一地方選で議員を当選させ、現在の公明党（六四年結党。［これに対抗して生長《せいちょう》の家《いえ》政治連合も結成］。九八年再結党）に至る政治路線を確立した。これら既成《きせい》教団化した「新興《しんこう》宗教」に対し、二つの新しい動きがある。一つは「新宗教」「新新宗教」と呼ばれる新たな教団設立・分派《ぶんぱ》活動であり、もう一つは伝統教団（特に仏教）の信仰運動である。前者はオカルト（秘密・神秘主義）的傾向を帯びながらカルト（先鋭《せんえい》的信仰集団）化していく教団を形成し（幸福《こうふく》の科学・オウム真理教《しんりきょう》）、後者は天台宗《てんだいしゅう》の「一隅《いちぐう》を照《て》らす」、浄土真宗本願寺派の「門信徒会《もんしんとかい》」、真宗大谷《おおたに》派の「同朋《どうぼう》会」、浄土宗の「おてつぎ」などの各運動を生み出した。

参考図書　村上重良『国家神道』・『慰霊と招魂』・『天皇の祭祀』、稲垣真美『兵役を拒否した日本人』・『仏陀を背負いて街頭へ』、小沢浩『新宗教の風土』（以上、岩波新書）、圭室《たまむろ》文雄『神仏分離』（ニュートンプレス）

10 学校教育の普及～戦後まで

学制頒布《はんぷ》　近代の学校教育制度は一八七二（明治五）年の学制頒布に始まる。これは「必ず邑《むら》に不学《ふがく》の戸《こ》なく、家に不学の人なからしめん事を期す」とうたっているように国民皆《かい》教育をめざし、学問の目的を国家のためでなく、個人の立身《りっしん》・治産《ちさん》におき、実学《じつがく》主義を取り入れた。フランスの制度にならい、全国を大学区・中学区・小学区に分け、各学区ごとに大学八・中学二五六、小学五万三七六〇校を設置しようとする壮大《そうだい》な計画であった。しかしいわゆる受益者《じゅえきしゃ》負担の考えで、学校建設・運営費は地元負担であり、授業料を徴収《ちょうしゅう》した。そのためこの制度は、高邁《こうまい》な理念とは裏腹《うらはら》の現実性に乏《とぼ》しい制度であったことは明らかである。しかし、江戸時代の藩校《はんこう》・私塾《しじゅく》・寺子屋《てらこや》などの伝統もあり、地方の教育熱は盛んで、寺院などを間借《まが》りして各地で小学校が設置されていった。地方によっては資産家が私財を投じ洋風建築の校舎を建て設立したところも多い（長野県松本《まつもと》の開智《かいち》学校はその代表）。授業料は兵庫《ひょうご》県伊丹《いたみ》小学校の例では文部省基準の半分の年間二五銭であったが、子供をむしろ労働力とみるこの時代の家計《かけい》にはきつかった。小学校は上等《じょうとう》小学・下等《かとう》小学各四年で、八級を半年ごとに一級ずつ進級できる仕組《しく》みになっていたが、進級できない場合はそこで退学していくのが普通であった。また実際は短期間で進級したり、飛び級があったり、制度通りには実施されていなかった。伊丹小学校ではこの頃、下等小学入学二九一名中、卒業はわずか九名であり、これは学齢児《がくれいじ》に対し一・一％である（全国の就学《しゅうがく》率は七三年で三〇％弱）。

このような制度では内容的にも経済的にも無理があるので、政府は一八七九（明治一二）年、学制を改正し教育令を公布《こうふ》した。民権運動の高揚期《こうようき》でもあり、アメリカの学校制度を参考に、地方の実情にあわせて弾力的に運営できるようにし、小学校の就学年限を最低一六カ月とした。しかし政府は翌年には就学率の低下を理由に教育令の改正を行った。この改正は今までの自由主義教育から国家主義教育への転換の第一歩となった点で重要である。教科に「修身《しゅうしん》」を第一に掲《かか》げるとともに、府知事・県令の教育行政への権限を強め、最低就学年限を三カ年とした。これは自由民権運動に危機感を抱《いだ》いた政府が、学校教育においてその根を絶《た》とうとした表れでもあった。

学校制度の確立と教育勅語

改正教育令が出され、自由民権運動が衰退《すいたい》し、時代が国家主義の方向に着実に進みつつあった一八八五（明治一八）年に初代文部《もんぶ》大臣になったのが森有礼《もりありのり》である。彼は幕末《ばくまつ》英米に留学し、明六社《めいろくしゃ》を結成するなど開明的官僚《かんりょう》であったが、この頃国家主義に傾き、教育の目標は個人のためより国家のために、すなわち「富国強兵《ふこくきょうへい》」のためになされるものという考えに変わっていた。森は翌年小学校令を公布し、今までの停滞した学校教育を一新《いっしん》し、「義務制」を明確に打ち出した。小学校を尋常《じんじょう》と高等《こうとう》とに分け、四年間の尋常小学校を義務制とし、その上に四年間の高等小学校を置いた（四年後には三年制の尋常小学校も認め、高等小学校は二〜四年の範囲でよいとした）。教科書はこの時検定《けんてい》制となり、この点も国家主義の反映《はんえい》がみられる。しかし義務制といっても相変《あいか》わらず授業料は徴収《ちょうしゅう》していた（ちなみに無償《むしょう》となるのは一九〇〇年である）。また中学校令で尋常中学校五年、高等中学校二年を置いた。師範《しはん》学校令では、教員養成の機関として東京に高等師範学校、各府県に尋常師範学校を置き、軍隊式の教練《きょうれん》や学費免除《めんじょ》・衣料日常品や手当の支給を行い、教員養成に特別な手だてを施《ほどこ》している。さらに帝国大学令によって一八七七年にできた東京大学を帝国大学と改称し、官吏《かんり》養成機関の位置づけを明確にした。これら一連の法令を学校令と総称している。この時、森は「富国強兵」を掲《かか》げても「忠君愛国《ちゅうくんあいこく》」を押しつけたわけではなかった（彼は不満をもつ国粋《こくすい》主義者に暗殺される）。その後一八九四年には高等中学校を高等学校（四年制）として中学校（五年制）の上に置いた。さらに五年後には実業学校令で義務教育を終えた者に五年間実技《じつぎ》の専門的教育の機会を設《もう》けた。また女子教育の必要性から男子の中学校に相当《そうとう》する四～五年の高等女学校を設置し、ここに戦前における官公立の教育制度がほぼ整った。

一八九〇（明治二三）年は政治においても、教育においても重要な節目《ふしめ》となる年である。前年発布《はっぷ》された大日本帝国憲法の下、初めて帝国議会が開催《かいさい》され、国家体制が整うなかで、児童生徒に忠君愛国思想を強制することになる教育勅語《ちょくご》（「教育に関する勅語」）が下付《かふ》された。これは軍人勅諭《ちょくゆ》にならって出されたもので幼い時より国家・天皇に対する忠誠心を育《はぐく》み、いざという時に天皇のために命を捧《ささ》げる臣《しん》民《みん》をつくり出すために井上毅《いのうえこわし》と元田永孚《もとだながざね》により起草《きそう》されたものである。子供には難解な漢語《かんご》が並ぶ文章もこれを日常的に暗唱《あんしょう》させ、祝祭日《しゅくさいじつ》の儀式《ぎしき》で校長などが捧読《ほうどく》することで、「君が代」とともに時間をかけ子供の心に忠君愛国を浸透《しんとう》させる効果があった。

日清《にっしん》・日露《にちろ》戦争の勝利によってさらに教育の重要性を感じ取った政府は、小学校の教科書の国定化（一九〇三年）や一九〇七年に義務教育年限の延長を行い、尋常小学校四年を六年とした（それにともない高等小学校は二～三年になった）。しかし日露戦争後の厭戦《えんせん》・退廃《たいはい》的気分が広がると、政府はその払拭《ふっしょく》のため「戊申詔書《ぼしんしょうしょ》」を出し、民心《みんしん》の引き締《し》めに力を注《そそ》いだ。

官公立学校の国家主義・忠君愛国思想の傾向が強まるなかで、自由主義的校風を保《たも》ったのは私立学校である。早くは慶応《けいおう》四（一八六八）年創設《そうせつ》にその名の由来がある慶応義塾《ぎじゅく》や、一八八二（明治一五）年創設の東京専門学校（早稲田《わせだ》大学の前身）はそれぞれ福沢諭吉《ふくざわゆきち》・大隈重信《おおくましげのぶ》の創設であり、実業界に多くの人材を送り出した。新島襄《にいじまじょう》の同志社《どうししゃ》英学校はキリスト教精神で人材を養成した。これらを含め明治時代には多くの私立学校が設立され、個性的な教育方針で伝統を築《きず》き上げていった。一九一八（大正七）年、大正デモクラシーの風潮《ふうちょう》の影響もあり原敬《はらたかし》内閣の時、大学令が公布され、それにより多くの公私立学校が大学に認可《にんか》され、官立大学とともに最高学府として自治的な学風を持つようになり発展した。尋常小学校の就学《しゅうがく》率も明治末より一〇〇％近くになり義務教育制度も名実《めいじつ》ともに整えられたが、尋常・高等小学校以外の上級学校に進む者はまだ少数（約一五〜二〇％）であった。

昭和に入ると軍部の台頭《たいとう》により教育への軍事教練《きょうれん》の導入など軍国主義が浸透《しんとう》し、長期的な総力戦《そうりょくせん》体制を睨《にら》んで児童に「少国民《しょうこくみん》」としての自覚を持たせるため、一九四一（昭和一六）年小学校が改組《かいそ》され国《こく》民《みん》学校となった。初等科六年とさらに二年の高等科を義務教育としたが、一九四七年に廃止され、この全課程《ぜんかてい》を経験した者はいない。

戦後の教育改革

敗戦により日本を統治《とうち》することになったGHQは日本の軍国主義の温床《おんしょう》の一つを教育制度に求めその民主化を要求した。しかし学校が再開されても、壊《こわ》れた国民学校の校舎で「墨塗《すみぬ》り教科書」を使っての授業であった。ようやく一九四七年三月に教育基本法が制定され、真理と平和の追求を目標とし、教育の機会均等《きんとう》、男女共学が明確にされ、それに基づき学校教育法により、その年四月私立も含め新制小学校・中学校が、翌年四月には新制高等学校が発足《ほっそく》し、また新制大学が旧制大学・高校などを母体に設置され、ここにアメリカ式の六・三・三・四制の戦後教育体制が確立した。

参考図書　山住正己『日本教育小史―近現代―』・中村紀久二『教科書の社会史』（ともに岩波新書）

11 福沢諭吉と脱亜論

学問のすゝめ

福沢諭吉《ふくざわゆきち》は一八三五（天保《てんぽう》六）年、豊前《ぶぜん》（大分県《おおいた》）中津《なかつ》藩の大坂蔵屋敷《くらやしき》内で、百助、お順の次男《じなん》として生まれた。翌年父が病死したため、母や兄・姉とともに中津に帰り、一九歳まで中津で過ごし、漢学《かんがく》を学んだ。一八五四（安政元《あんせいがん》）年、兄のすすめで長崎に出て蘭学《らんがく》を学び、翌年大坂にうつり、緒方洪庵《おがたこうあん》の適塾《てきじゅく》に入門、五六年兄の死によりいったん中津に帰ったが、再び適塾にもどり、五七年には塾長となった。五八年、藩の命令により江戸へ出て、江戸築地《つきじ》の中津藩屋敷内に蘭学の塾を開いた（慶応義塾《けいおうぎじゅく》の起源）。こうして彼は蘭学の教師としての道を歩むのであるが、翌年、開港した横浜に出かけ、自分のオランダ語を試《ため》したところ全く通じずショックをうけ、やがて彼らの話している言葉が英語であることを知った。そこで彼は一大《いちだい》決心をして、今まで死に物狂いで学んできた蘭学を捨《す》て、英語へ転向した。

福沢諭吉（慶應義塾大学提供）

翌一八六〇（万延元《まんえん》）年、幕府が日米修好通商条約批准《ひじゅん》のために、アメリカに使節を派遣《はけん》するにあたり、福沢は自《みずか》ら志願して木村摂津守《きむらせっつのかみ》の従僕《じゅうぼく》となって、アメリカにわたった。そして、通訳《つうやく》として同行したジョン＝万次郎とともに、ウェブスターの英語辞書を一冊《さつ》ずつ買って帰った。これが日本にウェブスターの辞書が入った最初である。六二（文久二《ぶんきゅう》）年には、やはり幕府使節の一員として、フランス・イギリス・オランダ・ロシアなどを訪《おとず》れた。そしてそれらの経験を通して、彼は欧米を紹介する著書《ちょしょ》を書き、やがて海外事情に精通《せいつう》した当時では数少ない日本人として、脚光《きゃっこう》をあびるようになっていった。

幕府が倒れ新政府ができるなかで、福沢は一八七二（明治《めいじ》五）年、有名な『学問のすゝめ』初編を書いた。『学問のすゝめ』はその後も書き継《つ》がれ七六年の一七編をもって終わるが、この本は、新しい時代の到来《とうらい》を前にして、これから自分はどう生きるか、日本はどうなるかと不安を感じていた当時の日本人にひとつの指針を与えた点で、画期的《かっきてき》な本であった。『学問のすゝめ』は爆発的な売れ行きをみせ、多くの海賊版《かいぞくばん》も出た。それは当時、日本全国どんな辺鄙《へんぴ》な村に行っても『学問のすゝめ』だけはあると言われたほどであった。特に初編の書き出しの「天は人の上に人を造らず人の下に人を造らず……」という言葉は、人間の平等を説《と》いた言葉として、封建《ほうけん》社会の身分制のなかで苦しんできた人々に大きな希望を与え、新しい時代の到来《とうらい》を告《つ》げる衝撃《しょうげき》的な言葉であった。それはまた、理不尽《りふじん》な身分制のなかで苦労してきた福沢自身の心情を述べたものでもあったが、「門閥《もんばつ》制度は親の敵《かたき》」と福沢自身が言うように、彼が生涯《しょうがい》批判しつづけたものは、儒教《じゅきょう》主義に根ざした封建的身分制度であった。そして、それに代《か》わるものとして福沢が目指《めざ》したものは、西洋文明の取りいれであり、それによって日本が一刻《いっこく》も早く欧米と並ぶ文明化した独立国になることであった。こうして福沢は、日本における文明開化推進の第一人者《だいいちにんしゃ》として、その後も国民や政府に大きな影響を与えるようになった。

脱亜論への傾斜

七五年に出版された『文明論之概略《ぶんめいろんのがいりゃく》』において、福沢は世界の国々を野蛮《やばん》・半開《はんかい》・文明の三段階にわけ、欧米諸国を文明の国、日本や中国・朝鮮を半開の国と位置づけた。そして、欧米列強のアジア侵略《しんりゃく》に対処《たいしょ》するため日本・中国・朝鮮が連帯することを説いていた。しかし彼は、日本が一応文明の域に到達しつつあると判断した八一年前後から、いまだ儒教主義に根ざした半開の状態から抜け出ることのできない中国・朝鮮に対して、一段と明確な蔑視《べっし》感をもつようになった。とくに朝鮮問題については、清《しん》国の支配下にある朝鮮を、武力を用いても解放すべきであると説くようになった。そして積極的に朝鮮の近代化を援助した。しかし、事実上の計画者となった八四年の甲申《こうしん》事変が失敗すると、福沢は朝鮮に絶望し、朝鮮を野蛮以下の「妖魔悪魔《ようまあくま》の地獄《じごく》国」とさえ呼んで罵《ば》倒《とう》するにいたった。こうしたなかで、八五年、彼は主宰《しゅさい》する『時事新報《じじしんぽう》』に「脱亜論《だつあろん》」を発表するのである。

脱亜論（脱亜入欧論）の要旨《ようし》は、東アジアにあって、日本が西洋文明を取りいれ古い体制を脱したにもかかわらず、隣国の中国と朝鮮は儒教主義の考えから抜けでることができず、道徳は地に落ち、政治も古い専政《せんせい》体制から抜けでていない。もしこの状態を改革しようとしないならば、両国は数年にして亡《ぼう》国《こく》となり、文明諸国に分割《ぶんかつ》されてしまうことは明らかである。このような状態では、日本が両国の開明を待ってアジアを興《おこ》す余裕《よゆう》はない。むしろ、日本はその仲間《なかま》から脱して（脱亜《だつあ》）、西洋の文明国と行動をともにし（入欧《にゅうおう》）、東洋の悪友と手を切るべきである、というものであった。福沢の脱亜論はやがて日本政府・国民の中国・朝鮮蔑視《べっし》へと反映《はんえい》されていき、朝鮮の植民地化や中国との戦争につながっていくことにもなる。

福沢の思想が日本人に与えた影響はこのように非常に大きなものだった。福沢の生涯《しょうがい》の関心事《かんしんごと》は封建《ほうけん》制の廃止と国権《こっけん》の確保にあったが、封建制廃止の主張は日本の文明開化・近代化を促《うなが》し、国権の確保の主張はのちの対外膨張《ぼうちょう》・対外戦争にいたる道を開いたとも言えよう。

参考図書　福沢諭吉『学問のすゝめ』・『福翁自伝』（ともに岩波文庫）、今永清二『福沢諭吉の思想形成』（勁草書房）

12　明治憲法下の政治運営

明治憲法を文字通りに解釈《かいしゃく》すると、帝国議会は立法行為を「協賛《きょうさん》」し、内閣《ないかく》は「補弼《ほひつ》」するとされているように、すべての権限が天皇へ集中するシステムになっている。し

欽定《きんてい》憲法の下で

かし、天皇は予《あらかじ》め政治的に免責《めんせき》されており、実際の政治においても例外的な場合を除き直接に政治上の決断を下すことはなかった。戦後の連合国側による極東国際軍事裁判《きょくとうこくさいぐんじさいばん》において裁《さば》く側にたった人々が、事実関係と責任の所在の解明《かいめい》に苦しみ戸惑《とまど》ったのも無理はない。こうした近代日本の政治のあり方を「無責任の体系」と呼んだ政治学者もいた。

憲法には定められていない、天皇を補佐《ほさ》するいくつかの集団があり、彼らは直接・間接に政治に対し影響力を及ぼすことができた。

憲法外機関

1．元老《げんろう》

明治政府の樹立《じゅりつ》に大きな功績《こうせき》のあった伊藤博文《いとうひろぶみ》、山県有朋《やまがたありとも》ら薩長《さっちょう》両藩の出身者達で、組閣《そかく》、開戦などの重要な事項について天皇から諮問《しもん》を受けた。大正半ば以降は、最後の元老となった公家《くげ》出身の西園寺《さいおんじ》公望《きんもち》が後継首班《こうけいしゅはん》の実質的な決定権を持つと共《とも》に政党《せいとう》内閣を支持したので、「憲政《けんせい》の番人《ばんにん》」としての役割を果《は》たすようになった。

2．内大臣《ないだいじん》

一八八五年内閣制度発足《ほっそく》に伴い、太政《だいじょう》大臣であった三条実美《さんじょうさねとみ》を遇《ぐう》するため設けられた名誉職《めいよしょく》的な官職。御璽《ぎょじ》、国璽《こくじ》の保管、詔勅《しょうちょく》など宮中《きゅうちゅう》の文書事務を担当すると共に、常に天皇の側にあって補弼《ほひつ》の任《にん》にあた

った。元老《げんろう》の勢力が後退すると、次第《しだい》に後継首班《こうけいしゅはん》決定にも発言力を持つようになり、西園寺の辞退後、木戸幸一《きどこういち》（孝允《たかよし》の孫）は重臣《じゅうしん》会議を主宰《しゅさい》するなど大きな政治的役割を果たした。

3．重臣会議

一九三四年に高橋是清《たかはしこれきよ》、若槻礼次郎《わかつきれいじろう》ら首相《しゅしょう》経験者、一木喜徳郎《いちききとくろう》枢密院《すうみついん》議長に内大臣、西園寺が加わり後継首班（首相）を協議したのが常態《じょうたい》化したもの。昭和前期に後継首相の選定などにつき天皇の諮問《しもん》を受けたが、その影響力は明治・大正期の元老達ほど大きくはなかった。

スケッチ（一八九〇年〜一九一八年）　明治憲法下の多元的な統治《とうち》機構を分裂《ぶんれつ》に導くことなくそれなりに統合《とうごう》し、調整していったのは、明治維新《いしん》という大変革《へんかく》期を乗りこえた経験を共有する維新の功臣《こうしん》である元老《げんろう》達であった。明治天皇によって国家のカジ取りを委《ゆだ》ねられた彼らは、自分達自身が首相、枢密院《すうみついん》議長、元帥《げんすい》といった政治、軍事上の枢要《すうよう》なポストにつき、一面で反発しあいつつも連携《れんけい》して統治《とうち》を行った。伊藤博文が一九〇〇年、自由党と結んで立憲政友会《りっけんせいゆうかい》を創立《そうりつ》したのも、不偏不党《ふへんふとう》という超然《ちょうぜん》主義の方針では議会運営が円滑《えんかつ》に進まなくなったことが原因であり、元老の指導力が政党にも及ぶようになったと解釈《かいしゃく》することもできる。

こうした元老の役割も、陸軍長州閥《ちょうしゅうばつ》の総帥《そうすい》で、官僚閥《ばつ》を率《ひき》いてデモクラシーの動向に最後まで抵抗した山県有朋《やまがたありとも》の死によって終った。

スケッチ（一九一八年〜一九三二年）　明治末期に明治憲法を読み替《か》え、議院内閣制、政党政治を法理論上導《みちび》きだしたのが美濃部達吉《みのべたつきち》である。議会の立法に関わる権限を「協賛《きょうさん》」から天皇と立法権を共有する方向へ、内閣の天皇に対する「補弼《ほひつ》」責任を議会に対し責任を負《お》うという責任内閣制の方向へと読み替えた上で、国家と天皇を分離し、国家法人説《こっかほうじんせつ》の理論から天皇

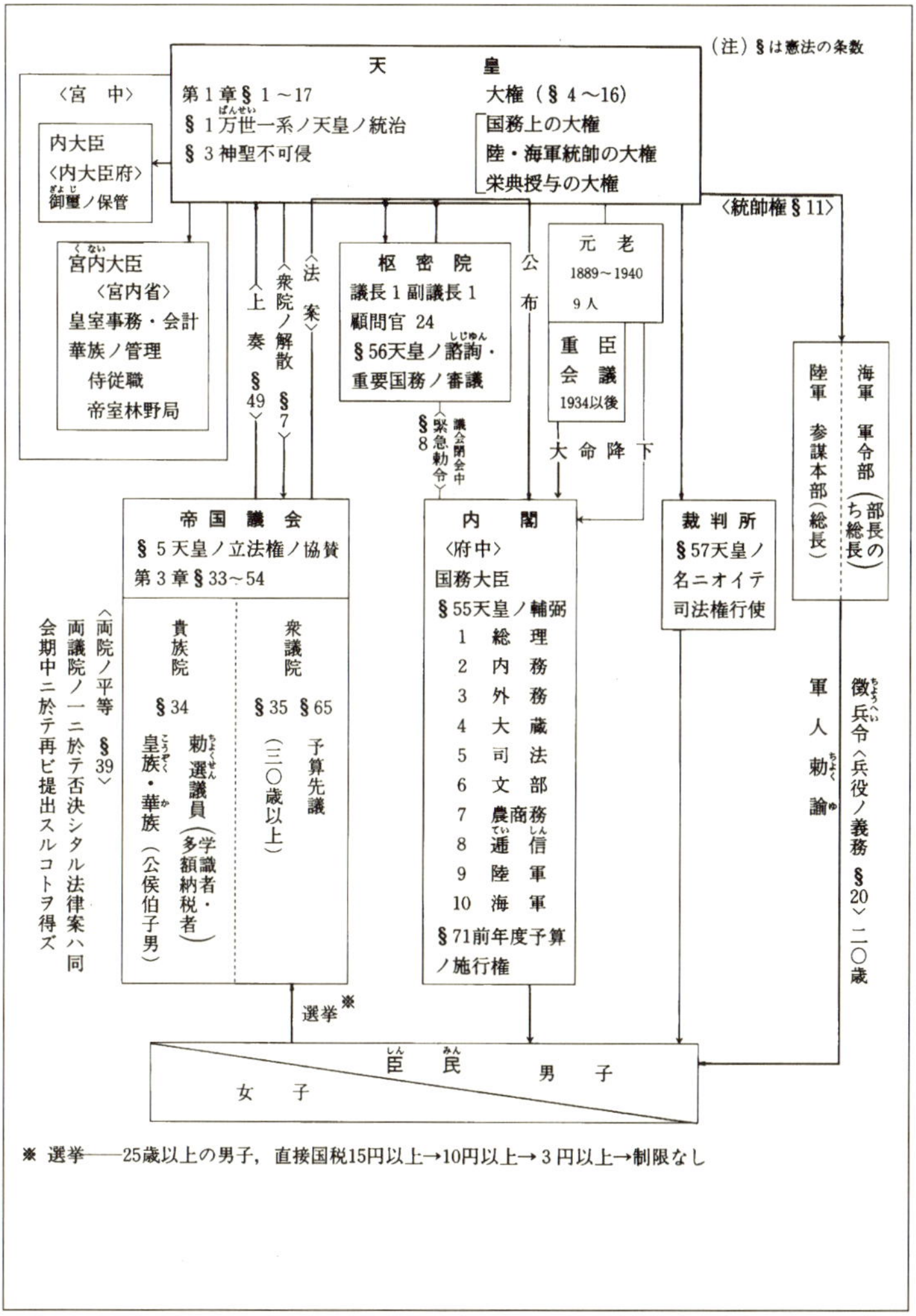
(注) §は憲法の条数
天皇
第1章§1～17
§1万世一系《ばんせい》ノ天皇ノ統治
§3神聖不可侵
大権(§4～16)
国務上の大権
陸・海軍統帥の大権
栄典授与の大権
〈宮中〉
内大臣
〈内大臣府〉
御璽《ぎょじ》ノ保管
宮内《くない》大臣
〈宮内省〉
皇室事務・会計
華族ノ管理
侍従職
帝室林野局
〈上奏§49〉
〈衆院ノ解散§7〉
〈法案〉
枢密院
議長1副議長1
顧問官24
§56天皇ノ諮詢《しじゅん》・重要国務ノ審議
〈緊急勅令§8 議会閉会中〉
公布
元老
1889～1940
9人
重臣会議
1934以後
大命降下
〈統帥権§11〉
海軍 軍令部(部長のち総長)
陸軍 参謀本部(総長)
帝国議会
§5天皇ノ立法権ノ協賛
第3章§33～54
貴族院
§34
勅選《ちょくせん》議員(学識者・多額納税者)
皇族《こうぞく》・華族(公侯伯子男)
衆議院
§35 §65
予算先議
(三〇歳以上)
〈両院ノ平等§39〉
両議院ノ一ニ於テ否決シタル法律案ハ同会期中ニ於テ再ビ提出スルコトヲ得ズ
内閣
〈府中〉
国務大臣
§55天皇ノ輔弼
1 総理
2 内務
3 外務
4 大蔵
5 司法
6 文部
7 農商務
8 逓《てい》信《しん》
9 陸軍
10 海軍
§71前年度予算ノ施行権
裁判所
§57天皇ノ名ニオイテ司法権行使
軍人勅諭《ちょくゆ》
徴兵令《ちょうへいれい》〈兵役ノ義務§20〉二〇歳
選挙※
臣《しん》民《みん》
女子
男子
※ 選挙——25歳以上の男子，直接国税15円以上→10円以上→3円以上→制限なし

大日本帝国憲法体制（菱刈隆永『日本史マニュアル』より一部を改変）

を国家の最高機関として位置づけることで彼の解釈改憲《かいけん》は完了《かんりょう》する。

第一次世界大戦後の世界的な民主主義への動向をふまえ、原敬《はらたかし》内閣成立を支持したのが西園寺公望《さいおんじきんもち》だった。この時から、立憲政友会、憲政会《けんせいかい》(後に立憲民政党《みんせいとう》)による短い政党政治の時代を迎えるが、枢密《すうみつ》院《いん》改革、貴族院《きぞくいん》改革は共に挫折《ざせつ》し、陸海軍は統帥《とうすい》権の独立を旗印《はたじるし》に議会、内閣《ないかく》による統制には抵抗した。

一九三二年に犬養毅《いぬかいつよし》が五・一五事件でテロの凶弾《きょうだん》に倒れた三年後、美濃部《みのべ》の天皇機関説《てんのうきかんせつ》も、議会における弾劾《だんがい》という政党人の自殺行為に近い行動により葬《ほうむ》り去られた。

スケッチ(一九三二年~一九四五年)

作戦、指揮《しき》、命令などの軍務《ぐんむ》を担当する軍令《ぐんれい》部門には議会、内閣が関与《かんよ》できないという統帥権《とうすいけん》の独立の原則が認められていた天皇の軍隊は、それゆえに元来《がんらい》政治とは一定の距離をおいた存在であった。その軍部《ぐんぶ》が一九二九年に始まる世界恐慌《きょうこう》による不況《ふきょう》、党利党略に明け暮《く》れる政党政治への国民の絶望という閉塞《へいそく》状況の中で急速に政治勢力として台頭《たいとう》してくる。三月事件から二・二六事件に至る直接に権力を奪取《だっしゅ》して国家改造をめざす運動が失敗に終わると、陸軍の統制《とうせい》派は、国防に関連する事柄《ことがら》は軍部の専管《せんかん》事項という統帥権独立を拡大解釈することで政治へと介入《かいにゅう》していった。その際軍部は自らの要求の受諾《じゅだく》を強要するのみで、最終決定は政治に委《ゆだ》ね、責任を取ろうとはしなかった。

こうした軍部の動きに諸勢力が引きずられるように、日本は中国と全面戦争を開始し、さらに対米戦へと突入《とつにゅう》した。敗戦が濃厚《のうこう》となった太平洋戦争の末期、宮中《きゅうちゅう》グループとも称される近衛文麿《このえふみまろ》、木戸《きど》幸一《こういち》、細川護貞《ほそかわもりさだ》ら天皇の極《ご》く近くにいた側近《そっきん》達が「国体《こくたい》」を護持《ごじ》するための新しい政治的動きを見せる。彼らの秘密裡《り》の工作《こうさく》は、天皇の聖断《せいだん》によるポツダム宣言の受諾《じゅだく》という形で結実《けつじつ》した。

参考図書　伊藤博文『憲法義解』(岩波文庫)、鶴見俊輔『戦時期日本の精神史』(岩波同時代ライブラリー)

13 伊藤博文と山県有朋

維新の第二段階

明治維新の動きは最終的に天皇を頂点とした立憲《りっけん》国家を形成した。まず、残存する旧体制を否定する。この段階は、王政復古の名のもとに、政権担当者が藩閥《はんばつ》に移っただけである。維新政府への最後の内乱ともいうべき西南戦争後は、自由民権運動の高まりを経《へ》て、憲法と議会を持つ体制となる。今からみれば不十分な内容だが、一応立憲国家の樹立《じゅりつ》である。この過程で活躍したのが、伊藤博文《いとうひろぶみ》と山県有朋《やまがたありとも》である。この二人は、同じ長州閥《ちょうしゅう》でも登場の仕方が異なり、議会制が展開する中で対立する。伊藤といえば、「憲法」「政友会」、山県といえば、「陸軍」「官僚」である。この構図が、明治末から大正期の政治のパターンともなる。

伊藤博文

一八四一（天保《てんぽう》一二）年、周防国《すおうのくに》の農家に生まれるが、父が長州藩の中間《ちゅうげん》の養子となったことで、毛利《もうり》氏の家中となる。松下村塾《しょうかそんじゅく》に学び尊攘運動《そんじょううんどう》にも加わる。維新後は、長州閥のリーダー木戸孝允《きどたかよし》の配下として活動する。しかし、岩倉使節団の副使として欧米を視察中に、大久保利通《おおくぼとしみち》と親しくなる。七三（明治六）年の帰国後、参議《さんぎ》兼工部卿《こうぶきょう》となり、参議兼内務卿の大久保政権の中核に位置し、殖産興業《しょくさんこうぎょう》を進める。

一八七八年の大久保死後は内務卿となる。ちょうど、自由民権運動の高揚《こうよう》期である。明治一四年の政変で、議会の早期開設を唱《とな》えるライバルで肥前閥《ひぜんばつ》参議の大隈重信《おおくましげのぶ》を罷免《ひめん》すると、薩長閥政府の頂点に立つ。この政変で、政府は九〇年までの議会開設を約束し、それまでに憲法を制定することが急務となる。民権運動の展開の中で示された人民の権利を認めるような憲法案は、伊藤の考えに合わず、皇帝権の強い憲法を学ぶため、自らドイツ・オーストリアに留学する。帰国後は、憲法発布に向けて諸改革に取り組む。八五年、太政官制《だじょうかんせい》を改めて内閣《ないかく》制度とし、伊藤は初代の総理大臣となる。この時に皇室事務一切《いっさい》に内閣が関与できないよう宮内省《くないしょう》を閣外《かくがい》に置くとともに、この頃、国有財産を皇室《こうしつ》財産に組み込み皇室を比類のない資産家とした。国会開設を前提に、皇室の権威と実力を高めたものである。首相を薩（摩）閥の黒田清隆《くろだきよたか》に譲った後、枢密院《すうみついん》議長に転じて憲法草案を審議し、八九年二月一一日「大日本帝国憲法」（いわゆる明治憲法）の発布《はっぷ》を導いた。

当初は議会に対し超然主義《ちょうぜんしゅぎ》をとった伊藤も、二度目の首相として戦った日清《にっしん》戦争の体験から議会多数党と協調する利を知り、戦後は板垣退助《いたがきたいすけ》の自由党と連立する。一八九八年の第三次伊藤内閣では、地租《ちそ》増徴《ぞうちょう》案を提案して失敗するが、後継内閣に政党リーダーの大隈と板垣を推薦《すいせん》して、日本史上初の政党内閣を誕生《たんじょう》させる。一九〇〇年には国民政党をめざし、旧自由党系のメンバーと立憲政友会を設立し、総裁ともなる。政友会を母胎《ぼたい》とした第四次伊藤内閣は、対立する官僚たちの力を結集した山県有朋閥の反発で、短命に終わる。晩年の伊藤は元老《げんろう》となり、政友会は公家《くげ》出身の西園寺公望《さいおんじきんもち》が引き継ぐ。〇五年保護国となった韓国の統監となり影響力を行使し、〇七年、内政権を奪うとともに軍隊を解散させた。このため〇九年、満州《まんしゅう》視察旅行中、民族運動家安重根《あんじゅうこん》《アンジュングン》にハルビン駅頭で暗殺された。六九歳であった。

立憲政友会はこの後も、衆議院で第一党となることが多く、伊藤の最大の業績は、明治憲法の枠の中で政党政治への道を開いたことといえる。

山県有朋

一八三八（天保九）年、萩《はぎ》城下で下級武士の家に生れる。松下村塾《しょうかそんじゅく》に学び尊攘派として活動し、奇兵隊《きへいたい》では軍監《ぐんかん》、戊辰戦争《ぼしんせんそう》では参謀《さんぼう》をつとめる。維新後は、西郷隆盛《さいごうたかもり》とともに陸軍を充実させ、廃藩置県《はいはんちけん》後は兵権を掌握《しょうあく》した。国民皆兵《こくみんかいへい》の徴兵《ちょうへい》制を七三年に実現したのも彼で、初代の陸軍卿《きょう》となる。軍政と軍令も分けて、初代の参謀総長《さんぼうそうちょう》ともなる。八二年、天皇への絶対忠誠を説く軍人勅諭も出した。その後、主権線（領土）の確保と密接な関係のある利益線（朝鮮）の確保をめざした軍拡を推進する。彼は日本陸軍の創設者であった。

軍人山県が内政に力を注《そそ》ぐようになるのは、一八八三年に内務卿となってからである。内閣制度採用後は内務大臣として、民権運動を弾圧し、町村制など地方制度を整え、内務官僚の統制力を握る。憲法発布の黒田内閣をうけて、八九年に初めて組閣《そかく》した山県は、教育勅語《ちょくご》発布、第一回総選挙実施、第一回帝国議会と、難局に臨《のぞ》む。アジア最初の議会では、超然《ちょうぜん》主義をとって、予算案をめぐり民党《みんとう》と対立する。大幅な譲歩《じょうほ》をして、衆議院を解散しないで閉会にこぎつけた後、辞職した。

日清《にっしん》戦争後、第二次伊藤内閣と自由党の接近に対し、政党に批判的な官僚は山県のもとに結集する。この頃から、政府内の山県系と伊藤系の対立が表面化してくる。一八九八年に再度組閣した山県は、政党人が容易に上級官吏《かんり》になれないようにし（文官任用令・文官分限令）、陸・海軍大臣を現役《げんえき》の武官（大・中将）に限定して政治的支配力を強める。嫌悪《けんお》する政党勢力を背景に成立した第四次伊藤内閣を退陣《たいじん》に追い込むと、長州陸軍閥《ばつ》の後継者桂太郎《かつらたろう》を首相に推薦《すいせん》する。この桂と、伊藤の推薦をうけた政友会の西園寺は交互に組閣《そかく》し、明治末期は桂園《けいえん》時代とも称される。官僚と軍部《ぐんぶ》（特に陸軍）の支持を受けた元老《げんろう》山県は、大正政変後も、第一次世界大戦を戦った大隈・寺内正毅《てらうちまさたけ》両内閣に大きな影響力を保ち続けた。山県は、一九二二年、八五歳で病没した。

参考図書　佐々木隆『伊藤博文の情報戦略』（中公新書）、岡義武『山県有朋』（岩波新書）、川田稔『原敬と山県有朋』（中公新書）

14 明治の女性

「家」と女

明治の女性に求められたのは、第一に「家」の維持であった。それは特に上流階級で著《いちじる》しく、明治初期には男が妻の他に複数の妾《めかけ》を持つことが、法律で公認された。一八八八（明治二一）年、婦人矯風会《きょうふうかい》が「一夫一婦」建白を提出しているが、明治期の婦人運動が上・中流階級の女性達からおこってくるのも彼女らのこうした境遇《きょうぐう》と無関係ではない。さすがに妾の公認については厳《きび》しい批判を浴《あ》び、のち法律上は一夫一婦制となった。

明治民法はこうした「家」を基盤においた家父長《かふちょう》体制を法律的に確立し、国民全体に拡大するものであった。戸主権《こしゅ》が強化された民法《みんぽう》のなかで女性はどのような地位にあったのか。結婚には必ず戸主の同意が必要であり、妻となれば、夫と舅姑《きゅうこ》に仕《つか》えることが第一の責務《せきむ》であった。夫婦は互いに重婚はできないが、貞操《ていそう》の義務については妻のみがこれを負う。また、夫は妻が姦通《かんつう》すれば離婚請求《せいきゅう》できたが、妻の側は夫が姦淫罪《かんいん》で刑に処せられなければ離婚を請求できなかった。舅姑《きゅうこ》との関係も離婚原因とされたので、「家」に合わない嫁は追い出すことも可能であった。さらに、妻は自らの財産を処分するにも夫の許可が必要であり、法律上、無能力者とされたのである。

女子教育

一八七二年の学制は、男女平等の理想を掲《かか》げた。自由な教育の風潮の中でキリスト教主義の女学校も設置され、女子教育に大きな役割を果たした。しかし、学費は高く、子供は労働力として重要でもあったため就学率《しゅうがく》（特に女子）は低かった。七三年に全国各地で学校焼き討《う》ち事件がおこるのも、徴兵令《ちょうへいれい》や地租《ちそ》改正に苦しめられた、当時の民衆の貧しさが背景にあった。

明治政府は一八八〇年の改正教育令で方針を大きく転換する。一八七九年の教学大旨《きょうがくたいし》で国家中心主義を強調したのに続いて、男女別学を打ち出し、女子には小学校に裁縫《さいほう》科を設置し、男女の教育内容に差をつけた。女子教育は、国家主義を背景にした良妻賢母《りょうさいけんぼ》教育へと変質し、この傾向は教育勅語《ちょくご》が出されてより強化される。

制度的には、一八九五年の高等女学校令で、各府県に公立の女学校を一つ以上設置することになり、形の上では女子教育が整備されていく。女子教育という観点で見れば、一部ではあっても、またたとえ良妻賢母教育であっても、女子に教育の機会が与えられたこと自体は意味のあることであった。学校教育をうけ、さらに女学校、女子師範《しはん》学校などに進む道も開けたことで、これまでにない女性の生き方が可能になったのである。たとえば、埼玉《さいたま》の庄屋《しょうや》の娘に生まれた荻野吟子《おぎのぎんこ》は、その不幸な結婚を契機として医学を志し、苦難の末、女医第一号になったがその第一歩は女子師範学校であった。米国留学からの帰国後女子英学塾を創設した津田梅子《つだうめこ》、東京女子医学校を創設する吉岡弥生《よしおかやよい》のほか、明治期に高等教育を受けた女性は全体から見れば少数ではあったが、その中から大正期のさまざまな女性運動の中心人物が登場する。

大衆の女

それでは、貧しさ故に小学校も満足にでられなかった多くの大衆の女達はどのような境遇におかれていたのだろうか。大衆の女達は、夫に養ってもらう受け身の立場ではなく、自らが生産者として生活を支える存在であった。労働は当然のことで、時には男達と共に腰巻《こしま》き一枚（上半身裸《はだか》）で炭鉱に入り、追いつめられれば、先頭に立って戦うことも辞さない女達であった。貧しい中では否応《いやおう》なく夫婦は寄り添《そ》って生きねばならなかったのである。農村では性道徳の上では若者組・娘組の活動を基盤としたルールがあり、それは民法に規定された貞操観《ていそうかん》とは大きく異なっていた。しかし、農村の女性が女として自立した生活を送れたわけではもちろんない。嫁姑《よめしゅうと》の問題は家政の主導権の問題として家族関係を規制する。時には財産として価値のある牛馬より、ぞんざいに扱われたのが農村の女性であった。貧農では、女子は幼い時から子守《こもり》をし、娘達は女工《じょこう》として、または娼婦《しょうふ》として家のために働きにでることも多かった。

明治時代、日本の近代化を支えたのは外貨獲得を担《にな》う繊維《せんい》産業であり、それを支えたのは、安い賃金で酷使《こくし》できる貧しい農村の少女達の労働力であった。女工の労働実態は、紡績《ぼうせき》業（綿糸）にしても製糸《せいし》業（生糸《きいと》）にしてもかなり苛酷《かこく》なものであった。まさに、『女工哀史《じょこうあいし》』や『あゝ野麦峠《のむぎとうげ》』に語られる世界である。しかし、女工となった少女達には工場に対する不満を持つものが意外に少ない。自分の家よりもましな生活が送れたというのだ。中には技術を身につけて、工場から大切にされた女工たちも存在したから、農村の少女にしてみると、自分を活《い》かす数少ないチャンスであったのかも知れない。明治の後半には、女性の職業進出は盛んとなり、女教師、看護婦、産婆《さんば》などの従来の職業に加え、新たに、電話交換手、郵便局員、女性記者、写真師、速記《そっき》者、音楽教師、料理番などがでてくるが、小学校にさへまともに通えない少女達にそうした職業は望むべくもなかった。

農村の少女達の中には娼婦になるものも少なからずいた。国内の遊郭《ゆうかく》だけでなく、東南アジアやアメリカへも送り出された。貧しさから抜け出す一つの手段として自ら望んでいく者もいたが、周旋屋《しゅうせんや》にだまされるか、家族のため、または親の意に従って、あきらめて行く者も多かった。一八七二年のマリア＝ルーズ号事件を契機に、明治政府は娼妓《しょうぎ》解放令を出す。別名「牛馬解《と》き放《はな》ちの令」であるが、この通達の前日、遊女をしたい者は印鑑《いんかん》を持って申請《しんせい》すればよい、という布令が出された。本人の意思を尊重するというのだが、借金に縛《しば》られた女達に自由意志はなかった。むしろ公認することで売春行為に拍《はく》車《しゃ》がかかったともいえる。こうした中で廃娼《はいしょう》運動がおこってくる。知識階級の中には醜業婦《しゅうぎょうふ》蔑視《べっし》論も根強く、新たな差別が生まれるという問題も抱《かか》えながら、明治二〇年代以降、矢島楫子《やじまかじこ》らが設立した東京基督《キリスト》教婦人矯風会《きょうふうかい》の動きに加え、明治三〇年代には救世軍《きゅうせいぐん》の救済活動が活発化し、娼婦の自由廃業の動きが広がった。しかし、根強い在娼派《ざいしょうは》の抵抗に、廃娼運動は昭和に至るまで長く続けられることになる。

参政権

民法上無能力者であった女性には、当然の如《ごと》く参政権は認められていなかった。一八七九年、後に民権婆《ばあ》さんと異名《いみょう》をとった高知県の楠瀬喜多《くすのせきた》は、県庁に対し区議会議員選挙権を女戸主《こしゅ》として要求する。男の戸主と同じく戸主としての納税の義務はあるのに、なぜ権利はないのかという主張であった。彼女は立志社《りっししゃ》の演説会にも参加しており、自由民権運動の深い土壌《どじょう》が育てた行動といえるだろう。明治一〇年代から二〇年代は、岸田俊子《きしだとしこ》、景山英子《かげやまひでこ》らの人材を得て、全国で女子演説会が開催《かいさい》された。婦人雑誌が次々と創刊《そうかん》され、女工のストライキが頻発《ひんぱつ》、越後柏崎《えちごかしわざき》では「女一揆《いっき》」といわれた米騒動が勃発《ぼっぱつ》、大衆の女の力を世に示した。こうした動きに対し、政府は一八九〇年、集会及び政社法を公布、女子は政治集会にのぞんではならず、政社に加入してもならないということになった。この法令は一九〇〇年の治安警察法第五条に受け継がれ、ますます女性と政治との関わりはたたれてしまうのである。こうした状況下においても、大逆事件で刑死した管野《かんの》スガのように、政治参加を求め、激しい生き方を貫《つらぬ》いた女性もいたが、大きなうねりにはならなかった。女性の参政権を求める運動は大正時代に引き継がれることになる。

参考図書　山川菊栄『おんな二代の記』(東洋文庫)、福田英子『妾《わらわ》の半生涯』(岩波文庫)、山本茂実『あゝ野麦峠』(角川文庫)

15 日本の軍隊

陸・海軍の創設

一八六九（明治二）年に兵部省《ひょうぶ》がおかれ日本の近代軍隊がスタート、七二年兵部省は陸軍省と海軍省にわかれた。陸軍は始めフランスの軍制を導入したが、やがてプロイセン（ドイツ）の軍制を取り入れた。プロイセンは軍と官僚が政治をリードした国だが、そのため日本の陸軍もその影響で政治性をもつ軍隊となった。これに対し海軍はイギリスの制度を取り入れたため、イギリス海軍同様、あまり政治性を持たなかったといえる。

初めは小さな軍隊であった陸・海軍も、日清《にっしん》・日露《にちろ》戦争をへて巨大化し、第一次世界大戦以降は欧米先進国とならぶ大規模な軍隊に発展した。また、日本の軍隊の場合重要なのは、統帥権《とうすい》の独立ということである。統帥権とは簡単に言えば軍隊の指揮権《しき》である。一八七八年陸軍省から参謀本部《さんぼうほんぶ》が独立し、陸軍の統帥権は行政府から離れて天皇に直結することとなり、海軍も九三年に軍令部《ぐんれいぶ》が海軍省から独立し同様となった。統帥権が行政府から独立しても、明治時代は政府と対立することはあまりなかったが、のちには一九三〇（昭和五）年のロンドン海軍軍縮条約の締結《ていけつ》をめぐる問題など、陸・海軍が統帥権の独立をふりかざして、政府と対立することが多くなった。

省・部の組織

省とは陸・海軍省をさし、部とは参謀本部と軍令部をさす。軍制には大きくわけて、軍政と軍令があり、軍政は陸・海軍省、軍令は参謀本部と軍令部が担当した。軍政とは、日本の軍隊の装備・兵員数などを決定することであり、軍令とは、その軍隊をもって用兵・作戦を立て、軍隊を指揮《しき》することである。海軍はおおむね軍令部も海軍大臣の指揮《しき》下にあったが、陸軍は陸軍

表1　陸軍省組織表
（1937年，主なもの）

- 大臣
  - 次官
  - 高級副官
  - 人事局（補任《ぶにん》課・恩賞《おんしょう》課）
  - 軍務局（軍事課・軍務課）
  - 兵務《へいむ》局（兵務課・馬政《ばせい》課他）
  - 兵器局（銃砲課・機械課他）
  - 整備局（戦備課・燃料課他）
  - 経理局（主計課・監査課）
  - 医務局（衛生課・医事課）
  - 法務局
  - その他（陸軍航空本部他）

表2　参謀本部組織表
（1937年，主なもの）

- 参謀総長
  - 参謀次長
  - 総務部（庶務《しょむ》課・教育課他）
  - 第一部（作戦課・防衛課他）
  - 第二部（欧米課・支那《しな》課他）
  - 第三部（鉄道船舶課・通信課他）
  - 第四部（戦史課・戦略戦術課他）
  - 陸地測量部
  - 陸軍駐在武官
  - 陸軍大学校

省と参謀本部が対等の関係にあって、しばしば対立した。しかし、外部に対しては省・部は一致して軍の要求を通す場合が多かったといえる。省・部の組織は陸軍を例にとると表1・表2の通りであるが、陸軍省の中では軍務《ぐんむ》局軍事課（後には軍務課も）がその中心部局で、参謀本部の中心になったのは作戦担当の第一部であった。駐在武官《ちゅうざいぶかん》とは各国の日本大・公使館につめた武官で、その国の重要度に応じて中将《ちゅうじょう》から少佐《しょうさ》クラスがなった。駐在武官は外交特権を持った公然たる軍事スパイ的役割を果たした。陸地測量部は軍事用地図を作ったが、戦後は国土地理院となった。

陸・海軍部隊

陸軍は創設《そうせつ》当初は内戦に備えた鎮台《ちんだい》制であったが、一八八八年外征《がいせい》用の師団《しだん》制に改め、師団制は陸軍の解体まで続いた。師団は初め六個であったが次第《しだい》に増え、一九一九（大正八）年には二一個、二五年の軍縮から三七（昭和一二）年の日中戦争前までは一七個師団であった（内地《ないち》に一四、朝鮮に二、満州に一、満州事変後は満州に四から五、内地に一〇から一一となる）。日中戦争が拡大すると師団数は急増し、太平洋戦争末期の四五年には一般師団のほか飛行、戦車、高射《こうしゃ》（砲《ほう》）などの専門師団を含め一九二個師団の多数におよんだ。そのため兵器などの整っていない師団が多数出現した。

師団の編成例は表3の通りであるが、一個師団は平時《へいじ》約一万、戦時《せんじ》には約三万近くの兵員《へいいん》からなる一つの戦略《せんりゃく》単位であった。師団の組織で中心になるのは連隊《れんたい》で、一個歩兵連隊は三千名前後からなり、ほぼ各府県に置かれたため、いわば郷土《きょうど》部隊として国民には身近《みじか》であり、また天皇から連隊旗を与えられた。将兵《しょうへい》、特に兵《へい》にとってもっとも身近な部隊単位は中隊《ちゅうたい》で、平時は約百名、戦時は約二五〇名ほどで、日常の教育・生活、戦地での戦闘《せんとう》などもほぼ中隊単位で行われたので、将兵の精神的な結びつきは一番強かった。戦時になると、師団の上に軍が置かれ、さらにその上に方面軍《ほうめんぐん》、さらに方面軍を指揮する総《そう》軍《ぐん》が置かれた。太平洋戦争末期には表4のように、日本陸軍は非常に大規模な軍隊を持った。

海軍は連合艦隊《れんごうかんたい》が一番大きな部隊であり、そのもとに二つ以上の艦隊があり、艦隊の下には数個の戦《せん》隊《たい》および水雷《すいらい》戦隊・潜水《せんすい》戦隊などがあった。また、航空機の発達にともない航空部隊がつくられ、やがて航空戦隊・航空艦隊ができた。さらに真珠湾《しんじゅわん》攻撃のために第一航空艦隊主力空母《くうぼ》でつくった部隊を機《き》

表3　師団編成表
（第一師団・1936年ころの主なもの）

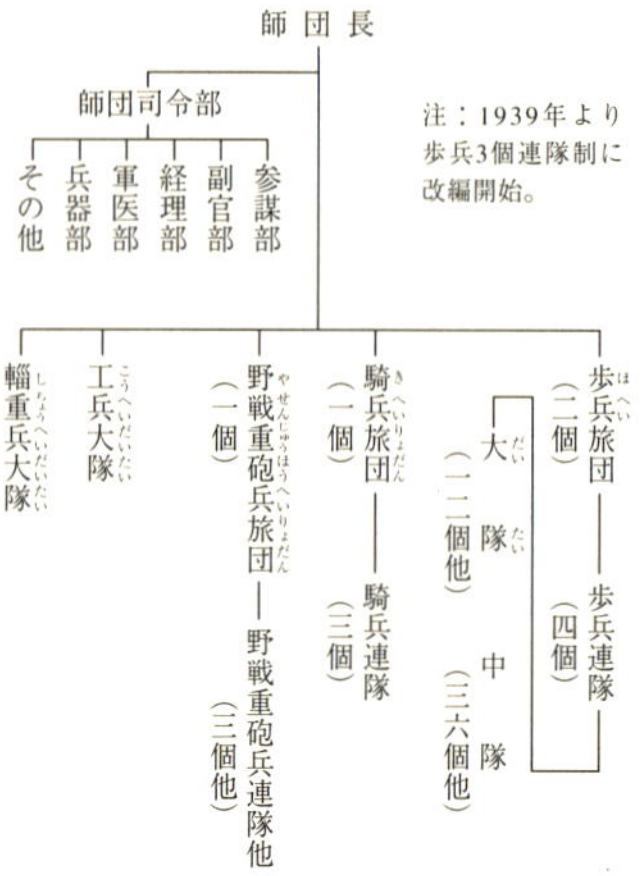

注：1939年より歩兵3個連隊制に改編開始。

表4　陸軍戦闘序列
（1945年）

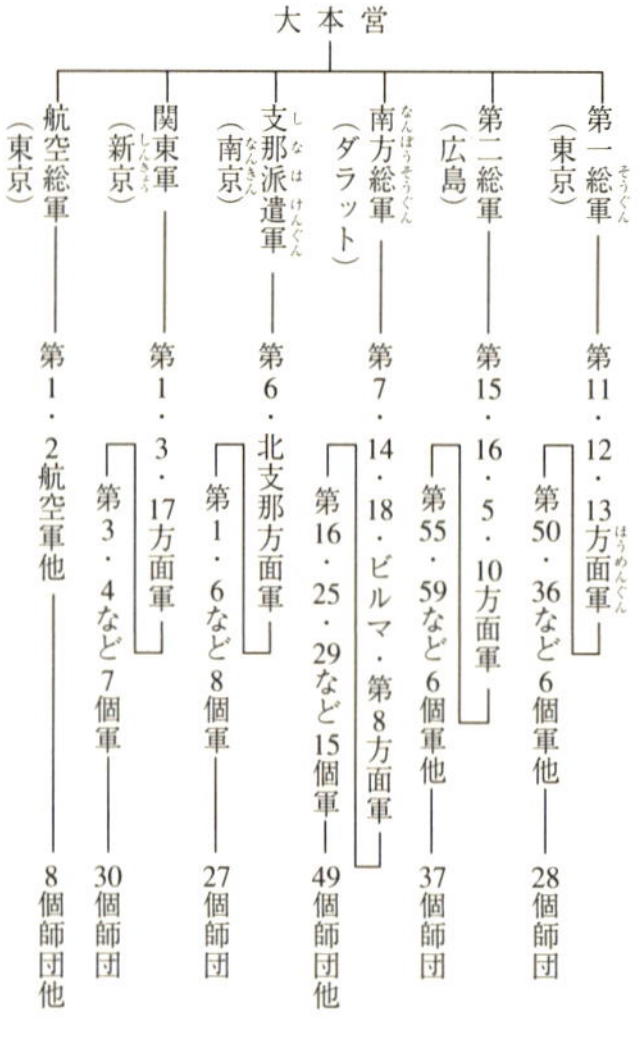

動《どう》部隊と称した。連合艦隊や各艦隊の指揮《しき》官は司令長官《しれいちょうかん》と呼ばれ、戦隊指揮官は司令《しれい》と呼ばれた。各艦には艦長以下航海長、砲術長、水雷《すいらい》長、機関長、軍医《ぐんい》長、分隊《ぶんたい》長などがいた。なお軍艦には戦艦《せんかん》、巡洋《じゅんよう》艦、航空母《こうくうぼ》艦などの主力艦と駆逐艦《くちくかん》(主に潜水艦を攻撃する)、潜水艦《せんすいかん》などの補助艦があった。さらに海軍には陸上の戦闘を行うために陸戦隊《りくせんたい》がおかれたが三二年には陸戦専門の海軍特別陸戦隊が創設された。

軍人の階級

軍人の階級は大きく分けると将校《しょうこう》、下士官《かしかん》・兵《へい》に分けられる。階級の種類は表5の通りである。兵とは陸軍の場合、徴兵《ちょうへい》によって入隊した二〇歳以上の者を言い、二等兵《にとうへい》からスタートし、二年目には一等兵《いっとうへい》、一部は上等兵《じょうとうへい》となる。そこで除隊《じょたい》となり、兵は各自《かくじ》の本来の職業にもどるが、引き続き軍に残り軍人《ぐんじん》を職業としようとする者が下士官《かしかん》として軍に勤務することになる。しかし、彼らは長く軍に勤務しても、準士官《じゅんしかん》か尉官《いかん》どまりであった。海軍の場合も基本的には同様であるが、海軍には志願《しがん》制があり、人数も陸軍に比《くら》べるとずっと少なかった。

これに対し将校《しょうこう》は下士官・兵とは全く異なる軍隊におけるエリート集団である。将校は基本的には軍人を職業として志す者が陸軍士官学校や海軍兵学校を卒業してつくることのできる階級である。

表5　軍人の階級(昭和時代)

将校	将官	大将
将校	将官	中将
将校	将官	少将
将校	佐官	大佐
将校	佐官	中佐
将校	佐官	少佐
将校	尉官	大尉
将校	尉官	中尉
将校	尉官	少尉

	〔陸軍〕	〔海軍〕
準士官	特務曹長(1936年准尉と改称)	兵曹長
下士官	曹長	一等兵曹(上等兵曹)
下士官	軍曹	二等兵曹(一等兵曹)
下士官	伍長	三等兵曹(二等兵曹)
		( )内は1943年より
兵	兵長(1941年新設)	一等水兵(水兵長)
兵	上等兵	二等水兵(上等水兵)
兵	一等兵	三等水兵(一等水兵)
兵	二等兵	四等水兵(二等水兵)
		( )内は1943年より

階級に応じたおおよその職務・地位を陸軍の場合で示すと以下の通りである。大尉《たいい》で中隊長、少佐《しょうさ》・中佐で大隊長《だいたいちょう》・師団参謀《さんぼう》・副官《ふくかん》など、大佐で連隊《れんたい》長・師団《しだん》参謀長・省部《しょうぶ》の課長クラス、少将で旅団《りょだん》長・省部の局長・部長クラス、中将《ちゅうじょう》で師団長・軍司令官・省部の次官・次長・大臣、大将で総軍《そうぐん》司令官・大臣・軍事参議官《ぐんじさんぎかん》などになる。海軍も省部については大体陸軍と同じである。なお元帥《げんすい》というのは、日本軍の場合は、陸・海軍の大将の中で武功抜群《ぶこうばつぐん》のため生涯現役《しょうがいげんえき》とされた者に対し与えられた称号《しょうごう》で、階級ではない。以上は兵科《へいか》の場合であるが、そのほか、陸・海軍ともに軍医《ぐんい》（軍医中将・軍医少佐など）・薬《やく》剤《ざい》・主計《しゅけい》の将校、海軍には機関《きかん》・造船《ぞうせん》・造兵《ぞうへい》、陸軍には獣医《じゅうい》などの将校がいた。

軍隊教育

軍隊はある意味では巨大な教育機関で、多くの学校を持った。陸軍の場合、学校の多くは教育総監部《きょういくそうかんぶ》の管轄であり、長官は陸軍教育総監とよばれた（陸軍大臣・参謀総長・陸軍教育総監を陸軍三長官とよび、昭和に入ると三長官の人事は三長官の話し合いによるという慣習がうまれた）。エリート養成として重要なのは陸軍士官《しかん》学校（陸士《りくし》）・陸軍大学校（陸大《りくだい》）、海軍兵《へい》学校（海兵《かいへい》）・海軍大学校（海大《かいだい》）である。陸士《りくし》は基本的には陸軍幼年《ようねん》学校（中学一年程度の学力を持った一三、四歳の者を受験させ、約三年間教育した）卒業者と中学校四年程度の学歴のある一六歳から二〇歳の者が試験をうけて入学し、約四年間の将校になるための教育を受けた。陸士《りくし》では幼年学校卒業者のほうが中学からの入学者よりもエリート意識を強くもっており、その後の陸軍の要職も幼年学校卒業者のほうが優勢だったといえる。しかし陸軍の場合、小さいころから軍人になるための教育をし、結果的に視野のせまい軍人を育てたことに問題があったともいえる。陸士卒業者の一割程度が陸大《りくだい》へ入った。陸大入学資格は二年以上部隊で勤務した中・少尉《い》が部隊長の推薦《すいせん》をうけて受験し、三年間の参謀《さんぼう》教育を受け、卒業者は陸軍のエリートとして軍の要職を歴任した。

海軍は陸軍のような幼年学校をもたなかったので、海軍将校を志《こころざ》す者は、海軍兵《へい》学校（海兵《かいへい》）に入った。入学資格は一五歳から一九歳の者で、学歴制限はなかったが、中学四年一学期終了程度の入学試験を行った。教育期間は時代によって異《こと》なるが、三年から四年であった。海兵卒業者の一五％くらいが入った。海大にはいくつかの種類の学生がいたが、甲種《こうしゅ》学生とよばれる高等兵学《へいがく》を学ぶ学生がいわばエリート集団であった。海大の入学資格は大尉《たいい》任官後一年の海上《かいじょう》勤務を経《へ》た者であって、その点陸大《りくだい》よりはだいぶ遅かった。ただ海軍の場合、昇進は海兵卒業時の成績によったので、海大卒が早く階級が上がるとは限らなかった。

その他の学校としては専門の学科を学ぶ学校として、陸軍には歩兵《ほへい》学校・重砲《じゅうほう》学校・工兵《こうへい》学校・通信《つうしん》学校・軍医《ぐんい》学校・経理《けいり》学校・飛行《ひこう》学校などがあった。また特殊なものとしてはスパイ教育を行った陸軍中野《なかの》学校、化学戦教育を行った陸軍習志野《ならしの》学校があった。地名がつけられたのはその教育内容を隠《かく》すためである。一方、海軍には軍医《ぐんい》学校・経理《けいり》学校・通信《つうしん》学校・機関《きかん》学校・航海《こうかい》学校・機雷《きらい》学校・砲術《ほうじゅつ》学校・水雷《すいらい》学校・潜水《せんすい》学校などがあった。なお海軍の航空教育は学校ではなく部隊で行い、海軍練習航空隊がこれにあたった。

一般には陸軍の教育は軍人精神を注入《ちゅうにゅう》するという意味で、精神的な面を重視したが、海軍は機械が相手なので、理科的、合理的教育が行われたとされている。しかし暴力をともなった軍人精神教育が行われたのは、陸軍も海軍も同じであったといえる。

参考図書　百瀬孝『事典　昭和戦前期の日本　制度と実態』（吉川弘文館）、日本近代史料研究会編『日本陸海軍の制度・組織・人事』（東京大学出版会）

16 トーゴービールとセイロガン——日露戦争に因《ちな》んだ商品名——

トーゴービール

現在の小学校六年の社会科では『学習指導要領』により四二人の歴史上の人物について学習する。明治時代では伊藤博文《いとうひろぶみ》や大隈重信《おおくましげのぶ》に混《ま》じって東郷平八郎《とうごうへいはちろう》（一八四七〜一九三四）も登場する。東郷は一九〇五年の日本海海戦でロシアを破った日露《にちろ》戦争の英雄である（因《ちな》みにこの海戦の五月二七日は海軍記念日となる）。日露戦争は名もないアジアの一小国が初めてヨーロッパの大国に勝った戦争で、植民地化に喘《あえ》ぐアジア諸国に勇気を与えたばかりではなく、長くロシアの南下《なんか》政策に苦しめられていたその周辺諸国をも喜ばすことになった。瞬《また》く間《ま》に世界もアドミラル（提《てい》督《とく》）・トーゴーを称《たた》え、日本から遠く離れたフィンランドやトルコで軍服姿の肖像《しょうぞう》を描いたトーゴー・ビールが発売されたのである。現在もオランダで発売されている。

三国干渉後に租借《そしゃく》した旅順《りょじゅん》にあったロシア太平洋艦隊《かんたい》が日本によって封鎖《ふうさ》・壊滅《かいめつ》されたため、ロシアはヨーロッパ（バルト海）にあった主力艦隊のアジア派遣《はけん》を決定する。この第二太平洋艦隊（いわゆるバルチック艦隊）がロシア東岸の軍港ウラジボストークに入ると、日本海の制海権が脅《おびや》かされ日本陸軍は大陸への補給路を絶たれる。連合艦隊司令長官の東郷にはウラジボストーク集結前にバルチック艦隊を全滅させる使命が課せられた。敵は最短の対馬海峡《つしまかいきょう》か、日本の予想の裏をかく津軽《つがる》または宗谷《そうや》海峡のいずれを通過するか。当時は直前まで敵艦隊を発見できず、東郷も世に言われているように敵は対馬海峡経由と断定していたわけではなく、予想通過時刻の遅れから津軽海峡経由との判断を下す一幕もあった。しかし、信濃《しなの》丸からの「敵艦隊《かんたい》ラシキ煤煙《ばいえん》見ユ」という無電によりバルチック艦隊を対馬沖で迎え撃った日本海海戦は、日本側の主《おも》な被害が水雷艇《すいらいてい》三隻《せき》のみ、一方ロシア側は全三八隻中ウラジボストーク到着がわずか三隻という、海戦史上稀《まれ》に見る一方的勝利となった。戦後、東郷は海軍の最高軍令機関である軍令《ぐんれい》部長になり、その後も元帥《げんすい》（生涯現役《しょうがいげんえき》大将）として派閥《はばつ》人事やロンドン海軍軍縮条約反対（統帥権干犯《とうすいけんかんぱん》問題）などに利用され影響力を行使《こうし》した。また、一九三四年の病死（喉頭癌《こうとうがん》）・国葬まで海軍を中心に英雄・神格化が図《はか》られ、多くの東郷伝に青少年は興奮した（東京の東郷神社は彼を祀《まつ》る）。現在はそれらを排除した上で、丁字《ていじ》戦法の真の発案者や敵前回頭《トーゴーターン》《かいとう》の可否などの研究も進められている。

トーゴービール（現在）

セイロガン

ラッパのマークでもお馴染《なじ》みのおなかの薬「正露丸《セイロガン》」は、もともとはヨーロッパで開発された軍用薬であったが、需要増により一九〇二年に国産化され、百年後の今でも人気の大衆薬である。

当時この薬は「征露丸」と書かれていた。夏目漱石《そうせき》の『吾輩《わがはい》は猫《ねこ》である』（一九〇五年）にも「今年は征露の第二年目だから、大方《おおかた》熊の画《え》（ロシアを示す）だろう…」とあるように、ロシア（露）を征伐する意味を持つ「征露」は日露戦争時の流行語でもあった。戦死より戦病死が多かった当時、防疫《ぼうえき》、特に下痢止《げりど》めの鎮痛《ちんつう》・即効薬《そっこうやく》として水事情の悪い戦地で実用された。戦後は軍人や戦車などの派手なマークと語呂合《ごろあ》わせの良さ、たくみな広告、帰還兵による日露戦争での実際の評判から民間にも売れたのである。なお薬の名称は平和社会への配慮もあり、一九四九年に「正露丸」と改称された。

参考図書　田中宏巳『東郷平八郎』（ちくま新書）、野村實『日本海海戦の真実』（講談社現代新書）、大江志乃夫『バルチック艦隊』（中公新書）、『東郷平八郎のすべて』（新人物往来社）、鈴木昶《あきら》『伝承薬の事典』（東京堂出版）

17 満鉄と関東軍

一九〇五年九月のポーツマス条約で、日本はロシアから関東州の租借地《そしゃくち》と、東清《とうしん》鉄道南満州支線の長《ちょう》春《しゅん》～旅順口《りょじゅんこう》間とその支線・付属の撫順《ぶじゅん》・煙台炭鉱《えんだいたんこう》などを譲渡《じょうと》された。続いて日清《にっしん》満洲善後《ぜんご》条約では、安東～奉天《ほうてん》線の経営と、中国による満鉄平行線・支線の建設禁止とを認めさせた。

同年一〇月関東総督《そうとく》府が設置されたが、翌年関東都督《ととく》と改組《かいそ》し陸軍部が置かれた。〇六年満鉄の営業開始とともに鉄道・付属地の警備に当たる独立守備隊を新設し、駐箚《ちゅうさつ》師団は一個師団《しだん》（内地《ないち》の師団が二年交替で駐屯《ちゅうとん》）とした。一九年都督府は行政部門だけを扱う関東庁へと改組され、軍は分離して関東軍となった。満鉄は満州への日本の産業進出・支配の主柱となり、一方関東軍は関東州の防備と鉄道及び付属地の保護を任務としながらも、仮想敵国ソ連に対抗していくためにも満蒙《まんもう》（満州・内蒙古《うちもうこ》）に対する支配を確実にしようと現地において様々な干渉を試みていく。

満鉄

資本金二億円の超大型企業・南満州鉄道株式会社（政府が一億円の現物出資）は、初代総裁に就任する後藤新平《ごとうしんぺい》が「戦後満州経営唯一《ゆいいつ》の要訣《ようけつ》は、陽《よう》に鉄道経営の仮面《かめん》を装《よそお》い陰《いん》に百般《ひゃっぱん》の施策を実行するにある」と指摘しているように、単に鉄道経営だけではなく、日本の満州支配のための中心的役割をも持たされた半官半民の国策《こくさく》会社として〇六年に発足《ほっそく》した。その後鉄道事業の拡充を進めるとともに、炭坑・鞍山《あんざん》製鉄所などの付属事業、鉄道付属地の経営（市街地の造成、衛生施設の整備、小学校・実業補習学校などの設置、商務会の結成、ヤマトホテルの経営、後には満州医科大学の経営。住民から手数料を徴収して財政を維持し、広範《こうはん》な行政権を行使した。行政権返還後も付属地そのものは満鉄が所有し続けた）、調査研究事業（満鉄調査部は代表的なシンクタンクとなっていった）など、広《こう》範《はん》な活動を展開した。農村部で生産された大豆類（大豆粕《だいずかす》は日本農業に、大豆油はドイツ化学工業に、大豆は日独に輸出）の大連港《だいれん》への輸送と石炭輸送とによる貨物収入が満鉄経営の根幹《こんかん》であった。開業以来鉄道経営は順調であったが、一九二〇年代後半張作霖《ちょうさくりん》・張学良《がくりょう》政権が反日的性格を強め、満鉄平行線の敷《ふ》設《せつ》を始めるとかげりが見え始め、世界大恐慌の影響で経営が悪化し、三一年度は初めての赤字に転落した。この結果、張政権の反日政策が満鉄経営の危機、また日本の満州における権益《けんえき》全体の危機であるとする認識が広まり、満州事変を誘発する一因ともなっていくのである。

満州国成立後接収《せっしゅう》された中国側鉄道と、ソ連経営の東清鉄道《とうしん》（北満鉄路《ほくまんてつろ》）が一九三五年買収されてともに満鉄に経営が委託《いたく》されたために、満州国全土の鉄道網《もう》をその管理下に入れた（解散時には社員数四〇万、日本人社員も一四万に達していた）。また三四年には、日本本土にも例のない全車流線型・冷暖房完備の特急「あじあ号」（大連～新京《しんきょう》間八時間二〇分、後にハルビンまで延長）が運転を開始した。

この強大な満鉄は関東軍の満州支配にとってはしだいに障害物となり始め、また満鉄を通じた資本導入にも限界が見え始めたため、三七年、撫順《ぶじゅん》炭坑を除く重工業部門は満州重工業開発（鮎川義《あいかわよし》介《すけ》が日産コンツェルンを新京に移して設立。満業）

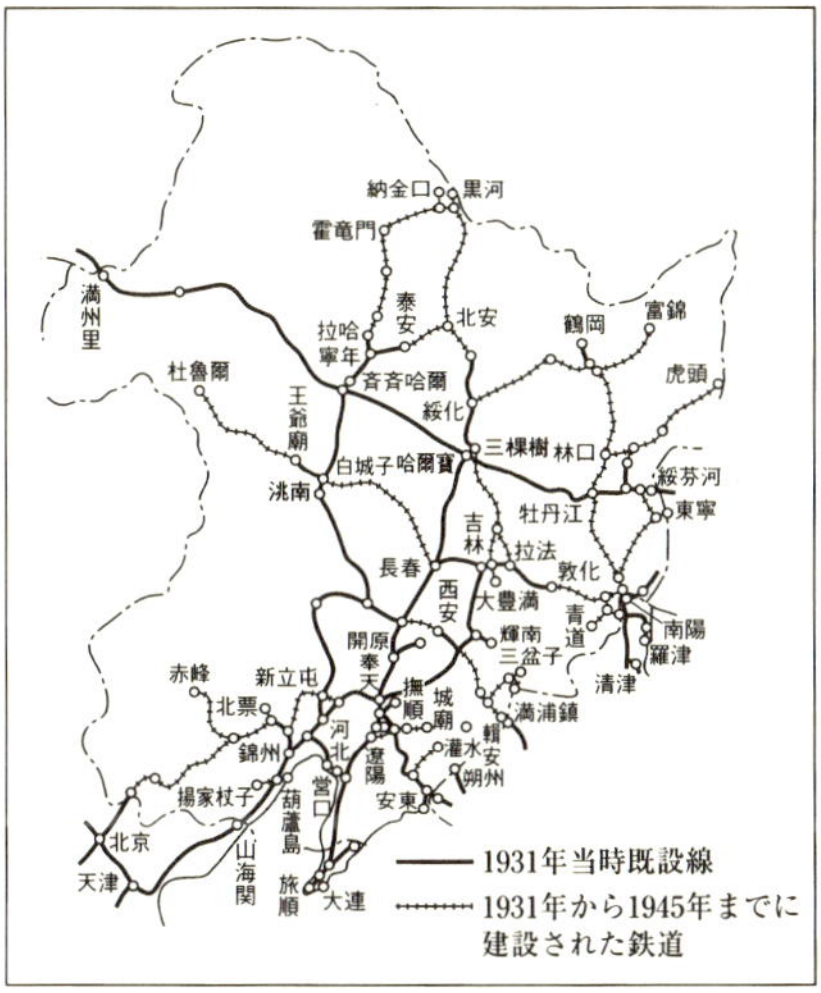

終戦時の満州鉄道路線図（1945年現在）〈満史会編『満蒙開拓40年史』より〉

に移管《いかん》され、付属地行政も返還され、満鉄は鉄道業に集約された。

関東軍

関東軍は一九二〇年代軍閥張作霖《ぐんばつちょうさくりん》を支援していたが、満鉄平行線建設などで張が反日的側面も示し始めると、二八年六月北伐軍《ほくばつぐん》に敗れ本拠地奉天《ほうてん》へ向う張作霖を爆殺した。主謀者の高級参謀河本大作《こうもとだいさく》は退役処分《たいえき》にされただけであった。この処分の不徹底が後の関東軍の独走をも生む素地《そじ》となった。事件後息子の張学良《がくりょう》は国民政府の下に入り抗日《こうにち》の態度を鮮明《せんめい》にした。満鉄の経営悪化と満州における日中の緊張激化の中で三一年九月、関東軍は柳条湖《りゅうじょうこ》事件を起こし、直《ただ》ちに軍事行動を展開した。政府・軍中央は不拡大方針を表明したが、結局、朝鮮軍の進駐《しんちゅう》や軍費の支弁を認めてしまった。こうして関東軍が現地で既成《きせい》事実を作り上げ、それを政府・軍中央に追認《ついにん》させるというパターンが以後も繰り返されていく。さらに、関東軍は三二年二月初めには錦州《きんしゅう》やハルビンなど東三省《とうさんしょう》の主な都市・鉄道沿線を支配下に入れた。同三月には満州国を成立させ、その軍権と交通権を関東軍は委任された。関東軍司令官（大・中将）は、関東庁長官と駐満《ちゅうまん》特命全権大使をも兼任する形となり、関東軍はここに事実上の満州の支配者となり、その軍事行動は政府のコントロール外に置かれることとなった（作戦と動員計画に関しては参謀総長《さんぼうそうちょう》の指揮《しき》を受けると規定されていたために、統帥権《とうすいけん》独立の名の下にこうした独走が可能となったのである）。

その兵力は肥大化《ひだいか》していったが、三〇年代後半ソ連軍との間で国境紛争を繰り返し、ノモンハンで惨敗《ざんぱい》を喫《きっ》した。独ソ開戦後、関東軍特種演習で七〇万の大軍をシベリア国境地帯に展開したが開戦には至らなかった（北進論の挫折《ざせつ》）。その後対米英戦での劣勢《れっせい》のなか、関東軍の精鋭《せいえい》部隊は次々と南方戦線へと転出していき、その弱体化が進行していたので、四五年八月九日のソ連軍の侵入時には関東軍は「張子《はりこ》の虎《とら》」と化しており、ひとたまりもなく敗走し、八月一五日の敗戦を迎えた。

参考図書　原田勝正『満鉄』（岩波新書）、島田俊彦『関東軍』（中公新書）

18 近代の日本と朝鮮

日本の近代化と朝鮮

李《り》氏《し》朝鮮は一四世紀に成立し、長い歴史を持つ。徳川時代の日本と同じく封建《ほうけん》制度のもとにあって儒教《じゅきょう》を支配思想とし、漢字文化になじみ、共《とも》に鎖国《さこく》体制下にありながら日朝間には正式の国交も保《たも》たれてきた。一九世紀、東アジアに西洋列強《れっきょう》が迫《せま》ったころ、両国の社会は近代へ胎動《たいどう》を始め、支配体制は次第《しだい》に動揺しはじめていた。似た状況にあって、列強による植民地化の危機に共同で立ち向かおうとする考えも当然両国に生まれた。

しかし日本が朝鮮に一歩先んじて国内体制を転換させ、西欧諸国に似た近代的国家への道を歩み始めると、支配者は早くも近隣《きんりん》諸国侵略《しんりゃく》の要求を強めていく。西郷隆盛《さいごうたかもり》や板垣退助《いたがきたいすけ》ら明治維新の指導者たちの征韓論《せいかんろん》は、早い時期のそうした例であった。朝鮮にすれば、国内変革を迫られる困難な時期に、間近に新たな侵略者を加《くわ》えることになった。一八七五年の江華島《こうかとう》事件を背景に、日本は軍事的な威嚇《いかく》のもとで翌年不平等な日朝修好条規を押しつけて朝鮮を開国させる。朝鮮支配への第一歩であった。

朝鮮植民地化

壬午《じんご》軍乱、甲申《こうしん》政変などを通じて介入《かいにゅう》を強め、日清《にっしん》戦争で清の朝鮮への影響力を排除した日本は、日露戦争下で朝鮮の植民地化を本格化した。戦後の第二次日韓《にっかん》協約（一九〇五年）では韓国《かんこく》（一八九七年に国号改定）に統監府《とうかんふ》を置いて保護国化し、外交権を奪う。韓国皇帝《こうてい》がこうした支配の不当性を国際会議の場で明らかにしようとしたハーグ密使《みっし》事件が起きると、第三次日韓協約（〇七年）を強要して内政権を奪い、さらに軍隊を解散させた。

韓国内では激しい抵抗運動が起こる。一八九五年の日本公使館による王妃《おうひ》、閔妃《びんひ》《ミンヒ》殺害事件をきっかけと

朝鮮半島略地図

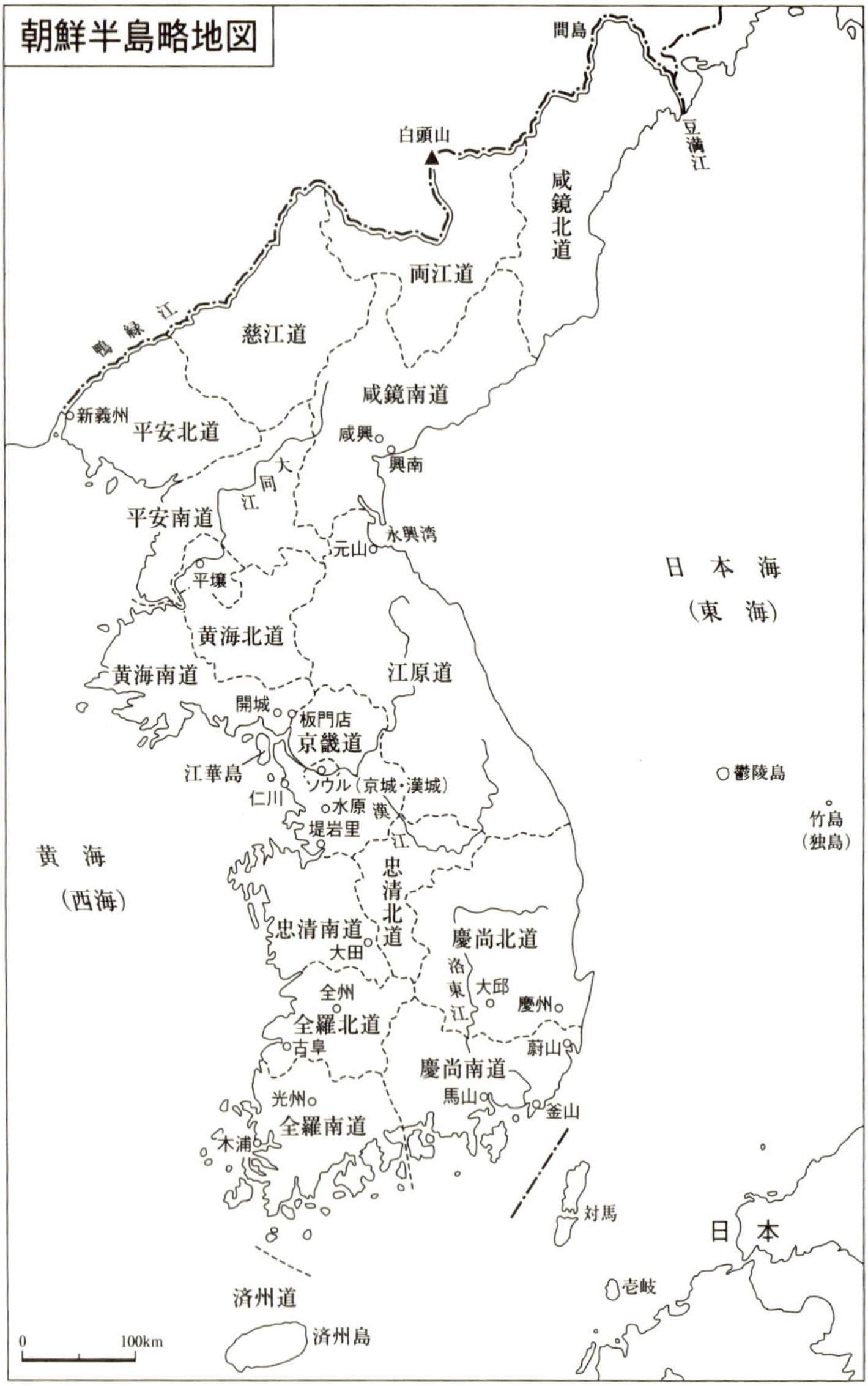
間島
白頭山
豆滿江
咸鏡北道
両江道
鴨緑江
慈江道
咸鏡南道
新義州
平安北道
咸興
興南
大同江
平安南道
永興湾
元山
平壌
日本海
(東海)
黄海北道
江原道
黄海南道
開城
板門店
京畿道
江華島
ソウル(京城・漢城)
鬱陵島
仁川
水原
漢江
竹島
(独島)
堤岩里
黄海
(西海)
忠清北道
忠清南道
慶尚北道
大田
洛東江
大邱
全州
慶州
全羅北道
蔚山
古阜
慶尚南道
光州
馬山
釜山
全羅南道
木浦
対馬
日本
壱岐
済州道
済州島
0
100km

旧朝鮮総督府　前方の光化門と王宮の間に割り込んで建てられた。旧朝鮮総督府は1995年に取り壊された。

三・一独立運動で蜂起する民衆（毎日新聞社提供）

農村を追われ都市周辺に住みついた土幕民（京城帝国大学衛生調査部編『土幕民の生活・衛生』岩波書店より）

して始まっていた反日義兵《はんにちぎへい》闘争は、協約で解散させられた軍人たちを加えて拡大した。愛国文化啓蒙《けいもう》運動など民族文化振興《しんこう》という形の抵抗運動も盛んとなった。そうした中で前統監伊藤博文《いとうひろぶみ》が安重根《あんじゅうこん》《アンジュングン》によって射殺されると、日本はこれを理由に一九一〇年、強要して韓国併合《へいごう》条約を結び、韓国を植民地とした。以後三六年間に及ぶ日本の朝鮮支配の始まりである（この期間を韓国では「日帝三六年」と呼んでいる）。

植民地支配の始まり

朝鮮を統治したのは朝鮮総督府《そうとくふ》であった。その最高権力者である朝鮮総督は天皇に直属し、陸・海軍大将が代々就任《しゅうにん》した。初代総督、陸軍大将寺内正毅《てらうちまさたけ》は「武断《ぶだん》統治」と呼ばれる強圧的支配体制を敷《し》いた。総督府は行政、立法、司法、軍事などの権限を一手に掌握《しょうあく》し、地方行政機関も総督の管理下に置かれた。主要な役人には日本人が採用された。朝鮮国民の政治的意志を反映する場として中枢院《ちゅうすういん》が置かれたが、実質は総督の諮問《しもん》機関にすぎなかった。加えて言論、出版、集会や結社は厳しく制限され、朝鮮の人々が政治的意見を表明し、権利を行使《こうし》する場はほとんど封じられた。朝鮮人の不満や反抗を抑えるため、日本内地《ないち》から派遣《はけん》された一万六千人あまりの憲兵《けんぺい》警察が村々にまで配置され、犯罪の取締りのみならず人々の動向、日常生活まで監視《かんし》した。日本人官吏《かんり》は教員も含めて常に制服を着用し剣を帯びた。さらに二個師団《しだん》、一万数千人の軍隊（後、朝鮮軍と呼んだ）が常駐《じょうちゅう》し反乱に備えた。

この時期一〇年近くをかけて「土地調査事業」が行われる。全国の土地の所有者を確定して地税《ちぜい》収入を確保し、植民地支配の財源を得ようとするものだった。その結果、課税地は調査前の五〇パーセント増となった。この過程で土地所有権が封建《ほうけん》的地主層（両班《ヤンバン》）に有利に認められたうえ、所有権を特定できない土地は国家のものとされたため、多くの農民が土地を失い、小作人《こさくにん》に転落した。取り上げられた土地はやがて日本人有力者や国策《こくさく》会社の東洋拓殖《たくしょく》株式会社（東拓）に安く払い下げられる。日本人の土地所有はその後も増え続けた。

朝鮮民衆の反日《はんにち》義兵闘争はすでに鎮圧《ちんあつ》されていたが、民族文化運動や、東京や海外での独立運動が続いていた。民衆の不満は鬱積《うっせき》していた。一九年三月、京城《けいじょう》（現ソウル）で孫秉熙《ソンビョンヒ》ら三三名による朝鮮独立宣言が発表されると独立万歳《ばんざい》《マンセー》を叫《さけ》ぶデモが全土に広がり、二〇〇万人以上が参加する大運動となった（三・一独立運動）。運動は東京や満州、アメリカの在外朝鮮人にまで拡大する。総督府は軍隊を動員し三カ月かけて公式の記録でも二万四千に上《のぼ》る死傷者を出してこれを鎮圧《ちんあつ》する事態となった。住民虐殺で有名な京畿道水原郡《けいきどうすいげん》《キョンギドースーウォン》の提岩里《ていがんり》《チュアンムリ》教会事件はこのときにおきた。

一九二〇年代

三・一独立運動で手痛い反撃を受けたうえ、英・米からの批判も強まるなか、朝鮮統治《とうち》政策は修正を余儀《よぎ》なくされた。総督府《そうとくふ》は憲兵《けんぺい》警察を普通警察に置き換え、朝鮮固有の文字、ハングルの新聞を一部認めたり、朝鮮人に教育の機会を拡大したりする融和《ゆうわ》政策を実施《じっし》し、これを「文化統治《ぶんかとうち》」と称した（海軍大将斎藤実《まこと》総督時代）。

一九一八年におきた米騒動は日本国内の食糧不足をあらわに示すものだったが、政府はこの不足を朝鮮からの米移入《いにゅう》で補《おぎな》おうとした。産米増殖《さんまいぞうしょく》計画が二〇年から始められ、その米を日本内地《ないち》に移入した。しかし実際には増産された以上の米が持ち出されて朝鮮の食糧事情は悪化し、不足分を満州から輸入した雑穀《ざっこく》で補わざるをえなくなる。農民の没落はますます進み、離散《りさん》して満州《まんしゅう》やシベリアに流れていく人々、また日本内地へ流入する人も多くなった。

一九三〇年代

満州事変（一九三一年）以来、日本が中国、東南アジアへと戦争を拡大すると、朝鮮は戦争遂行《すいこう》の後方基地《こうほうきち》（大陸前進兵站《へいたん》基地）としての役割を担《にな》わされる。これまで朝鮮は主に農産物の供給地《きょうきゅうち》として位置付けられ、工業化はむしろ抑《おさ》えられてきたが、この時期には化学、水力発電、製鉄、製鋼、アルミニウムなどの重化学工業が北部の咸鏡道《かんきょうどう》や平安道《へいあんどう》などに急速に発展し、工業地帯が形成されていった。企業の多くは新興財閥《しんこうざいばつ》といわれた日本窒素《ちっそ》（朝鮮窒素肥料株式会社興南《こうなん》《フンナム》工場の化学肥料のほか、鉄道、マグネシウム、火薬、電力など朝鮮内に多数の企業を擁《よう》して朝鮮産業の最大の支配者だった）や日産、少し遅れて三井・三菱・住友などの独占《どくせん》資本が所有していた。水力《すいりょく》や石炭、鉄、金、銀、銅など朝鮮北部の豊かな資源と、内地《ないち》に比《くら》べ半額といわれた低賃金の労働力が、戦争と企業の大きな利潤《りじゅん》のために動員されたのである。こうした工業化においても朝鮮の民族資本は発展の余地を与えられず、逆に没落した。工業化は、財閥《ざいばつ》資本による朝鮮の産業支配を促進《そくしん》するものでもあった（四二年の段階で、朝鮮全土の産業資本支配率は日本資本七四％、朝鮮内資本一八％、その他であった）。

　この時期、多くの人々が国民徴用令《ちょうようれい》（三九年）、などで強制的に動員されたが、日本内地への連行《れんこう》（一六四頁「強制連行と『従軍慰安婦』」の項参照）とならんで、朝鮮内で上記の工場や鉱山などで働かされた人々も膨大《ぼうだい》であった。その数は三八～四五年に数百万人ともいわれる。

同化政策

　植民地化以来、日本は朝鮮人やその社会から民族性を消して、日本人化あるいは日本化しようとする「同化《どうか》政策」を進めてきた。同化政策は、言葉や習慣、文化や社会制度にまで及ぶ徹底《てってい》したもので、欧米諸国の植民地支配と比べても際立《きわだ》っていた。「一視同仁《いっしどうじん》」、「内鮮一体《ないせんいったい》」（いずれも日朝の平等を意味する）などのスローガンも唱《とな》えられた。しかしそれらはけっして差別をなくすためのものではなかった。戦争の時期になると同化政策は「皇民《こうみん》（天皇の民《たみ》・天皇の国の民）化政策」としていっそう激しさを増す。三七年から学校では「私共《ども》ハ　大日本帝国ノ臣民《しんみん》デアリマス」「私共《ども》ハ心ヲ合セテ　天皇陛下《へいか》ニ忠義ヲ尽《つ》クシマス」以下の「皇国臣民《こうこくしんみん》の誓詞《せいし》」を毎日唱《とな》えさせた。三八年から朝鮮語教育はほとんど廃止され、国語《こくご》（日本語）が教えこまれた。歴史は日本の国史《こくし》が教えられた。一

1．朝鮮産業設備資本の投資比率	
日本産業資本の直接進出	74.0
朝鮮内主要産業資本系統	18.0
其他一般鮮内在籍会社	8.0
合計	100.0
2．日本産業資本の直接進出内容	
三井系	4.0
三菱系	6.0
住友系	2.0
小計	12.0
日窒系	36.0
東拓系	11.0
日産系	12.0
小計	59.0
鐘紡系	6.0
大日本紡糸	2.0
東洋紡糸	2.0
小計	10.0
日鉄系	4.0
其他産業資本系	15.0
合計	100.0
3．朝鮮内主要産業資本系統の内容	
特殊会社	17.0
殖銀系	29.0
其他日本人系	48.0
朝鮮人系	6.0
合計	100.0

（東洋経済新報社『年刊朝鮮』1942より）

般の人々にも皇国臣民の誓詞（大人《おとな》用があった）、宮城遥拝《きゅうじょうようはい》、日の丸掲揚《けいよう》などが強要された。

三八年、陸軍特別志願兵令が公布《こうふ》され、これまでためらわれていた朝鮮人（半島人《はんとうじん》と呼ばれるようになっていく）青年の兵士《へいし》への動員が試《こころ》みられ、さらに四四年からは本格的に徴兵《ちょうへい》制が敷《し》かれた。

三九年からは徴兵制にも備《そな》え、名前を日本風の姓名《せいめい》に変える「創氏改名《そうしかいめい》」が強要された。これは日本風の家《いえ》制度の導入によって姓《せい》の繋《つな》がりを重んじる朝鮮の社会的伝統を破壊《はかい》するものでもあった（朝鮮では結婚しても改姓《かいせい》しない。「族譜《ぞくふ》」に記《しる》された同姓《どうせい》の親族の繋《つな》がりを尊重《そんちょう》した）。

こうした支配に対し、中国国境地域の間島《かんとう》地方に金日成《きんにっせい》《キムイルソン》らによる反日《はんにち》武装闘争や中国の重慶《じゅうけい》にあった金九《きんきゅう》《キムグ》らの大韓民国《だいかんみんこく》臨時政府が組織した韓国光復軍《こうふくぐん》などの独立運動が生まれる。労働の場での抵抗も激しかった。三六年、ベルリンで開かれたオリンピックに、マラソンの日本選手として孫基禎《そんきてい》《（ソンギジョン）》が出場、優勝したが、「東亜日報《とうあにっぽう》」はその記事に胸の日の丸を黒く塗《ぬ》り潰《つぶ》した孫選手の写真を掲載《けいさい》した。総督府《そうとくふ》は「東亜日報」を無期停刊処分にしたが、こうした反日《はんにち》的意識は朝鮮人の中に強かった。しかし一方では長引く支配に現状を変更《へんこう》できないものとあきらめ、日本に同化《どうか》することで自己実現や朝鮮人の地位向上を図《はか》ろうとする人も現れた。同化《どうか》教育によって否応《いやおう》なく日本的価値観に染《そ》まっていく子供たちも多かった。それらの人々もまた心に深い傷を負《お》うことになった。

日本人の態度

明治以来ほとんど一貫《いっかん》して進められた朝鮮侵略《しんりゃく》を多くの日本人はどう考えていたのだろうか。初期にあった日朝連帯《れんたい》論はすぐに消え、一八八〇年代後半には福沢諭吉《ふくざわゆきち》の「脱亜《だつあ》論」や徳富蘇峰《とくとみそほう》の国権《こっけん》論への転向《てんこう》に見られるように、ほとんどの日本人は国家と一体になって朝鮮侵略を肯定《こうてい》するようになった。国家の朝鮮政策を批判した者として幸徳秋水《こうとくしゅうすい》や堺利彦《さかいとしひこ》らの社会主義者、併合《へいごう》に際《さい》して、「地図の上　朝鮮国にくろぐろと　墨をぬりつつ　秋風を聴く」という朝鮮を想う歌を詠《よ》んだ石川啄木《いしかわたくぼく》や、朝鮮文化に深い愛着と理解を示した柳宗悦《やなぎむねよし》、「朝鮮・中国論」を書いた吉野作造《よしのさくぞう》らが知られている。一般の民衆のなかにも偏見《へんけん》のない態度で朝鮮の人々に接し、朝鮮の置かれた立場を痛みをもって理解した人はあったと思われる。しかしそれらは少数だった。日本内地《ないち》には年々多くの朝鮮人が渡って来ていたが、これらの人々は差別的扱いを受けるのが普通であった。一九二三年九月の関東大震災においては、根拠のない朝鮮人暴動のうわさをもとに、官憲《かんけん》、民衆が一体となって六千人もの朝鮮人を虐殺《ぎゃくさつ》した。国家が進めてきた東アジアへの侵略《しんりゃく》的態度《たいど》と蔑視《べっし》、またそれだけに反抗《はんこう》への恐れが民衆にも深く染《し》み込んでいたことを示す出来事《できごと》であった。こうした差別意識は、本格的に反省する機会を失ったまま戦後もうけつがれ、朝鮮の人々と友好関係を結ぶ障害《しょうがい》となってきた。

参考図書　山辺健太郎『日本統治下の朝鮮』（岩波新書）、山田昭治ほか『日本と朝鮮』（東京書籍）、海野福寿『韓国併合』（岩波新書）

19　日本の領土

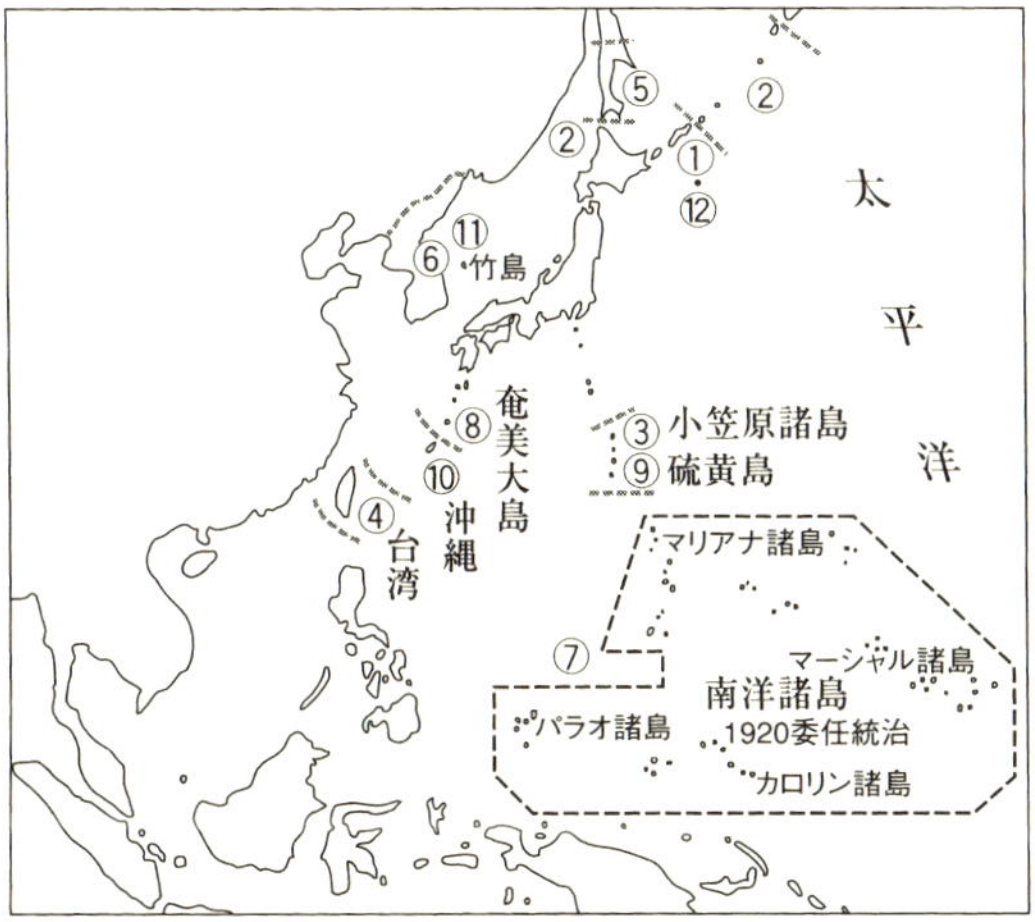

①日露通好《つうこう》条約（和親条約）　一八五四（安政元）年千島《ちしま》列島（クリル諸島）は、エトロフ島以南を日本領に、ウルップ島以北をロシア領とした（北方四島は日本固有の領土であるとの日本政府の主張の根拠となっている）。樺太《からふと》（サハリン）は日露の雑居地《ざっきょち》とした。

②樺太・千島交換条約　一八七五（明治八）年千島全島（北限はシュムシュ島）は日本領に、樺太全島はロシア領とした。

③一八七六年、小笠原《おがさわら》諸島の領有宣言。

④下関条約　一八九五（明治二八）年清《しん》国より、台湾《たいわん》・澎《ほう》湖《こ》諸島を割譲《かつじょう》される。一九四五年の敗戦まで台湾総督府《そうとくふ》（台北《たいほく》《タイペイ》に設置）により植民地統治が行われた。

⑤ポーツマス条約　一九〇五（明治三八）年ロシアより、北緯五〇度以南の樺太を割譲される。一九〇七年設立の樺太庁（はじめ大泊《おおどまり》に、一九〇八年に豊原《とよはら》、現ユジノサハリンスクに設置）が四五年の日本の敗戦まで統治した。

⑥韓国併合《へいごう》条約（一九一〇年）　朝鮮総督府（京城《けいじょう》、現ソウルに設置）により、四五年の日本の敗戦

まで植民地統治。この日本の統治期を韓国などでは「日帝《にってい》三六年」と呼んでいる。日本の敗戦の八月一五日（終戦記念日）は、韓国では「光復節《こうふくせつ》」と呼んでいる。

⑦一九一九（大正八）年のパリ講和会議で、二〇年から、ドイツが領有していた赤道以北の南洋諸島（グアム島を除くマリアナ・パラオ・マーシャル・カロリンの各諸島）を委任統治《いにんとうち》（四五年の敗戦まで）。南洋庁（パラオ諸島コロール島に二二年設置）により統治された。

⑧一九五三（昭和二八）年二月、米軍政下にあった奄美《あまみ》諸島が復帰し、鹿児島県に編入された。

⑨一九六八（昭和四三）年六月、米支配下にあった小笠原諸島が復帰し、東京都に編入された。

⑩一九七二（昭和四七）年五月一五日、米支配下の沖縄《おきなわ》の本土復帰が実現した（沖縄県）。

⑪**竹島《たけしま》**（韓国側は独島《ドクト》と呼ぶ）一九〇五年日本政府は島根《しまね》県に編入。日本の敗戦後の平和条約ではこの島について何ら規定するところがなかった。五二年、韓国側が李承晩《りしょうばん》《イスンマン》ラインを宣言し、ライン内にあるこの島の領有を主張し、五四年以降韓国官憲《かんけん》が常駐《じょうちゅう》。日韓両政府の懸案事項となり現在に至っている。

⑫**北方領土**（択捉《えとろふ》島・国後《くなしり》島・色丹《しこたん》島・歯舞《はぼまい》諸島）ソ連は自らは署名していない五一年の対日平和条約で「クリル諸島以下を放棄する」ことに日本が署名したことを強調し、ヤルタ協定（四五年二月、千島列島のソ連への「引渡《ひきわたし》」を米・英・ソの首脳間で約束）の存在も引出すが、日本政府は「領土の最終的処理に関する決定ではなく、法的にも政治的にも日本は拘束されない」との立場からロシア（ソ連の外交等を継承）に対し、四島の返還を求めていく交渉を続けている。その最終的解決のためにはロシアとの平和条約締結《ていけつ》が待たれる。

20 台湾の植民地支配

日清《にっしん》戦争の講和条約の締結《ていけつ》の直前、日本軍は澎湖《ほうこ》諸島を占領し大陸と台湾《たいわん》間を遮断《しゃだん》した。講和条約で日本は台湾と澎湖諸島を獲得《かくとく》し、その接収《せっしゅう》・占領《せんりょう》を急いだ。一方、現地では日

台湾領有

清の動きに反発した人々が一八九五年五月二三日台湾共和国を成立させたが、日本軍は五月二九日台湾上陸を開始した。基隆《キールン》・台北《たいほく》《タイペイ》等の北部は簡単に占領したが、中・南部の鎮圧《ちんあつ》には手こずり、約五カ月後に全島鎮圧を終えた。その後も「土匪《どひ》」によるゲリラ的な抵抗が執拗《しつよう》にくり返されたが、日本は強力な警察力などでこれを徹底《てってい》的に鎮圧した。一九一五年の西来庵《さいらいあん》事件（タパニー事件、大明慈悲《だいみんじひ》国を建設しようとしてほぼ台湾全域にわたって起きた大規模な蜂起《ほうき》。八六六名に死刑判決が出された）を境に台湾人の武力抵抗《ていこう》は終わった。

台湾総督府

一八九五年五月、日本は海軍大将樺山資紀《かばやますけのり》を初代台湾総督《そうとく》に任命した。陸海軍の大・中将をその任用《にんよう》資格とした。台湾総督は、台湾における軍政・軍令のみならず台湾の行政権・立法権・司法（裁判）権・財政権をも掌握《しょうあく》する卓越《たくえつ》した地位にあり、総督府の組織を通じて植民地支配の政策を推進《すいしん》していった。台湾の植民地支配の基礎を築《きず》いたのは、第四代総督児玉源太郎《こだまげんたろう》（陸軍大臣兼任《けんにん》）の下で民生局長（後《のち》に民生長官）となった後藤新平《ごとうしんぺい》である。後藤はまず警察制度を拡大・整備し、そのため警察力は台湾全土に浸透《しんとう》し治安《ちあん》の維持を確立させた。また「土地調査《とちちょうさ》」事業を推進し、近代的な土地所有制度を確立した。その結果、調査前の予想高の二倍近い耕地を把握《はあく》することができ、地租徴収《ちそちょうしゅう》の基礎が固まった。さらに所有者を確定できない「無主《むしゅ》」の地は公有とし、日本人や日本企業に払い下げたので日

本資本の台湾進出をもたらした。ついで戸籍《こせき》調査令に基づき、台湾史上最初の本格的な人口調査を行った。

産業開発のための基盤の整備も進めた。一八九九年に台湾銀行を設立し、一九〇四年からは台湾銀行券も発行され、植民地台湾の中央銀行としての地位を固めた（台湾銀行券一円は日本銀行券一円と等価《とうか》交換《こうかん》できた）。その後、台銀は日本国内や対岸のアモイ・広州・香港《ホンコン》・上海《シャンハイ》、さらにシンガポール・ジャカルタなどに支店網を拡大し、日本資本主義の中国および東南アジア進出の先導的役割を果たしていった。また、灌漑《かんがい》水利《すいり》事業も積極的に推進し、その結果耕地面積も急増し、農業生産力も飛躍的に増大した。日本人の味覚《みかく》に合う蓬萊《ほうらい》米が開発・栽培され、食糧不足の日本へ大量に移入《いにゅう》された。総督府は日本企業にさまざまな優遇《ゆうぐう》措置《そち》を施《ほどこ》して製糖技術と設備の近代化を推進し、近代的な砂糖の生産体制が確立し台湾製糖会社などの大資本による支配が確立していった。

北の基隆《キールン》港と南の高雄港を拡張・改修して海運の便をはかり、陸上では基隆から台北・台南・高雄を結ぶ縦貫《じゅうかん》鉄道を敷設《ふせつ》し、また鉄道と道路網との連結《れんけつ》も進められた。

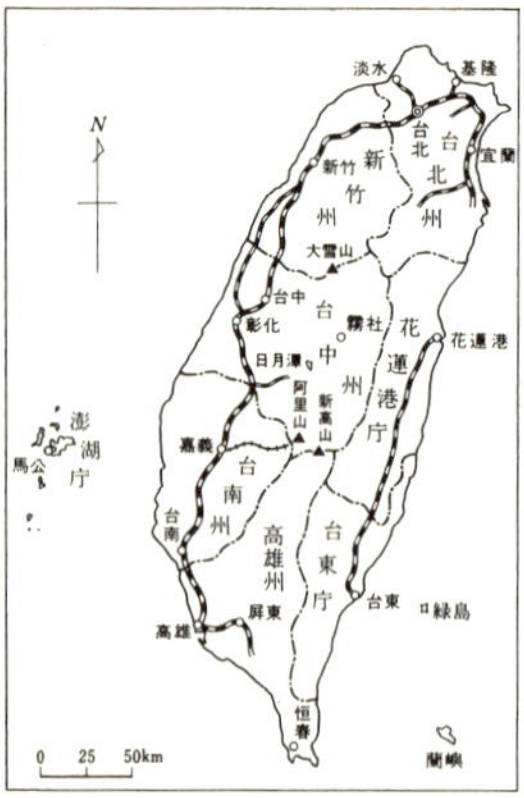

日本支配時代の台湾

文官総督

一九一九年原敬《はらたかし》内閣により田健次郎《でんけんじろう》が文官《ぶんかん》として最初の八代台湾総督となり、文官総督は三六年まで続いた。同時に台湾軍司令官が置かれた。この時期には、林《りん》献堂《けんどう》を中心に台湾議会設置請願《せいがん》運動が展開された（結局実現しなかったが）ことは注目される。また、台湾の教育の普及・充実ぶりにも注目しておきたい。このように日本による台湾統治が軌道に乗ったやさきの三〇年一〇月、山地先住民（総督府は高砂族《たかさごぞく》と呼んだ）により日本人一三二名が殺害されるという衝《しょう》

学校別＼項目＼年度	大正7年 校数	大正7年 学生数	大正10年 校数	大正10年 学生数
大学	0	0	1	114
専門学校	1	252	4	976
中学校	4	1,843	24	12,241
師範学校	2	908	4	1,379
職業学校	3	393	46	5,552
小・公学校	541	128,436	917	407,449
各種学校	19	1,706	23	4,457

教育の拡充（黄昭堂『台湾総督府』ニュートンプレスより） 1922年の台湾教育令で「国語を常用する者は小学校に，常用しない者は公学校に入るべきもの」とされた。

撃《げき》的な霧《む》社《しゃ》事件が中部山間部で起こっている。

皇民化政策

二・二六事件後の本国の戦時体制化の動きは台湾にも波及《はきゅう》し、三六年九月海軍大将小林躋造《せいぞう》が台湾総督に任命され、以後植民地支配の終焉《しゅうえん》まで武官《ぶかん》総督が続いた。小林総督は台湾人の「皇民化《こうみんか》」、台湾産業の「工業化」、台湾を日本の東南アジア進出の基地とする「南進基地化」を台湾統治の基本政策とすることを表明し、以後これらが着々と推進されていった。特に日中戦争勃発後は、中国本土と同民族の台湾人の動向は気がかりなこととなった。そこで、台湾人に「皇国《こうこく》精神の徹底を図《はか》り、普通教育を振興《しんこう》し言語風俗を匡励《きょうれい》して忠良なる帝国臣民《しんみん》たるの素地《そじ》を培養《ばいよう》」しなければならないとして、教育勅語《ちょくご》を遵守《じゅんしゅ》し、大日本帝国は神国《しんこく》であることを信じ、尽忠報国《じんちゅうほうこく》に努《つと》める必要があると総督府は強調した。こうして台湾人を「天皇陛下《へいか》の赤子《せきし》」にするため、三七年、新聞漢文欄《らん》の廃止、国語（日本語のこと）常用運動、神社（各地に日本が建設した）参拝の強制、（中国風の）偶像《ぐうぞう》・寺廟《じびょう》の撤廃《てっぱい》や旧暦正月行事の廃・禁止などが次々と実施されていった。四〇年二月一一日の「皇紀《こうき》二千六百年記念日」の「良き日」を期《き》して台湾人に日本名使用が「許される」改姓名運動も始まった。また、日本の大政翼《たいせいよく》賛会《さんかい》発足《ほっそく》に伴って、総督府は皇民奉公会《こうみんほうこうかい》を設立して台湾各地の州・庁、市・郡、街（町）・荘（村）、区、部落へとピラミッド型の台湾人の組織化を行っていった。さらに東南アジア進出の要員を養成するために、拓南《たくなん》（南洋開拓のこと）農業戦士訓練所、拓南工業戦士訓練所、海洋訓練所などが設立された。このように台湾の皇民化運動は台湾人の単なる日本人化ではなく、戦時体制の完成と戦争遂行《すいこう》にむけて全台湾人を組織化する大々的な運動であったのである。

一九三六年半官半民の国策会社として台湾拓殖《たくしょく》会社が設立され、台湾の産業開発・支配の中核となった。また、戦争の激化・拡大で台湾は「南方作戦ノ大兵站《へいたん》基地」とされ、従来の農業・製糖業に加えて、新たに鉄鋼・化学・紡績・金属・機械などの軍需《ぐんじゅ》関連産業が急速に発展した。そのため工業生産額が農業生産額を上回ることになった。

戦線の拡大に伴い兵員不足が深刻となり、台湾人は軍属《ぐんぞく》・軍夫《ぐんぷ》として徴用《ちょうよう》され前線に送られた（同族の中国大陸ではなく、主として南方へ）。ついで陸海軍特別志願兵などとして送られ、四四年九月には徴兵《ちょうへい》令が施行された。戦争に動員された台湾人は、軍人約八万四千、軍属・軍夫を加え二〇万をこえ、戦病死者は三万余名。これらの犠牲者と負傷した人々は、戦後日本国籍を失ったため何らの補償も受けなかった。七四年インドネシアのモロタイ島で元日本兵中村輝夫（アミ族の本名スニオン。李光輝）が救出されたのを契機に補償請求の訴訟《そしょう》が行われたが、日本国籍の喪失《そうしつ》を理由に敗訴《はいそ》に終わった。日本では八九年九月に「台湾住民である戦没《せんぼつ》者の遺族等に対する弔慰金《ちょういきん》等に関する法律」が成立し、戦没者と重傷者に一律二〇〇万円が支払われた。「一視同仁《いっしどうじん》」の名の下に同じ日本兵として戦った台湾人と日本人の補償に差異が生じてしまったことは忘れてはならない。

参考図書　黄昭堂『台湾総督府』（ニュートンプレス）、伊藤潔『台湾』（中公新書）、戴国煇『台湾』（岩波新書）

台湾人の「皇民化」に応えた模範家庭（伊藤潔『台湾』中公新書より）

21 寄生地主制と小作人

「土地はかけがえのない財産」「いや高すぎて一生持てないよ」、このような考え方は、土地を商品として、個人が自由に手離したり手に入れたりできることが前提となる。それは一八七三（明治六）年に始まる地租《ちそ》改正《かいせい》以降のことである。この改正で土地は個人のものとなり、「自分の土地は自分の思いのままにできる」ようになった。いわゆる近代的所有権の確立であるが、そこでは、所有権と利用権が明確に区分された。

地租改正

地租《ちそ》改正は、明治新政府の財源確保が主目的であった。農地の私的所有を認め、地券《ちけん》を発行された所有者（地主《じぬし》）が、地価《ちか》に課せられた地租を金納《きんのう》する方式に統一した。新政府の主な財源は、土地を所持する者が納める地租であった。そこで政府は、江戸時代つまり封建《ほうけん》制が解体する過程で、質入《しちい》れなどの形で一部に形成されていた地主《じぬし》・小作《こさく》関係においても、地主の所有権を強化した。小作人《こさくにん》がもっていた今までどおり小作《こさく》するという権利より、地主の都合《つごう》で小作をやめさせる権利を優先したのである。つまり、小作人のもつ耕作権・利用権は、地主のもつ所有権に及ばないのである。土地が売買《ばいばい》の対象のみならず、投機的《とうきてき》商品ともなる下地《したじ》ができたのである。

寄生地主制の展開

江戸時代は、土地所有者は名目《めいもく》上は大名《だいみょう》などの領主である（だから版籍奉還《はんせきほうかん》があり、地券の発行も必要であった）。農民は保有する土地からの生産物（米に換算して石高《こくだか》表示）を所持し、その所持する石高に年貢《ねんぐ》などの税が課せられていた――これが建前《たてまえ》である。しかし、いわゆる地主もいた。江戸初期には、旧土豪《どごう》の系譜《けいふ》の農民が、多くの高《たか》（石高《こくだか》）をもち、従属する下人《げにん》などを使って耕作していた（地主手作《じぬしてづくり》）。これに対し、元禄《げんろく》期頃からは、畿内《きない》を中心に、土地を担保とした貨幣貸付を通じて質地《しっち》を多く集積し、小作料を取って小作人に貸出し、みずからは直接経営から離れる地主が出現した（寄生地主《きせいじぬし》）。しかし、地主制とか、寄生地主制とかいう語は、処分自由な所有権が認められた地租改正以後に用いられる。

　地租改正以降は地価《ちか》の三％を地租として金納した。三％は少いようであるが、江戸時代の年貢《ねんぐ》収入に見合うように地価が設定されたのである。しかも金納。すべての農民が商品流通にまき込まれた。米などの生産物を自分で売って、お金で税を納めなければならないからである。

　幕末の開港は、生糸《きいと》関係者を除いて、日本の農村に打撃を与えていた。特に安価《あんか》な輸入品の影響で、綿《わた》・砂糖・菜種《なたね》の生産地域のそれは深刻であった。やむをえず米作《べいさく》に戻《もど》った。そこへ、地租改正、しかも一八八一年からの大蔵卿松方正義《おおくらきょうまつかたまさよし》のデフレーション政策である。米も生糸《きいと》も大暴落するのに地租は定額である。自作農民も土地を売り、地租や借金の返済にあて、地主は土地を集積する。地租改正時には約三〇％であった小作《こさく》地が、松方デフレ後の九〇年頃には四〇％に達しており、八〇年代に寄生地主制は確立したとされる（小作地率は以後も増加し、昭和初期に四八％となる）。さらに九〇年頃になると、江戸時代から土地集中がみられた畿内《きない》地方などでは、資本を蓄積《ちくせき》した地主が、酒造業、工場や銀行金融業などに投資する傾向が強まる。五〇町歩《ちょうぶ》以上の地主は比較的少なく、農民の経営規模はやや零細《れいさい》なものの集約的で生産性は高い地方である。これに対し、東北や北陸地方では、一九〇〇年頃まで土地集積が進み、五百町歩・千町歩の大地主も稀《まれ》ではない。米の単作地帯でもあり、大家族のもと三町歩程度の自作経営が多くみられた地域である。このような地主が制限選挙制度のもとで国や地方の議員となり、地主の利益を守る政策を推進していったのである。

所有耕地で生活可能な自作農は、全農家の三〇％である。あとは一部を持ち一部を借りた自小作農《じこさくのう》かすべてを借りた小作農である。小作農とそれに近い自小作農を合わせると約半数に達する。小作人は収穫の半分近くを物納《ぶつのう》する。地主への従属制は強く、耕作権も不安定であった。そこで、現物の米俵《こめだわら》「年貢《ねんぐ》」を納める小作人は、地主の前でペコペコと頭を下げ、来年の耕作を懇願《こんがん》する――まるで江戸時代さながらの農村光景《こうけい》が各地で見られた。製糸工女《せいしこうじょ》としての少女の出稼《でかせ》ぎも、家計補完《ほかん》ばかりでなく、まず小作料の支払いに充当《じゅうとう》ということもあった。低廉《ていれん》な労働力を都会に供給してもなお、農村は過剰《かじょう》人口をかかえていたので、特に小作人の置かれた状況は悲惨《ひさん》であった。

その中で、小作争議は大正後期に高揚《こうよう》期を迎える。小作料減免《げんめん》や小作条件の改善などを要求し、西日本を中心に大規模なものもみられる。警察権力の介入《かいにゅう》や農民の長期にわたる実力行使がみられるのも、この頃である。昭和に入ると、昭和恐慌《きょうこう》を反映してか、小規模で防衛的なものになる。

農地改革

ＧＨＱは、日本が天皇制のもと軍国主義に走ったのは、財閥《ざいばつ》と寄生地主《きせいじぬし》制にその社会的基盤があるとして、その解体を迫《せま》った。敗戦後の食糧増産のためにも、政府は農地解放を検討していた。内容が不十分とされた第一次案を経《へ》て、一九四六（昭和二一）年自作農創設《じさくのうそうせつ》特別措置《そち》法が定められ、自作農を作り出すという明確な方針のもとで、第二次農地改革が四七年から進められた。そして、全国二二一万町歩《ちょうぶ》の小作地のうち、一九四万町歩の農地が解放され、ほとんどの農家が自作農となり、寄生地主制は消滅する。ただ、ここでも所有権のみが問題となった。土地は利用してこそ価値が生じ、利用の仕方が問題であるのに。

参考図書　大門正克『明治・大正の農村』（岩波ブックレット）、佐々木寛司『地租改正』（中公新書）

22 森鷗外と夏目漱石

森鷗外の経歴

鷗外《おうがい》は一八六二（文久二）年一月、石見国津和野《いわみのくにつわの》（現在の島根県津和野町）に津和野藩の藩医森静男・峰子夫婦の長男として生まれた。本名は林太郎《りんたろう》といった。七二年父にともなわれて上京、七四年東京医学校予科《よか》に入学、七七年東京医学校は、東京大学医学部となり、森は本科生《ほんかせい》となり、八一年二〇歳の最年少で同学部を卒業、陸軍軍医副《ぐんい》に採用された。以後一九一六年陸軍省医務局長を最後に退職するまで、三五年にわたって陸軍軍医として、陸軍に奉職《ほうしょく》した。その間、四年間ドイツに留学、帰国後、陸軍軍医学校教官、日清《にっしん》戦争の第二軍兵站《へいたん》軍医部長、近衛師団《このえしだん》軍医部長、陸軍軍医学校校長、日露《にちろ》戦争の第二軍軍医部長を歴任《れきにん》、陸軍軍医として、最高位の陸軍軍医総監《そうかん》（後の軍医中将）までのぼりつめた。

このように、鷗外の本職は陸軍軍医であったが、ドイツから帰国した翌年落合直文《おちあいなおぶみ》らと翻訳《ほんやく》詩集『於《お》母影《もかげ》』を発表、さらにその翌年には『舞姫《まいひめ》』を発表して、小説家としての道も歩みはじめた。

夏目漱石の経歴

漱石《そうせき》は、一八六七（慶応三）年一月江戸の牛込馬場下横町《うしごめばばしたよこちょう》（現在の新宿区《しんじゅく》喜久井町《きくい》）に名主《なぬし》夏目小兵衛直克・ちえ夫婦の五男として生まれた。本名は金之助《きんのすけ》といった。二松学舎《にしょうがくしゃ》で漢学《かんがく》を学び、成立《せいりつ》学舎で英語を学んだ。八四（明治一七）年一八歳で大学予備門予科《よびもんよか》に入学、九〇年帝国大学英文科に入学、九三年同学科を卒業、つづいて大学院に入るが、同年東京高等師範《しはん》学校教師に就任《しゅうにん》、しかし翌年愛媛《えひめ》県の松山《まつやま》中学教諭《きょうゆ》として赴任《ふにん》、さらに翌年には熊本《くまもと》の第五高等学校に赴任、同校教授となった。一九〇〇年九月から〇三年一月まで文部省留学生として英語研究のためイギリスに留学した。帰国後、第一高等学校教授、帝国大学文科大学講師となり、〇七年いっさいの教職を捨《す》て朝日新聞社に入社するまで、一〇数年を英語教師として過ごした。

このように漱石も本職は大学の英語教師であったが、〇四年高浜虚子《たかはまきょし》の勧《すす》めで俳句《はいく》雑誌『ホトトギス』に発表した小説『吾輩《わがはい》は猫《ねこ》である』が世の注目をあつめ、以後、鷗外と同様小説家としても華々《はなばな》しく活躍《かつやく》することになる。

鷗外と漱石の比較

森鷗外（文京区立鷗外記念本郷図書館提供）

その経歴《けいれき》で明らかなように、鷗外《おうがい》と漱石《そうせき》はそれぞれ本来の職業を持ち、学者としてもその分野で大きな業績《ぎょうせき》を残したが、同時に小説家として、それも近代日本文学を代表する二大文豪《ぶんごう》として、生前《せいぜん》から揺るぎない名声《めいせい》を博《はく》した人物であった。そこでこの二人の人物についてはさまざまな面から、比較研究されてきた。

たとえばその類似性については、前述のように、二人とも二足の草鞋《わらじ》をはいた天才的人間として高く評価されてきた点、両者とも留学を通して近代ヨーロッパ文学を現地で実際に経験してきた当時数少ない日本人として日本の文壇《ぶんだん》に大きな影響を与えた点、また両者そろって平穏《へいおん》な結婚生活とは言えない夫婦関係にあった点、などがそれである。

一方、その相違性についても多くの点が指摘《してき》されている。例《たと》えばその出生《しゅっしょう》において、鷗外は、同家《け》が待ち望んだ久々《ひさびさ》の男子として、家族の愛を一身に受け、大事に大事に育てられた子であったのに対して、漱石は、母が「こんな歳をして懐妊《かいにん》するのは面目《めんぼく》ない」と言ったと言われるように母四一歳、父五四歳という両親の晩年に生まれた子で、生後すぐ里子《さとご》に出され、三歳の時には養子に出され、養父母の不和《ふわ》から一〇歳で生家《せいか》

夏目漱石（日本近代文学館提供）

に帰るなど、いわば歓迎されざる子として少年時代を過ごし、文名《ぶんめい》が上がってからは家族や養父母が漱石に経済的負担を強《し》いたという恵《めぐ》まれない家庭環境にあった点などがその一つである。

　両者の留学においても大きな違いがあった。鷗外のドイツ留学が医学研究の上で大きな成果をあげ、また赤十字万国《ばんこく》大会での日本代表としての演説が各国代表の驚嘆《きょうたん》と喝采《かっさい》をうけるなど、成功裡《り》に終わったのに対して、漱石のロンドン留学は、貧しい生活と孤独と日本に残した妻の無理解に悩まされ、神経衰弱《しんけいすいじゃく》を悪化させての帰国という惨憺《さんたん》たるものであった。また、その本職においても、鷗外が、彼の出世《しゅっせ》を期待する母のために、やめたかった陸軍をやめられなかったのに対して、漱石は立身《りっしん》とか出世《しゅっせ》には無頓着《むとんちゃく》で、大学教師という世間《せけん》的には名誉《めいよ》ある地位も小説を書くためには平気で捨《す》てて、朝日新聞社の社員になったことなどが挙《あ》げられる。

　死を迎《むか》えての両者の態度も対照《たいしょう》的であった。鷗外は死ぬ三日前に、大学以来の親友である賀古鶴所《かこつるど》に口述《こうじゅつ》筆記させた周到《しゅうとう》な遺言《ゆいごん》状を残して、自分は石見人《いわみのひと》森林太郎として死ぬ、陸軍や宮内省《くないしょう》の栄典は一切《いっさい》断《こと》わる、墓には「森林太郎墓」のほか一字も彫《ほ》るな、と言って死んでいる。彼の最期《さいご》の言葉は「ばかばかしい」だったと言われている。これに対し、胃潰瘍《いかいよう》が悪化して死を迎えた漱石は、枕元《まくらもと》に集まった子供たちに「もう泣いてもいいよ」と言ったといわれ、彼の最期の言葉は「いま死んじゃこまる、ああ苦しい、ああ苦しい」というものだったという。

参考図書　福田清人編・河合靖峰著『森鷗外』（清水書院）、江藤淳『漱石とその時代（第一部〜第五部）』（新潮選書）、竹盛天雄編『森鷗外』・小田切進編『夏目漱石』（ともに新潮日本文学アルバム）

Ⅱ 大正・昭和前期

童話雑誌『赤い鳥』創刊号(1918年)

銀行への取りつけ騒ぎ(1927年)〈読売新聞社提供〉

1 普選運動と米騒動

普選運動の始まり

一八八九（明治二二）年に公布された衆議院議員選挙法では、選挙権は直接国税納税額一五円以上の二五歳男子のみに制限されていた（人口の一・一％）。納税額の制限を撤廃《てっぱい》して普通選挙の実現を求める政治運動（普選運動《ふせんうんどう》）が、一八九〇年代末から自由主義的（非藩閥的《ひはんばつてき》）な政治家、社会主義者、弁護士、新聞記者によって推進された。一九一一（明治四四）年、普選案は衆議院を通過したが、貴族院で否決され、運動は一時下火《したび》となった。

第一次世界大戦と米価急騰

第一次世界大戦（一九一四～一八）によって日本経済は空前の好景気となった。物価は二倍強上昇したが、賃金の上昇が追いつかず、労働者やサラリーマンの生活はかえって苦しくなった。農林業人口が都市に集中し農業生産は減少、一九一七（大正六）年産米《さんまい》は前年より四万石《ごく》（約六〇〇〇〇万トン）減少した。米価は大戦開始後低落傾向であったが、一七年から上昇に転じた。大阪米穀市場《べいこくしじょう》の米相場《そうば》を見ると、大戦前に一石《こく》（約一五〇キログラム）一九円、一七年六月に二〇円であったものが、一八年の夏になって七月三二円、八月四一円と急騰《きゅうとう》している。当時は家計の中で米代《こめだい》のしめる比重は大きかったので、米価急騰は生活を直撃した。

米価急騰の原因として、消費量の増大に生産量が追いつかないこともあったが、米価上昇を見越《みこ》した大商社や米穀商・地主《じぬし》の投機的な買い占《し》め、売り惜《お》しみが大きかった。政府は外米《がいまい》輸入を特権大商社（鈴木商店・三井物産）に独占させて積極的な輸入をせず、また輸入関税を撤廃しなかったので、米価を下げることができなかった。さらに適切なインフレ抑制《よくせい》政策をとらず、物価調整令を公布して、「買い占め、売り惜しみを処罰する」としたが、実効はなかった。シベリア出兵が論議されると、需要《じゅよう》の増大が見込まれ、さらに米価が高騰《こうとう》した。

米騒動

富山《とやま》県の漁師《りょうし》町は夫が北洋漁業《ほくよう》への出稼《でかせ》ぎで生計をたてていたが、一九一八（大正七）年は不漁《ふりょう》で家族への仕送りはとぎれがちであった。七・八月は特に収入が少なく、漁民の主婦たちの生活はきびしい上に、米価の急騰がさらに追い打ちをかけた。七月二二日の夕方、魚津《うおづ》町の主婦たちが共同井戸に集まって相談し、魚津港から米の積み出しがなくなれば米が値下がりすると考えて、積み出し中止を頼み込むことにした。二三日の朝、四六人の主婦が浜に集まり役場に行こうとしたが、警官に諭《さと》されて解散した。しかし怒《いか》りはおさまらず、米の積み込み作業を中止させ、その夜、町内の米穀商をまわって米の移出《いしゅつ》をせぬように懇願《こんがん》した。これが米騒動《こめそうどう》のきっかけであった。日本がシベリア出兵を宣言した翌八月三日には、西へ一〇数キロ離れた西水橋《にしみずはし》町で同じく漁民の主婦たち一八〇人が集まり、米穀商に米の安売りと移出差し止めを要請《ようせい》し、搬出《はんしゅつ》すれば焼き打ちすると迫《せま》った。

事件は八月五日の中央紙に「女房一揆《にょうぼういっき》」「女一揆」として報道され（『大阪朝日新聞』には「女房連の一揆／米高《こめだか》に堪《たま》り兼ね／餓死《がし》すると口々に喚《わめ》き立て／米屋へ押しかく」とある）、米騒動は富山から全国に展開した。一〇日から一六日は街頭《がいとう》で（一三、一四日がピーク）、一七日から一カ月は山口や九州の炭鉱《たんこう》で騒動が続いた。一〇日、名古屋では米の安売りを求める民衆が市民大会のあと街頭へくりだし、米穀商や交番の破壊などを行い暴動化した。同日、京都でも被差別部落民数千人が米の安売りを要求して、米穀商に押しかけたのがきっかけとなり全市に暴動が広がった。一一日から一三日にかけて大阪や神戸《こうべ》では、市内各地で群衆が暴動化して米穀商を襲撃《しゅうげき》、大阪では二〇万人以上が集まり、神戸では鈴木商店本社が焼き打ちされた。これらの都市を含め、警察力だけで鎮圧《ちんあつ》できない場合は軍隊が出動《しゅつどう》した

（全国で一二一カ所、動員兵力一一万人）。炭鉱では賃金引き上げ要求など労働争議の側面もあったが、会社側は軍隊に出動を要請し力で押さえつけた（山口・宇部《うべ》炭鉱や福岡・峰地《みねち》炭鉱では実弾《じつだん》が発射され、多くの死傷者を出した）。

米騒動と普選運動

米騒動は青森・秋田・岩手・沖縄を除く道府県で発生し、特に静岡から山口の太平洋ベルト地帯、九州の炭鉱地帯で多発した。参加者は全国で七〇万人、被差別部落民も多数参加した。九月中旬《じゅん》までに死者は三〇名、検挙者は二万名を上回った。米騒動は指導者や指導組織のない、民衆の自然発生的な暴動であり、生活問題を無視する政治への民衆の不満の爆発であった。新聞は民衆の声を代弁して、米価急騰《きゅうとう》の責任は寺内《てらうち》内閣にあるとして、総辞職を要求した。九月中旬、寺内内閣は退陣し、初の政党内閣（原敬《はらたかし》内閣）が成立した。この年の全国中等学校野球大会（現在の夏の甲子園高校野球大会）は米騒動のため、中止された。

米騒動を契機《けいき》として労働運動・農民運動など組織的諸運動が開花した。労働組合数は急増し、全国水《すい》平社《へいしゃ》や日本農民組合が結成され、普選《ふせん》運動も組織的・大衆的な広がりを見せた。吉野作造《よしのさくぞう》の提唱《ていしょう》した民《みん》本《ぽん》主義など民主的風潮のなか、一八年末から一九年春にかけて、東京をはじめ各地で普選要求の大会やデモ行進が行われ、知識人・学生に加えて都市の中産階級・労働者・農民も参加、普選運動はこれまでになく盛り上がった。翌二〇年二月東京で一〇〇以上の団体が参加して普選要求の大デモ行進が行われ、普選運動は大正デモクラシーを象徴する全国的民衆運動となった。二五（大正一四）年、普通選挙法は両院で可決、公布された。

参考図書　松尾尊兊『大正デモクラシーの群像』・『大正デモクラシー』（ともに岩波同時代ライブラリー）、大日方純夫『警察の社会史』（岩波新書）、住井すゑ『橋のない川　第三部』（新潮文庫）

2 原 敬

「平民宰相」

一九一八年の米騒動の責任を取って寺内正毅《てらうちまさたけ》内閣が退陣《たいじん》した後、当時政界最大の実力者で政党嫌《ぎら》いであった元老山県有朋《げんろうやまがたありとも》は、後継《こうけい》首相は立憲政友会の原敬《はらたかし》以外にはあり得ないだろうと判断していた。西南雄藩《ゆうはん》の出身でもなく、爵位《しゃくい》も持たず、衆議院に議席を持つだけの最初の総理大臣、「平民宰相《さいしょう》」の誕生として世論も歓呼《かんこ》して迎えることになった。老獪《ろうかい》な政敵の山県から首相として白羽《しらは》の矢《や》を立てられた原敬とは、いかなる政治家であったのだろうか。

外交官僚

原敬は、一八五六年岩手南部藩《なんぶはん》の重臣《じゅうしん》の家に生まれたが、明治維新に際し南部藩は朝敵《ちょうてき》として厳《きび》しい処分を受けて廃藩《はいはん》に追い込まれた。原敬は上京してフランス人神父《しんぷ》のもとで苦学《くがく》し、後に井上馨《いのうえかおる》に見出されて外務省に入った。天津《てんしん》領事さらにはパリ日本公使館《こうしかん》書記官としての五年に及ぶ在外体験は、帝国主義段階に入ろうとするアジアやヨーロッパの情勢を知る絶好の機会となった。八九年の帰国後、陸奥宗光《むつむねみつ》と知り合って深い信頼関係のもとに刎頸《ふんけい》の交《まじ》わりを維持し、以後進退《しんたい》を共《とも》にした。ことに第二次伊藤博文《いとうひろぶみ》内閣の陸奥外務大臣のもとで通商局長・外務次官・朝鮮公使として日清《にっしん》戦争前後の条約改正、開戦、下関《しものせき》条約、閔妃《びんひ》《ミンビ》殺害事件などの多難な外交局面を的確《てきかく》に補佐《ほさ》した原敬の行政手腕《しゅわん》は高く評価された。陸奥《むつ》の下での七年間の官僚修行《しゅぎょう》で身につけた行政遂行《すいこう》能力・政治的駆《か》け引き・政界中枢《ちゅうすう》への人脈などは、後の卓越《たくえつ》し熟練《じゅくれん》した政党政治家としての成長の基礎となった。

立憲政友会

伊藤博文は早くから政府を支《ささ》える穏健《おんけん》な政党組織が必要と考え、陸奥を通して旧自由党員に密《ひそ》かに働きかけていた。一九〇〇年の立憲政友会の創立《そうりつ》にあたって伊藤の信任厚い原敬は幹事長となり党務運営の中心となった（第四次伊藤内閣の逓信《ていしん》大臣、〇二年衆議院議員に当選）。政党の利害や対立によって政治が左右されることを恐れる山県《やまがた》は、元老《げんろう》たる自らが内閣総理大臣にふさわしい人物を議会の動向にかかわりなく選ぶことによって、政治や国家の安定を確保できると考えており、中央・地方の官僚機構・貴族院・枢密院《すうみついん》・軍部《ぐんぶ》などを率《ひき》いて政友会に対抗した。一方、イギリスの議院内閣制をモデルと考える原敬は、議会多数党による政党内閣を実現して国民世論の支持同意を得ていくことによってこそ、政治の安定・国家の発展がありうると主張し、政友会を政治の中央に押し出すべく、山県を頂点とする官僚《かんりょう》勢力と対決した。山県直系の桂太郎《かつらたろう》内閣に対しては日露《にちろ》戦争後の政策協力を条件に西園寺公望《さいおんじきんもち》への政権授受《じゅじゅ》を約束させ、第一次西園寺内閣を実現した。こうして桂と政友会の提《てい》携《けい》（「情意投合《じょういとうごう》」）による「桂園時代《けいえんじだい》」は演出されたのである。原敬は、西園寺及び山本権兵衛《やまもとごんべえ》内閣で延《の》べ五年に及ぶ内務大臣の期間中、一貫して藩閥《はんばつ》官僚の勢力削減《さくげん》と政友会の党勢拡大に尽力《じんりょく》した。内務省・警視庁や県知事などの地方官の人事の大異動を断行し、山県系のボス的老朽《ろうきゅう》官僚に代わって高等文《ぶん》官《かん》試験に合格した有能な新進官僚を登用《とうよう》している。大正政変後は藩閥非難の世論を背景に大胆《だいたん》な官制改革を推進し、文官任用令を改正して政党員が高級官僚になれる道を開き、また軍部大臣現役武官制《ぐんぶだいじんげんえきぶかんせい》を改めて軍の政府への直接介入を阻止《そし》しようとした（一四年西園寺に代わって第三代政友会総裁就任《しゅうにん》）。

原内閣誕生　米騒動という未曾有《みぞう》の国家体制の危機に直面した山県は事態収拾《じたいしゅうしゅう》の自信を失い、ついに政友会総裁原敬《はらたかし》に政権を委《ゆだ》ねた。原敬は陸海軍及び外務の三閣僚《かくりょう》以外はすべて政友会党員から選び、一八年九月、ここに本格的な政党内閣が初めて誕生《たんじょう》した。原内閣は四大政綱《せいこう》（策）を基本方針に掲《かか》げて、対米協調を軸《じく》にした外交、大戦景気を背景にした積極財政を展開した。①人材育成のための高等教育の拡充、②産業基盤整備のための交通機関の拡張、③重化学工業、輸出産業の振興《しんこう》、④国防の充実＝兵器の近代化。ここには日本が諸列強《れっきょう》と対抗して帝国主義政策を推進していく意図《いと》が盛り込まれている。また、鉄道・港湾建設などは地方の資本家や地主に利益をもたらし、政友会の党勢拡大に大きな役割を果《は》たした。さらには、小《しょう》選挙区制導入によって政友会は衆議院で絶対多数を獲得し、貴族院最大会派の研究会との提携《ていけい》も実現して、原内閣は貴衆両院に強固な地盤《じばん》を築《きず》くに至った。山県は原の見事な手腕《しゅわん》に驚き、また褒《ほ》めたという。

一方、政治的自由や普通選挙を要求する民衆の世論に対しては厳《きび》しい姿勢で臨《のぞ》んだ。原敬は、時代の流れとしていずれ将来は普選実施《ふせんじっし》に至ると判断してはいたが、ロシア革命直後の時期でもあり、不用意《ふようい》な普選実施は危険と考えた。一九年に選挙法を改正して選挙権の拡張には応じたが（選挙権を直接国税三円以上に）、普通選挙法は拒絶《きょぜつ》した。さらに、労農運動や社会主義運動を厳しく抑圧《よくあつ》した。

原内閣は三年余の長期政権となったが、絶対多数を背景にした強引《ごういん》な政策が党利党略《とうりとうりゃく》とみなされ、積極財政が党員の汚職《おしょく》事件を多発させ、あわせて社会運動に対する厳しい姿勢から国民の期待と人気は次《し》第《だい》に低下した。二一年一一月、原敬は東京駅改札口で中岡艮一《なかおかこんいち》によって刺殺《しさつ》された。六四歳であった。その病の床《とこ》でこの悲報に接した山県は頼りにしていた好敵手《こうてきしゅ》の早い死を残念に思って涙を流した。その山県も三カ月後にこの世を去った。

参考図書　川田稔『原敬と山県有朋』（中公新書）、松尾尊兊『大正時代の先行者たち』（岩波同時代ライブラリー）

内閣総理大臣時代の原敬
（盛岡市原敬記念館提供）

3 平塚らいてうと市川房枝

平塚らいてう

平塚らいてうは高級官吏《かんり》を父に持ち、裕福《ゆうふく》な家庭に育った。東京女子高等師範《しはん》学校附属高等女学校に入学したが、良妻賢母《りょうさいけんぼ》教育に反発、時には修身《しゅうしん》の授業をボイコットしたこともあった。成瀬仁蔵《なるせじんぞう》の著書《ちょしょ》『女子教育』に惹《ひ》かれ、日本女子大学校に入学、禅《ぜん》に傾倒する一方、卒業後は英語、漢文を学び、生田長江《いくたちょうこう》主催の閨秀《けいしゅう》文学会に参加した。ここで知り合った夏目漱石《なつめそうせき》門下の森田草平《もりたそうへい》との心中未遂《しんじゅうみすい》事件は、良家《りょうけ》の子女がおこした醜聞《しゅうぶん》（スキャンダル）として新聞にも騒がれ、森田は中学教師の職を失い、平塚は母校日本女子大の同窓《どうそう》会から除名、父は非公式に退職勧告《かんこく》までされたというから大変な事件であったが、本人は、精神的自由を求める実践《じっせん》の一つとして捉《とら》えており、むしろ周囲が自分の純潔《じゅんけつ》を疑ったことが不愉快《ふゆかい》であったと回想している。

自己《じこ》の内面を追求することに意欲を燃やしたらいてうであったが、文学の師である生田の熱心な勧《すす》めで『青鞜《せいとう》』の発刊を決める。「青鞜」運動は純粋な文学運動であり、女性の文学的才能を発掘《はっくつ》するのが目的である。しかし、創刊号は平塚の思いをはるかに越えて、大きな反響をよぶ。特に巻頭の与謝野晶子《よさのあきこ》の詩「そぞろごと」の、「一人称にてのみ物書かばや」という一節には当時の女性の置かれた状況と、それを打破《だは》しようという晶子の強い意志が示されている。またらいてうの「元始《げんし》、女性は実に太陽であった」は結果として当時の女性の覚醒《かくせい》を促《うなが》し、その後の女性解放運動に大きな影響を与えることになるのである。当時『青鞜《せいとう》』は世間《せけん》から揶揄《やゆ》され、参加者は「新しい女」として攻撃をうけた。そうした逆風の中でも自らの意志を貫《つらぬ》き、結婚という枠組《わくぐ》みを無視して恋人、奥村との同棲《どうせい》に踏み切ったらいてうの奔放《ほんぽう》な生き方は、明治民法における家族制度への反逆《はんぎゃく》であり、当時の女性達にある種のあこがれをもって受けとめられたのである。『青鞜』は一九一六（大正五）年六巻二号をもって無期休刊となるが、日本の女性史に大きな足跡《そくせき》を残した。

二人の子どもに恵まれ、母としての意識に目覚めたらいてうは、エレン＝ケイの思想に傾倒《けいとう》し、母性保護の重要性を唱《とな》えるようになる。これについては一九一八年に与謝野晶子、山川菊栄《やまかわきくえ》との間に論争が展開されているが、らいてうが市川房枝《いちかわふさえ》と出会ったのはこの頃のことであった。

市川房枝

市川房枝は、戦後、公明な、金をかけない理想選挙を実践《じっせん》し、通算二五年にわたり参議院議員として活躍《かつやく》、八七歳で永眠するまで常に女性の権利と政界浄化のために働き続けた。市川は愛知県の農家に生まれ、教育熱心な父親の下《もと》、女子師範へ進学、小学校の教師を経《へ》て新聞記者となる。大正デモクラシーに惹《ひ》かれ上京、事務員として働く傍《かたわ》ら勉強を続けた。自分の人生を人任《まか》せにすることなく、しかも行動力が備《そな》わっていたが、当時の「新しい女」のイメージからはほど遠く、女子師範学校で身につけた質実剛健《しつじつごうけん》な気風を常に持ち続けた人でもあった。市川はたまたま通《かよ》っていた教会の関係で、日本初の労働組合である友愛会《ゆうあいかい》の婦人部書記となり、はじめて女性問題に関わるようになる。しかし行き違いから数カ月で退職。失職していた時に、英語を習っていた山田嘉吉《やまだかきち》・わか夫婦を通じて知り合った平塚らいてうから、女性問題に取り組むための団体を結成しようと誘われた。市川自身の原《げん》体験として、子どもには優《やさ》しかった父の母に対する理不尽《りふじん》な暴力への怒りと疑問、さらに女性であるが故に受けてきたそれまでの差別的な経験の中で、彼女は社会における女性の権利について大きな関心を抱《いだ》いていたので、喜んで誘いに応じたのである。

こうして発足《ほっそく》したのが「新婦人協会」であった。らいてうと市川の二人で出発したが、のち奥《おく》むめおらにも参加を呼びかけ、主として、女性の政治活動を禁じた治安警察法第五条の改正と、らいてうの強い要望であった花柳病《かりゅうびょう》（性病）男子の結婚禁止法の制定運動を展開した。しかし、議会運動に東奔西走《とうほんせいそう》し生活の余裕はなく、財政難も改善しない中、らいてうと市川の間の溝は深まり、ついに運動半《なか》ばにして市川は渡米《とべい》してしまう。らいてうも体調の不良を理由に運動から手を引いたが、残った奥むめおらが粘《ねば》り強く議会活動を続け、二二年、一部ではあったが治安警察法第五条第二項の改正に成功する。こうして女性が政治的な集会に参加することは可能になったのである。

市川はアメリカで女性問題について精力的に学び、特にアメリカでの女性参政権獲得に大きな役割を果たしたアリス＝ポールとの出会いは、彼女に大きな影響を与えたと考えられる。帰国後、ＩＬＯ（国際労働機関）の東京支局で労働問題に関わりながら、一九二四年、婦人参政権獲得期成同盟会の結成に参加（翌年、婦選《ふせん》獲得同盟と改称）し、二七年、ＩＬＯの職を辞し、婦選獲得運動に専心することになった。二五年には男子普通選挙が成立しており、勢い、婦人参政権運動も盛り上がったが道のりは険《けわ》しかった。市川らは、理解を示してくれる議員には政党に拘わらず積極的に働きかけ、時には選挙支援も行う。しかし、議員はもちろんマスコミも女性のこうした活動に無理解であった。二四年の第五〇議会に女性に関する四つの提案があった際には、議会でヤジが飛び、翌日の『東京朝日新聞』では提案者の四議員の似顔絵《にがおえ》にリボンがつけられ、茶化《ちゃか》された。一方婦選獲得同盟は、参政権獲得運動だけでなく、その一環として政界浄化・選挙粛正《しゅくせい》運動のほか、母性《ぼせい》保護、ガス料金値下げやゴミ処理、卸売市場《おろしうりしじょう》問題などにも取り組む。こうした中、国際情勢は日に日に緊迫《きんぱく》し、三一年満州事変勃発《ぼっぱつ》、その後の相次ぐ事件の中で軍部の発言権が増し、自由な発言をすることは困難になっていく。婦選獲得同盟が真正面からの運動を断念し、さまざまな活動に取り組んだのもこうした背景があったろう。盧溝橋《ろこうきょう》事件が起こり、日中戦争が始まると、婦人団体の中でも愛国婦人会や国防婦人会の活動が活発化し、婦選獲得同盟の活動はますます本来の目的から離れたものになっていった。本来非戦、平和を望んでいた市川自身も、政府から、国策《こくさく》推進のためのさまざまな委員会の委員に任命され、国家のために活動したのであった。

一九四五年の敗戦の混乱のなかで、市川はいち早く活動を開始し、人々の生活の建て直しをはかる。しかし、占領政策の中でついに女性参政権が実現した喜びもつかの間、戦時下に大日本言論報国会《ほうこくかい》の理事に任命されていたことが原因で公職追放となってしまう。この追放の時期は、自ら積極的に戦時下の国策に関与したという意識がなかっただけに、市川にとって最も苦しかった時期であったにちがいない。公職追放が解除された後の市川の活躍はすでに述べたとおりである。

らいてうは、戦時下、市川のように政府の役職に就《つ》いていたわけではないが、彼女が主張していた母性主義がこの時期、「国家」「民族」という言葉と共に優生《ゆうせい》思想に転化したことは戦時下の翼賛《よくさん》体制を思想的に支《ささ》える結果になった。戦後のらいてうは表にはたたなかったが平和運動に尽力《じんりょく》した。

らいてうも市川も戦時下において国策に結果的に協力してしまったことは間違いないが、そのことで、らいてうや市川が新たな女性の生き方を切り開いたことの価値は下がるものではない。むしろ、彼女たちのように強い意志を持って生き抜いた女性が、大きな時代の流れの中で翻弄《ほんろう》され、また自由な言論活動が行えなかった時代であったことを改めて問い直してみるべきであろう。

参考図書　平塚らいてう『元始、女性は太陽であった』1～4（大月書店）、山本藤枝『虹をかけた女たち』（集英社）、児玉勝子『覚書・戦後の市川房枝』（新宿書房）

4 美濃部達吉と吉野作造――天皇制下のデモクラシー――

天皇機関説

昭和天皇の死去に伴う代替《だいが》わりの前後（一九八八〜八九年）は、天皇の戦争責任の問題を中心として、さまざまな天皇論・日本人論がそれまでになく広く展開されたが、一九一〇年代初期、明治から大正への代替わりに際しても、憲法論争というかたちで、学者・知識人の論壇《ろんだん》においてではあるが多数の学者を巻き込んで論争が繰り広げられた。国家法人説《こっかほうじんせつ》にもとづいて「主権は国家にあり、天皇は国家を代表する最高機関である」とする美濃部達吉《みのべたつきち》と、穂積八束《ほづみやつか》が体系化した天皇主権説を受け継いだ上杉慎吉《うえすぎしんきち》との論争から始まった、いわゆる「天皇機関説論争」である。東京大学で一木喜徳郎《いちききとくろう》から国家法人説を学んだ美濃部達吉は、さらにヨーロッパ留学でドイツの市民的公法学者イエリネックの「憲法の変遷《へんせん》」理論から大きな影響を受けた。それは、法や制度は歴史の産物であって永久不変のものとはとらえず、憲法を固定した法文の解釈《かいしゃく》によってではなく、民主主義の実現という歴史的発展の方向に沿《そ》って理解し、それゆえに社会が変化すれば政治組織も変化をまぬがれない、とするものである。美濃部は論争のきっかけとなった著書『憲法講話《けんぽうこうわ》』（一九一二年）で、「立憲政治の本義は、国民をして政権に参与せしむること」「議会は国民の代表機関であって、国民は議会を通じて、政権に参与するもの」「議会は立法の機関たるとともに、行政監督の機関」などと、憲法学の中心にイギリスの議院内閣制をモデルとした議会主義を明確に位置づけている。この時期は地主や都市の資

美濃部達吉（毎日新聞社提供）

本家層の支持を得て政党が成長して議会が政治の主舞台となり、藩閥《はんばつ》官僚勢力との駆《か》け引きの中で情勢によっては政党中心の内閣が成立するかという時期である。また、民衆が新しい政治勢力として登場し、日比谷《ひびや》焼き打ち事件のように世論が政治の動向に決定的な影響を与え始めた時でもある。論争のさなかに大正政変が起き、詔勅《しょうちょく》を濫用《らんよう》して政党勢力を封じようとした桂太郎《かつらたろう》藩閥内閣が民衆の力の前に倒れた。まさに民主主義実現の歴史的発展の画期《かっき》、新しい時代の到来《とうらい》であり、美濃部学説は世論の強い支持を受けたかたちとなった。天皇の権力の絶対無制限を説いて官僚の専制支配を認め、議会は国民の代表などではなく天皇の統治機関の一つにすぎないとする上杉説がいかに政治の実態《じったい》からかけ離れていることか。論争の勝敗は明らかであった。美濃部の天皇機関説は学会や世論の支持を得たのみならず、政党内閣の時代には天皇や元老も含めた政界上層部の考え方とも一致していた。浜口内閣はロンドン条約をめぐる統帥権干犯《とうすいけんかんぱん》問題で、美濃部の条約締結は正当との意見に自信を得て調印の方針を確定している。

民本主義

憲法学の立場から明治憲法を自由主義的に解釈して政党政治の発達を促した美濃部とともに、政治学の立場から活発な言論活動によって現実的な政治改革を主張したのが吉野作造《よしのさくぞう》である。大戦前の欧米留学によってデモクラシーが世界の大勢であることを認識した吉野は、東大教授として現代政治史を講義するかたわら、『中央公論』誌上にほぼ毎号自説を執筆。ことに一九一六年一月の「憲政の本義を説いて其有終《そのゆうしゅう》の美を済《な》すの途《みち》を論ず」は、民意をいかに政治に反映させるかを求めていた世論に大きな一石《いっせき》を投じ、社会主義者や国家主義者をも含めた広範《こうはん》なデモクラシー論争を巻き起こした。吉野は、立憲政治の根本精神を「デモクラシー」と位置づけ、主権者が誰であれ

吉野作造（朝日新聞社提供）

立憲国家として政治上尊重されるべき原理・原則を「民本主義《みんぽん》」、言わば〝国民本位の政治の実現〟と定義した。すなわち、政治の目的は一般民衆の利益・幸福にあり、その政策の決定にあたっては一般民衆の意向を尊重するという、政権運用上の方針を「民本主義」と表現したのである。民意の代表機関である議会（衆議院）を政治の中心に据《す》えようという吉野の主張は、選挙権の拡張とさらには普通選挙制が実現可能な政治目標であることを指摘して、その後の普選運動の強力な理論的支《ささ》えとなった。藩閥官僚の専制政治を批判し、議会政治＝政党政治を擁護《ようご》する理論となった民本主義の立場から、民衆的基礎づけを持たない貴族院や軍部の改革、枢密院《すうみついん》の廃止などの政治改革の必要をも大胆《だいたん》に主張した。美濃部と同様に、天皇主権の明治憲法を前提としながらも可能な限りの民主主義的改革を追求し、時代の転換期にあたって日本の進むべき方向を具体的に吉野は指し示したのである。

政党の自殺

昭和恐慌、満州事変、五・一五事件と社会が徐々に暗転《あんてん》していくにつれ、軍部や国家主義者の美濃部に対する機関説排撃《はいげき》の論調は高まっていった。貴族院議員・陸軍中将菊池《きくち》武夫《たけお》が当時貴族院議員であった美濃部の著書『憲法撮要《さつよう》』をとりあげて機関説が反国体《こくたい》学説であるとあらためて攻撃したのである。美濃部は本会議で堂々と反論し、最後まで自説を曲げなかった。穏健《おんけん》な岡田啓介《けいすけ》内閣ははじめ美濃部を擁護《ようご》したが、内閣打倒をねらう政友会は軍部・国家主義者とともに内閣を突き上げ、衆議院は「国体明徴《こくたいめいちょう》」を満場一致《まんじょういっち》で可決して、議会中心主義を説いた機関説を自らの手で投げ捨ててしまった。一九三五年、時代は再び大きく転換しようとしていた。

参考図書　松尾尊兊『大正デモクラシーの群像』（岩波同時代ライブラリー）

5　海軍軍縮と宇垣軍縮

帝国国防方針

日露戦争後の一九〇七年、元帥山県有朋《げんすいやまがたありとも》が策定《さくてい》し上奏裁可《じょうそうさいか》のうえ、西園寺《さいおんじ》内閣に示した「帝国国防方針」は、それまでのいわば〝専守防衛《せんしゅぼうえい》〟から〝攻勢作戦〟に転換し、大幅な軍備拡張を意図《いと》したものであった。すなわち、陸軍にあってはロシアとの再戦に備えて平時兵力《へいじへいりょく》二五個師団《しだん》を戦時五〇個師団に倍増し、海軍においては満州利権に関して対立し始めていたアメリカを仮想敵国《かそうてきこく》とみなし、新鋭の戦艦八隻《せき》と巡洋戦艦《じゅんようせんかん》八隻からなるいわゆる八八《はちはち》艦隊を基幹《きかん》に対抗しようとするものであった。諸列強の利害が複雑にからみあった帝国主義の時代。一つの戦争の終結は世界の勢力地図を大きく塗《ぬ》り変え、新たな仮想敵国を探してより大きな次の戦争の準備に入る。科学研究の成果が戦争に最大限に応用され始めた二〇世紀初頭、どの列強も際限《さいげん》の無い軍拡競争に駆《か》り立てられ、いよいよ総力戦の時代に入っていくのである。

列強の建艦競争とワシントン会議

一九〇六年、イギリスの戦艦ドレッドノート（一万八千二百トン、一二インチ主砲十門、速力二一ノット）が完成した。それまでの常識を超えた戦闘能力を持った巨大な戦艦の出現は世界を驚かせた。それまでの軍艦はもちろん、新造艦《しんぞう》も含めてすべて時代遅れとなり、諸列強、ことに英・独・米・日は弩級艦《どきゅうかん》（ドレッドノート級戦艦）や超弩級艦建造をめざして激しい軍拡競争に突入した。日露戦争当時のわが国の主力艦はどれも外国製であったが八八《はちはち》艦隊計画ではすべて国産化をめざし、横須賀と呉《くれ》の海軍工廠《こうしょう》だけでなく民間の三菱長崎造船所や川崎神戸造船所も新たに主力艦建造に加わり、日本資本主義の軍事化も一気に進んだ。一三年起工《きこう》の戦艦扶桑《ふそう》は二万九千トンをこえ、日本の建艦《けんかん》技術・設備は世界第一級の水準に達した。第一次世界大戦後の建艦競争は英独から日米間に中心が移り、しかも主力艦は四万トンをはるかに超える規模となった。二〇年には原内閣の「国防の充実」方針により八八艦隊案が議会を通過したが、この年の軍事費は歳出の四八％にも膨《ふく》れ上がった。

その一方で、平和・国際協調を求める世界の世論も大きくなり、軍拡による財政逼迫《ひっぱく》に苦しむ各国政府の実情もあって、一九二一年アメリカ大統領ハーディングの提唱で海軍軍備制限と太平洋・極東《きょくとう》問題を討議するワシントン会議が開かれた。海軍軍縮について、対米協調路線をとる原内閣は、日露戦争以来艦隊決戦至上主義《しじょうしゅぎ》をとって主力艦対米七割を主張する海軍を抑《おさ》えて対米六割・太平洋現状維持で調印している。この結果わが国は六四《ろくよん》艦隊規模となり、旧艦や建造中の主力艦一四隻廃棄《せきはいき》、計画中止八隻など大幅に縮小し、軍事費も二六年には歳出の二七％へと低下している。GNP（国民総生産）比が一〇倍のアメリカと軍拡競争することがそもそも無理なことであり、わが国自身もこの条約によって救われたのである。また主力艦建造の一〇年間中止も決められたが、以後各国は補助艦の建艦競争に入り、これは三〇年のロンドン会議で再び軍縮を協議することになる。

宇垣軍縮

一九二〇年代はわが国でも軍国主義が一時後退した時期である。中枢部《ちゅうすうぶ》まで波及《はきゅう》した海軍高官汚職《おしょく》のシーメンス事件、内外から批判を浴びたシベリア出兵、戦後不況《ふきょう》のなかでの軍拡競争は、犠牲や負担に苦しむ国民の強い反発を受けた。わが国でも、尾崎行雄《おざきゆきお》・吉野作造《よしのさくぞう》・石橋湛山《いしばしたんざん》・水野広徳《みずのひろのり》らの軍備縮小同志会が軍国主義反対を呼びかけて広範な支持を得ている。また、二一年には衆議院で陸軍軍縮建議案が可決されるなど、軍部に対する世間の風当たりが強まり、将校《しょうこう》も肩身が狭くなって外出時は軍服を背広《せびろ》に着がえたという逸話《いつわ》も生まれた。

第一次世界大戦では、飛行機・戦車・毒ガスなどの新兵器が登場して大量殺戮《さつりく》の限りない消耗戦《しょうもうせん》＝総力戦が展開されたが、その間にわが国陸軍の装備や軍事工業生産力は大きく立ち遅れた。戦後軍縮の世論が高まる中で陸軍内部からも改革を求める声が強くなり、軍縮を進めつつ装備の近代化を図ることになった。総力戦に備えて積極的に取り組んだのが、護憲三派内閣の宇垣一成《うがきかずしげ》陸相である（宇垣軍縮）。四個師団（三万四千人）を廃止し、浮いた経費を飛行機・戦車隊などの新設や歩兵の火力増強などにあて、近代装備は大きく前進した。その一方で、青年に対する軍事教練の制度を設けた。軍縮で定員外になった現役将校《げんえきしょうこう》を中等学校以上に配属し、正課《せいか》の授業として訓練を行い、合格者は予備将校になれるというものであり、一九二五年四月から実施された。これには、戦時に備えて大量の幹部要員を養成するねらいもあったが、むしろ、挙国一致《きょこくいっち》をめざした国民統合政策であって、日常的に国家主義・軍国主義教育を全国的な規模で、しかも軍部が直接実施しようとするものであった。中学校へ進学しない者については、全国一万四千カ所に青年訓練所を設置して軍隊入営準備教育を行った。敗戦まで続いたこれらの制度が国家総動員体制の極《きわ》めて重要な支柱となったことは無視できない。

満州事変以後、日本は国際連盟さらには軍縮会議をも脱退《だったい》し、一九三六年にワシントン・ロンドン両軍縮条約は期限満了とともに失効となった。無条約時代に入って日本はさらに孤立を深め、再び軍拡・建艦競争が始まった。

軍事教練（岐阜県立大垣商業高等学校『大商七十年史』より）

参考図書　山田朗『軍備拡張の近代史』（吉川弘文館）、木村久邇典『帝国軍人の反戦―水野広徳と桜井忠温』（朝日文庫）

6 治安維持法と特高

「渡《わたり》は、だが、今度のにはこたへた。それは畳屋の使ふ太い針を身体に刺す。一刺しされる度に、彼は強烈な電気に触れたやうに、自分の身体が句読点位にギュンと瞬間縮まる、と思った。彼は吊《つ》るされてゐる身体をくねらし、くねらし、口をギュッとくひしばり、大声で叫んだ。「殺せ、殺せーえ、殺せーえ!!」（小林多喜二《たきじ》『一九二八年三月一五日』）。労働組合の活動家渡が警察署で自白を拒否して拷問《ごうもん》を受ける場面である。プロレタリア作家小林多喜二はこの作品で拷問の実態を活写して権力を告発し、弾圧にも屈しない新しい人間像に共感を示したが、一九三三年、彼自身も共産党員として秘密活動中に逮捕《たいほ》され、東京築地《つきじ》署で言語《ごんご》に絶した拷問によって、その日のうちに虐殺《ぎゃくさつ》されてしまった。

多喜二虐殺

治安維持法と特高

第一次世界大戦は民衆運動の大きなうねりを日本にもたらした。抑圧《よくあつ》・差別からの解放や政治への積極的参加を求めて、それまでの少数先駆者《せんくしゃ》の運動から大衆の組織的運動へと大きな広がりを見せた。ことにロシア革命と結びついた共産主義運動は非合法《ひごうほう》の秘密組織というかたちをとったため、治安当局は従来の取締り方法では限界があると危機感を抱いた。一九二二年に提案《ていあん》された「過激社会運動取締法案」は議会内外の反対によって廃案《はいあん》になった。二五年、民衆の世論を背景にして成立した護憲《ごけん》三派内閣は、普選《ふせん》要求をこれ以上拒否できないと判断して普通選挙法を実現させるとともに、無産《むさん》階級の進出やソ連との国交に備えて治安維持法《ちあんいじほう》を新たに制定した。治安維持法は「国体《こくたい》の変革」及び「私有財産制度の否認」をめざす革命運動の組織・思想の取締りを主目的としたが、その最初の本格的な適用が田中義一《ぎいち》内閣による二八年の三・一五事件であった。普選による最初の衆議院総選挙に際して、密《ひそ》かに再建されていた日本共産党が大衆の前にその存在を公然とアピールしたため、内偵《ないてい》を進めていた治安当局が徳田球一《とくだきゅういち》・志賀義雄《しがよしお》ら党幹部や関係者あわせて一、五六八名を一斉検挙《いっせいけんきょ》したのである。この時捜査《そうさ》・逮捕《たいほ》の中心になったのが特高《とっこう》（特別高等警察）である。特高は大逆《たいぎゃく》事件後、社会主義者の取締りのため警視庁に設けられた内務省直轄《ちょっかつ》の組織で、要注意人物の監視や出版物の検閲《けんえつ》などにあたっていたが、この事件後、全ての道府県に拡大設置されて社会運動全般を厳しく取り締まった。スパイを組織に潜入《せんにゅう》させて内情を探り、残虐な拷問《ごうもん》で自白《じはく》を強《し》いて容疑者を死に至らしめることもたびたびあって恐れられた。田中内閣は事件を機に治安維持法の改正を試み、最高刑懲役《ちょうえき》一〇年を「死刑又は無期」に強化し、共産党周辺の支持者・協力者をも懲役《ちょうえき》刑にできる内容で提案したが審議にいたらず廃案となった。しかし政府は緊急勅令《きんきゅうちょくれい》での成立を企《くわだ》て、枢密院《すうみついん》内部の強い異論すら抑《おさ》えて強行可決し公布施行された。日本共産党員の大多数は相次ぐ検挙によって獄中《ごくちゅう》に囚《とら》われ、三三年の佐野学《さのまなぶ》・鍋山貞親《なべやまさだちか》の転向《てんこう》声明による組織の動揺《どうよう》、スパイの挑発《ちょうはつ》による銀行ギャング事件などを引き起こし、大衆から隔絶《かくぜつ》された中で内部崩壊し、三五年には壊滅《かいめつ》状態となった。治安維持法で死刑になった者はいないが、警察で虐殺された者は岩田義道《いわたよしみち》、野呂栄太郎《のろえいたろう》ら六五名、虐待がもとで獄死《ごくし》した者は市川正《いちかわしょう》一《いち》、哲学者の三木清《みききよし》ら一一四名を数えている。事実上の死刑執行《しっこう》とも言えよう。

変容と拡大

共産党の活動が終息《しゅうそく》すると当初の結社取締りから思想取締りに重点が移り、三六年には「思想犯保護観察法」を制定して、不起訴《ふきそ》・執行猶予《しっこうゆうよ》で釈放された者や刑期を終えて出獄した者などが再び犯罪を犯《おか》さないように常に警察の監視のもとに置いて運動からの離脱や共産主義思想の放棄《ほうき》（転向《てんこう》）を促《うなが》す体制がとられた。さらに、人民戦線事件や横浜事件などのように党とは無縁の社会主義者や団体が党再建グループだとして摘発《てきはつ》されたり、自由主義は共産主義の温床《おんしょう》だとして多くの文化団体や個人が検挙され、皇室尊崇《こうしつそんすう》の国家神道《しんとう》を否定するものとして大本教《おおもときょう》、創価教育学会《そうかきょういくがっかい》などの宗教団体が徹底した弾圧を受けるなど、「国体《こくたい》」に反するという治安当局の恣意《しい》的な法の解釈で多くの犠牲者が出た。また、非転向の幹部党員の刑期満了による出獄が予定された四一年には治安維持法を全面改正し、再犯のおそれがあると当局が判断すれば誰でも刑務所に引き続き予防拘禁《こうきん》できるように改めた。世界にも例を見ない制度である。敗戦によっても政府は治安維持法を廃止する意志はなく、むしろ予想される戦後の混乱から国体＝天皇制を護持《ごじ》するため一層の強化を厳命《げんめい》している。四五年一〇月、GHQの治安維持法廃止指令により全国で約三、〇〇〇名の政治犯が解放された。同時に特高も解散となった。

治安維持法の二〇年

治安維持法によって検挙された者六万七千余名、起訴《きそ》された者六千余名。初めての本格的な政党内閣として、それまででは最も民意を反映して成立したはずの護憲三派内閣の手によって、この悪名高い治安維持法が生み出されたことの意味は、深く重い。わが国は民主主義・反戦平和勢力を異端《いたん》者《しゃ》として排除した結果、自らの政策の行き過ぎや間違いを事前にチェックする制度的保障を失ってしまった。悲惨《ひさん》な戦争への道を歩んで行く、後戻《あともど》りできない重大な通過点の一つが一九二五年の治安維持法成立であった。

治安維持法違反として検挙連行される社会主義者達（朝日新聞社提供）

参考図書　松尾洋『治安維持法と特高警察』（ニュートンプレス）、江口圭一・木坂順一郎『治安維持法と戦争の時代』（岩波ブックレット）

7 関東大震災

地球の表面はいくつかのブロックにわかれ、このブロックはプレート（かたい板）のように変形することなく、たがいに運動を続けている。日本列島は太平洋プレートとフィリピン海プレートが沈みこむ、プレートの境界面にあたっており、過去百年間に日本とその周辺ではマグニチュード七以上の地震は一年に二回ぐらい起こっている。

震災の被害と救援活動

一九二三（大正一二）年九月一日、相模湾《さがみわん》北西部を震源地とするマグニチュード七・九の大地震（関東大震災《だいしんさい》）が発生した。震源に近い神奈川県南部は壊滅《かいめつ》状態で、家屋《かおく》の倒壊《とうかい》や津波《つなみ》による被害に加えて、市街地《しがいち》では火災による焼死《しょうし》者も多かった。死者・行方《ゆくえ》不明者は一四万人をこえるが、震源から数一〇キロはなれた東京では下町《したまち》を中心に大火災が発生し、本所《ほんじょ》（現、墨田区）の陸軍被服廠《ひふくしょう》跡地に避難《ひなん》していた約四万人をはじめ多数の焼死者が出た。

東京では被災者に対して警察・陸軍・行政による炊《た》き出しや食料品の配給が行われたが、被災者収容施設が不足し、上野公園や皇居前広場にはバラックやテントが多数出現した。迷子《まいご》収容所が作られ、テントで青空《あおぞら》教室が開かれた。行政だけでは震災後の救援、救護対策に対応できず、各所で民間人による救護活動が展開された。賀川豊彦《かがわとよひこ》は二日には神戸《こうべ》から船で救援にかけつけ、京都の看護《かんご》学校生徒も被災《ひさい》地で医療活動にあたった。今でいう震災ボランティアであるが、中でも東京帝国大学の学生百数十名からなる学生救護団の活躍《かつやく》は注目される。学生は大学構内の数千の避難民を対象に給食作業を行ったが、ユニークなのは学生が物資の調達にのみ専念し、避難民をグループにわけて、自主的な運営を行わせ、自分たちで配給や炊き出しを行わせたことである。避難民の不安や無気力の空気は活気あるものに変わっていった。被災者自ら能動的に自主的に活動することが、何より大事なことは一九九五年一月一七日の阪神・淡路大震災でも同じであった。さらに学生は避難者名簿《めいぼ》の作成と新聞への情報提供《ていきょう》を行い（ラジオ放送開始は一九二五年）、東京市に「罹災《りさい》者情報局」の設置を申し入れて、設置後は被災地や被災者に関する情報収集にあたった。学生は行政やマスコミの果たすべき役割を積極的にリードした。

朝鮮人虐殺

被災地では津波《つなみ》発生や富士山爆発、朝鮮人や社会主義者による放火、朝鮮人が暴動という流言《りゅうげん》（デマ）が流れたが、一日の段階では流言の発生は散発《さんぱつ》的であった。ところが、朝鮮人についての流言は一日夜半《やはん》から二日にかけて東京から横浜全域に拡大し、さらに関東各県から全国に伝わっていく。警察や軍隊による組織的、意図《いと》的な宣伝が行われ、内務省《ないむしょう》が三日午前六時に各地方長官宛《あて》に朝鮮人暴動を電報で伝え、さらにそれらの情報を新聞がそのまま発表したことによる作られた流言であった。

「朝鮮人暴動」を理由として戒厳令《かいげんれい》が二日東京市と周辺の郡部地域（ほぼ現在の東京二三区）に施行《しこう》され、三日には東京府・神奈川県全域に拡大された。すでに東京地域に展開していた軍隊の一部は戒厳令施行前から朝鮮人虐殺《ぎゃくさつ》を行い、施行を機にエスカレートさせたが、二日夜から三日にかけてが最も激しい。兵士の交戦状況を目撃した民衆は朝鮮人を敵と確信し、流言は新たな流言を生み出した。警察や戒厳司令部から朝鮮人来襲《らいしゅう》に際しては警戒を怠《おこた》らないようにという指示が、住民に対して回覧板《かいらんばん》やポスターで伝達された。さらに戒厳司令部は住民を組織して

日本画家萱原白洞が描いた関東大震災の様子
チョゴリを着た人たちがうしろ手に縛られて連行されている。軍服姿は在郷軍人。（多田敏捷氏提供）

自警団《じけいだん》を作らせるが、その中核となったのが軍隊と密接に結ばれている帝国在郷《ざいごう》軍人会であった。銃や実弾《じつだん》が貸与《たいよ》され、朝鮮人殺害が指示された。自警団は通行人の検問を行い、人相《にんそう》や風体《ふうてい》、あるいは朝鮮人は濁音《だくおん》が不得手《ふえて》なところから「十五円五十銭」といわせたり、教育勅語《ちょくご》を暗唱させたりして、少しでも疑わしい者にはリンチを加えた（「朝鮮人狩り」）。こうして当時日本にいた朝鮮人の一割以上にあたる約六千名が虐殺《ぎゃくさつ》された。

朝鮮人虐殺の背景

日本の植民地政策によって土地を奪われ、日本に渡ってきた朝鮮人は強い民族差別のもとにおかれていた。第一次世界大戦後の不況《ふきょう》のなか、低賃金《ていちんぎん》で雇用《こよう》される朝鮮人は雇用主《ぬし》に歓迎されたので、不満やうらみを持つ日本人労働者もいた。こうした民衆の意識も流言や虐殺の要因となった。

朝鮮人虐殺は、流言から実行にいたるまで、軍部や警察、在郷軍人会の積極的な役割があった。軍部や警察は三《さん》・一《いち》独立運動を契機《けいき》として朝鮮人への敵視や警戒を強め、社会主義や労働運動の台頭も警戒していた。朝鮮人虐殺が激しかった東京・江東《こうとう》地区では、軍隊や警察によって社会主義者（労働運動指導者）一〇名や約二〇〇名の中国人労働者とその指導者王希天《おうきてん》も殺害された。また無政府主義者の大杉《おおすぎ》栄《さかえ》とその妻伊藤野枝《のえ》も甘粕正彦《あまかすまさひこ》憲兵大尉《たいい》によって殺された（甘粕《あまかす》事件）。政府は虐殺事件の報道を禁じるなどの隠蔽《いんぺい》をはかったので、真相は明らかにされず、責任追及もうやむやにされた。また朝鮮人・中国人虐殺事件は蔑視《べっし》感もあって、世論の批判も弱かった。甘粕事件では、在郷軍人会によって減刑運動が進められた。

参考図書　姜徳相『関東大震災』（中公新書）、吉村昭『関東大震災』（文春文庫）、大日方純夫『警察の社会史』（岩波新書）

8 水平社と部落解放運動

解放令と被差別部落

一八七一（明治四）年の「解放令」によって、法的・制度的に平民《へいみん》となっても、被差別部落（以下部落と記《しる》す）の人々に対する経済的な政策や保障などはほとんどなく、差別は依然として残った。新たな資本の進出によって皮革《ひかく》業などの部落の伝統産業は崩壊《ほうかい》し、農民は耕地が乏《とぼ》しく、部落の人々は、条件の悪い小作地を高い小作料を払っても耕作せざるをえず、都市では低賃金の単純肉体労働に従事することが多かった。

部落改善運動と融和運動

一八九〇年代、差別解消のためには部落自体の改善が必要と、部落有力者が生活全般の具体的改善に取り組んだ（部落改善運動）。日露戦争後は政府も内務省《ないむしょう》が中心となって地方改良運動の一環として部落改善事業を進め、府県では地方官吏《かんり》、特に警察官が中心となり、部落有力者・寺院の住職・青年団役員が参加した。

米騒動に多数の部落民が参加したことに衝撃《しょうげき》を受けた政府は、差別の原因や責任は部落にあるとするこれまでの考え方ではすまなくなり、融和《ゆうわ》運動・事業を進めた。翌一九一九（大正八）年、政府が肩入れした全国的融和組織である帝国公道会《こうどうかい》主催の同情融和大会が開かれ、部落外の民衆に天皇の「聖旨《せいし》」である「解放令」を伝えて部落への同情と部落差別に対する反省を説き、天皇の臣民《しんみん》として同胞《どうほう》融和をはかろうとした。政府も部落改善のための予算（地方改善費）を計上した。各地で融和団体が結成され、部落の人々は差別の撤廃《てっぱい》を求めて部落改善に取り組んだが、差別はなくならなかった。融和運動の本質は上からの恩恵《おんけい》的改善と下からの同情的救済によって、部落の人々の不平不満をやわらげようというも

全国水平社の創立者たち（部落問題研究所提供）
後列：右から西光万吉，駒井喜作，米田富，前列：右から桜田規矩三，阪本清一郎，南梅吉，平野小剣である。

のであった。

水平社の創立

真の差別からの解放をめざした動きが、各地で高まった。低利《ていり》金融《きんゆう》、消費組合活動、団体旅行などの活動や社会問題の研究から部落解放のみちすじを追求した奈良県の阪本清一郎《さかもとせいいちろう》・西光万吉《さいこうまんきち》らの燕会《つばめかい》の人々は全国水平社《すいへいしゃ》創立をよびかけた。

一九二二年三月三日、京都市の岡崎公会堂に全国各地の部落の人々三千人が集まり「全国水平社創立大会」が開かれた。「人の世に熱あれ、人間《にんげん》に光あれ」と結んだ「宣言」が朗読されると、会場は「天地も震動せんばかりの大拍手と歓呼《かんこ》」となった。「水平社宣言」は、人間の尊厳《そんげん》と自由・平等の理念をうたい、日本の「人権宣言」とも位置づけられるものである。部落の解放は部落の人々自身によって成し遂《と》げられなければならないとする立場から、部落改善運動や融和運動からの訣別《けつべつ》を宣言したものであった。

初期の水平社運動

水平社の運動は全国に広がり、一九二三年末には全国三府二〇県に二四〇の水平社がうまれた。運動は差別的な言動や行動に対する差別糾弾《きゅうだん》闘争を中心に展開した。糾弾は差別した者に対して部落の人々が行う大衆的な抗議行動であった。水平社誕生から二カ月後、奈良県の小学校で児童の掃除《そうじ》当番に対する差別発言をきっかけとして起きた最初の糾弾闘争については、住井《すみい》すゑの小説『橋のない川』第五部に詳しい。差別糾弾闘争は相手に人間観の変化を迫る重要な意味を持っていたが、時には部落外の人々の反発を呼び起こす結果ともなった。

初期の水平社運動には、さまざまな思想を持ったさまざまな階層の人々がいた。ロシア革命の影響を受けて、農民組合や労働組合との連携《れんけい》に力をおくべきとする共産主義派の影響力が強まり、本部の主導権を握るようになると、保守派や無政府主義派が反発して、組織は分裂状態になった。

国家権力との対決

国家権力との闘い、なかでも反軍闘争は激しかった。軍隊では部落出身者や沖縄出身者に対する差別は露骨《ろこつ》で厳《きび》しかった。一九二六年、福岡連隊での部落出身兵士に対する差別事件に対して、水平社は軍当局に謝罪や融和講演会の開催《かいさい》を要求した。危機感を感じた軍当局は警察と共謀《きょうぼう》して、全国水平社議長の松本治一郎《まつもとじいちろう》らを軍施設《しせつ》爆破陰謀《いんぼう》容疑で検挙し、事実無根であったにもかかわらず、裁判の結果、有罪となった。

政府は水平社運動に対抗して、中央融和事業協会を組織し、融和運動・事業をおし進めた。一九二八年の三・一五事件では水平社も西光らの中心的な活動家の多くが検挙・投獄《とうごく》された。昭和恐慌は部落の人々の生活に特に大きな打撃を与え、また思想・言論の取締りが強化されたので、部落の人々の中には水平社を過激団体と見て、政府の融和運動を支持する人々もいた。一方、社会主義革命によって部落解放は実現するという考えから、水平社を解消して農民は農民組合へ、労働者は労働組合へ組織しようとする動きもあり、水平社運動は一層《いっそう》困難になった。

一九三三年、結婚を約束した女性と同棲《どうせい》していた男性が、部落出身であることを隠していたことが「詐欺《さぎ》・誘拐《ゆうかい》罪」にあたるとして高松地裁で有罪判決を受けた。これに対して水平社本部は差別判決取り消しを要求する糾弾《きゅうだん》闘争を組織して、全国の部落に呼びかけた。福岡を出発した請願《せいがん》隊は汽車で途中下車しては部落に入り、「差別判決を取消せ。然《しか》らずんば解放令を取消せ」と訴えながら、東京の司法《しほう》省《しょう》へ向かった。融和運動を支持する人々も糾弾闘争にたちあがり、部落の人々の支持をえて、闘争は全国的な広がりを見せた。事態を収拾《しゅうしゅう》するため、男性は釈放され、差別に関わった検事・裁判所長・警察署長は人事異動で処分された。

戦時体制と水平社運動

高松裁判闘争の後、水平社解消論の誤りが確認され、水平社運動は部落改善要求と身分闘争を重視するようになり、反軍闘争は広範《こうはん》に展開した。松本治一郎は一九三六年、衆議院議員に当選し、戦争遂行《すいこう》によって民衆の権利が抑圧《よくあつ》されていくなか、部落の人々の生活を守るために地方改善費の増額を要求し、華族《かぞく》制度の廃止を訴えた。しかし、三七年、日中戦争の開始とともに全国水平社は国策《こくさく》に沿《そ》う声明を発表し、水平社運動を闘ってきた人々の中からも国家社会主義への転向《てんこう》が進んだ。戦時体制の強化で活動が困難になり、四〇年の全国水平社大会で戦争協力を表明、これが最後の大会となった。太平洋戦争が勃発《ぼっぱつ》し、労働組合が解散していくなかで全国水平社は最後まで解散声明をださず、四二年法的に自然消滅した。

戦後の部落解放運動

敗戦後の一九四六(昭和二一)年、部落解放全国委員会が結成されて、解放運動は再び出発した。実態的差別は行政の停滞《ていたい》にあるとして、自治体などに対する差別行政糾弾闘争(行政闘争)を展開し、五五年に部落解放同盟と改称した。その後、国の同和《どうわ》対策審議会設置や同和事業対策特別措置《そち》法制定を促進《そくしん》したが、特別措置法の評価をめぐって分裂が生じ、反主流派は部落解放同盟正常化連絡会議を結成(後に全国部落解放運動連合会に改組)した。

参考図書　原田伴彦『入門部落の歴史』(解放出版社)、馬原鉄男『新版　水平運動の歴史』(部落問題研究所)、松尾尊兊『大正デモクラシー』(岩波同時代ライブラリー)、住井すゑ『橋のない川』(新潮文庫)

9　大衆文化の開花 ―新聞と大衆―

民衆の時代

第一次世界大戦前後から昭和の初めにかけての時期は、「民衆の時代」あるいは「大衆の登場」などと表現される。事実、大正政変や米騒動などは民衆の動向が決定的要素となっているし、労働・農民運動や普選《ふせん》運動を始めとしてさまざまな民衆の組織的運動が大きな盛り上がりを見せている。ここでは、右のような政治・社会の出来事が起きる背景として、人々の日常生活の場でどのような事柄が進行していたのか、当時の新聞と大衆との関係を軸にその一面を考えてみたい。

報道メディアとしての新聞

テレビはおろかラジオも無かった頃、人々が最新のニュース・情報を得る唯一《ゆいいつ》の手段は新聞であった。明治期には、政治を論じて時には政府を激しく批判する硬派《こうは》の新聞と、社会記事や読み物を中心とした大衆向け新聞があったが、日清《にっしん》・日露《にちろ》戦争や第一次世界大戦と大規模な戦争が相次《あいつ》ぐなかで、ニュース報道メディアとしての新聞の重要な役割が国民の中にもイメージとして定着していった。例えば、日露戦争の前後を比較してみると、『報知《ほうち》新聞』（一八七二年創刊《そうかん》）、『大阪朝日新聞』（七九年）、『東京朝日新聞』・『大阪毎日新聞』（いずれも八八年）などの主要新聞は一九〇三年の発行部数七、八万部ないし一〇万部であったのが〇七年にはそれぞれ三〇万部前後へと三倍以上に急増している。各社とも従軍《じゅうぐん》記者を戦地に派遣《はけん》して取材を競《きそ》い、購読者の獲得競争にしのぎを削《けず》っている。「新聞は戦争で育った」と言われる由縁《ゆえん》である。

新聞・雑誌と大衆社会

第一次世界大戦は日本にかつてない好景気をもたらしたが、工業化の全国的な発展は農村から都市へ人々の大規模な移動を引き起こし、労働者やサラリーマンなどからなる都市人口が東京・大阪など六大都市をはじめ地方の主要都市にも急激に増加している。交通手段の発達にともなって、全国的に人の移動や物資の輸送が活発になり、都市を中心とした通信情報網《もう》も次第《しだい》に整備されていった。一九一五年に六〇〇種あった新聞は一八年に七九八種、二二年には九〇八種に、また雑誌は一五年に一、〇四〇種が二二年には二倍以上の二、二三六種へと増加している。これらの新聞雑誌などの情報の積極的受け手となったのが、中・高等教育を身につけた、サラリーマンを中心とした「新中間層」とよばれる市民階級やその家族であり、彼らこそが大正デモクラシーの高揚《こうよう》を支《ささ》えた人々であった。流入するアメリカやヨーロッパの生活文化の影響を受けて、洋服がふだん着に加わり、コロッケやライスカレーなどの洋食を食べ、夢は一戸建ての素敵《すてき》なマイホーム。扇風機《せんぷうき》やアイロン、カメラ、蓄音器《ちくおんき》などのちょっと高価な耐久《たいきゅう》消費財も購入《こうにゅう》し、日曜日には家族連れで活動写真《かつどうしゃしん》（映画）を見て、デパートで買い物をし、時には遊園地や郊外の行楽地《こうらくち》へと、余暇《よか》を楽しむ。東京・大阪などの大都市と地方都市との程度の差はあれ、ほぼ日本全国同じような生活パターンが浸透《しんとう》し、等質的な社会が形成されつつあった。さらに言えば、現在の私たちの生活と基本的に通じる、大衆社会・大衆消費社会が二〇年代前後には出来上がったとみてもよいだろう。新聞・雑誌などのジャーナリズムがこの大衆社会の成立に果《は》たした役割は極《きわ》めて大きい。報道記事とともに、掲載《けいさい》される企業の商品広告は新しい生活文化を中央から地方へ押し広げて人々の購買《こうばい》意欲を高め、日本の資本主義発展の強力な支えとなったのである。

新聞・世論・政府

新聞は、事件を報道するのみならず、政治的世論《よろん》を喚起《かんき》しリードする積極的な役割を持っていた。このことは大正政変に際して新聞各社が藩閥《はんばつ》政府攻撃の急先鋒《きゅうせんぽう》であった事実をみてもわかる。新聞は政府当局によって幾度《いくど》となく発売禁止などの処分を受けてきた。逆に、世論に反する論調の政府系新聞社は激昂《げきこう》した群衆に襲撃《しゅうげき》された。一八年、「白虹《はっこう》事件」が起こる。内乱の予兆《よちょう》を意味する「白虹」という表現で政府の米騒動の報道制限を批判した『大阪朝日』が新聞紙法違反で発行禁止処分を受けた。しかし『大阪朝日』は反論することなく、社長退陣・幹部記者退社となり、今後は「不偏不党公平穏健《ふへんふとうこうへいおんけん》」を信条とする旨《むね》の社告を掲載《けいさい》して謹慎《きんしん》の姿勢を示した。政府との対決を避け「商品」としての新聞の販路《はんろ》拡大を求める経営的立場を優先したのである。この事件以後、新聞各社ともに政府や体制批判の記事は次第《しだい》に論調を弱め、権力に迎合《げいごう》し世論におもねる体質を合わせ持つに至った。各社は他社の買収《ばいしゅう》（一一年『大阪毎日』が『東京日日』を合併《がっぺい》）やさまざまのキャンペーンを展開して購読者の獲得を競《きそ》った。一五年『大阪朝日』主催の第一回全国中等学校優勝野球大会（現在の夏の高校野球、春の選抜は『大阪毎日』主催で二四年から）、大正《たいしょう》天皇即位記念で夕刊発行開始、二二年週刊誌『旬刊《じゅんかん》（週刊）朝日』『サンデー毎日』創刊、二四年大阪の『朝日』『毎日』が一〇〇万部突破。関東大震災を機に東京各社は衰退したため、『朝日』『毎日』の二大紙および独自の編集方針で読者を獲得した『読売』をあわせた三大全国紙体制ができるのは、三〇年代初めのことである。

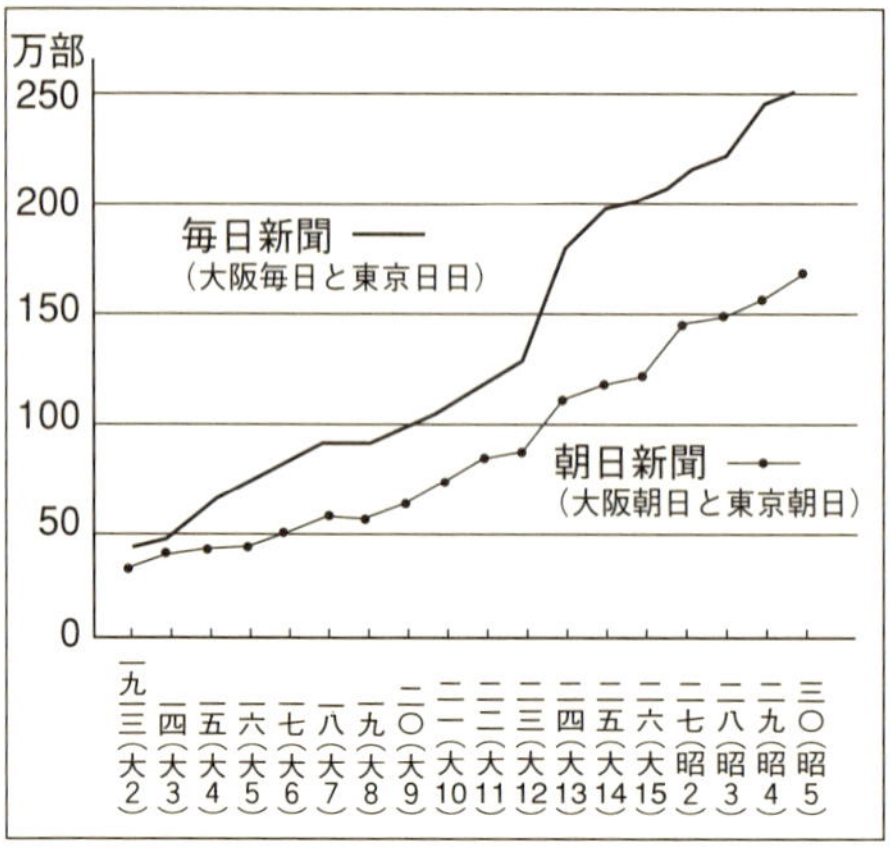

新聞発行部数の推移　『毎日新聞』と『朝日新聞』
（『毎日新聞百年史』『朝日新聞百年史』より作成）

参考図書　竹村民郎『大正文化』（講談社現代新書）、桂敬一『明治・大正のジャーナリズム』（岩波ブックレット）

10 私鉄沿線 ―小林一三と阪急電車―

便利さを重視して都会に住むか、緑に包まれた郊外に住むかは、現代においてもどこに住むかを決定する時の大きな要因をなしている。今から九〇年前の一九〇九（明治四二）年、次のような広告文を書いて、日本で初めての郊外《こうがい》のニュータウンへと誘った小《こ》林《ばやし》一三《いちぞう》という人物がいた。

ニュータウンの誕生

まず、「空暗き煙の都に住む不幸なる我が大阪市民諸君よ！」と冒頭《ぼうとう》で呼びかける。そして、「畑に果実熟《みの》り、其処《そこ》に培養《ばいよう》せらるる植木《うえき》、苗樹《なえぎ》に不断《ふだん》の花を見るべし、森あれば池あり、山あれば流《ながれ》あり」という立地条件にあう土地に住まうべきだと説く。そこで待っている「晨《あさ》に後庭《こうてい》の鶏鳴《けいめい》に目覚《めざ》め、夕《ゆうべ》に前《ぜん》栽《さい》の虫声を楽しみ、新しき手造りの野菜を賞味《しょうみ》」する田園的趣味ある生活は、きっと「日々《ひび》市内に出《い》で て終日の勤務に脳漿《のうしょう》を絞《しぼ》り、疲労した」身体を癒《いや》してくれるだろう。「往《い》け、北摂《ほくせつ》風光絶佳《ぜっか》の地、往きて而《しか》して卿等《けいら》が天与《てんよ》の寿《じゅ》と家庭の和楽《わらく》を全《まっと》うせん哉《や》」。

この時売り出された池田《いけだ》室町住宅は、大阪から電車で二三分、一区画一〇〇坪《つぼ》（三三〇平方メートル）、二階建ての分譲《ぶんじょう》住宅で一〇年ローンによる支払いも可能であった。

いもづる式大衆商法

一九一〇年、大阪と宝塚《たからづか》・箕面《みのお》間という人口の乏《とぼ》しい農村地帯を走る阪急《はんきゅう》電車（当時は箕面有馬《ありま》電気軌道）が開通した。乗客がいないならば、沿線《えんせん》に住宅地を造成し、大阪への通勤に利用してもらえばよい。乗車してもらう機会を増やすには、沿線でさまざまなイヴェントを企画《きかく》し、大衆の欲望を刺激すればよい。現代では常識となったこうした企業戦略を、大衆本位・娯《ご》楽《らく》本位・家庭本位という理念から愚《ぐ》直《ちょく》なまでに実践《じっせん》していったのが小林一三である。宝塚《たからづか》に温泉場を設け、箕面に動物園を開園したのを手始めに、毎年のように子供博覧会、婚礼博覧会などを開《かい》催《さい》し、沿線各地の春、秋の行楽《こうらく》へと人々を誘いかけた。

宝塚少女歌劇《かげき》も、一九一四年の婚礼博の際の余興《よきょう》として、一二歳前後の少女を集め特訓《とっくん》して舞台にのせたのが始まりである。演目《えんもく》は「ドンブラコ（桃太郎昔咄《むかしばなし》）」と「浮《うか》れ達磨《だるま》」。男装の麗人《れいじん》が少女達を魅《み》了《りょう》し、最新のヨーロッパの文化に触れることができる後の宝塚とは比較すべくもないが、歌劇にはオペラとルビがふられ、洋楽事始《ようがくことはじ》めの時代の一端《いったん》を担《にな》っていた。

宝塚少女歌劇第1回公演「ドンブラコ」（1914．4．1）〈宝塚歌劇団提供〉

アメリカのデパート経営のノウハウを導入した初のターミナルデパート阪急百貨店が、一九二四年開店した。食堂を最上階にもってきて、食後、商品展示を見ながら売場を下ってこさせることで購買欲《こうばいよく》を刺激するという食堂中心の百貨店経営、「どこよりもよい品をどこよりも安く」を実現するための独自のブランド商品の開発、産直《さんちょく》による野菜や肉の販売といったアイデアは当時斬新《ざんしん》だった。まもなく阪急百貨店は「情報と文化の空間」という性格も持ち始める。外観や内装を豪華にし、画廊《がろう》、古美術、貴金属、高級呉服《ごふく》部を増設して各種の展示会や即売会を開催することで、単にモノを売る場所ではない、見る楽しみを与える場所になっていった。

マスメディアと共に

明治期の新聞が、自らの政治的信条を表にうちだす政論紙であったのに対し、大正に入ると、「公平なニュース」を提供《ていきょう》し、売れる新聞をめざす商業紙が台頭《たいとう》してきた。小林一三は、いち早く報道新聞へと脱皮《だっぴ》しつつあった大阪の二大新聞、『大阪朝日新聞』と『大阪毎日新聞』と提携《ていけい》し、共催《きょうさい》というかたちでさまざまなイヴェントを企画することで乗客数を伸ばす方針をとる。宝塚線が開通した翌年の一九一一年六月には大阪毎日新聞が大阪から箕面までの鉄道と箕面動物園を借りきって無料で提供、一〇月には山林子供博覧会を共催するなど、早くも購読者サービスによる新聞の販売拡大策が阪急電車の乗客数拡大戦略ときれいに歩調をあわせている様子が見受けられる。夏の甲子園における全国高校野球大会も、一九一五年阪急沿線の豊中《とよなか》運動場で行われた大阪朝日新聞主催の全国中等学校優勝野球大会が第一回大会であった。

「清く、正しく、美しく」

鈴木三重吉《みえきち》が『赤い鳥』を発刊し、武井武雄、竹久夢二《たけひさゆめじ》らの童画《どうが》が挿絵《さしえ》として雑誌を飾ったこの時代は、子供が一人の個として「発見」された時代であった。また、女性たちはタイピストや交換手として職場に進出し、『主婦の友』などの雑誌が次々と刊行されて部数を拡大していった。そうした時代の流れを先取りした小林一三の私鉄経営は、現代の企業戦略に連続する側面を持ちつつも、資本主義勃興《ぼっこう》期のそれなりの健全さを持っていた。大衆本位、娯楽《ごらく》本位という言葉も、単に売らんがためのスローガンにとどまらず、それこそが民衆の生活文化の向上につながるという彼の強い信念に支《ささ》えられていた。

「清く、正しく、美しく」というよく知られた宝塚歌劇の標語が生まれたのは、一九三三（昭和八）年頃らしい。ここには、企業人としての活動を続ける一方で、民衆のための国民劇の創造《そうぞう》という課題に取り組んだ小林一三の生涯の理想が簡潔な姿で語られている。

参考図書　阪田寛夫『清く正しく美しく』（河出文庫）、津金沢聰廣『宝塚戦略』（講談社現代新書）

11　一九二〇年代の日本経済

大戦景気と戦後恐慌

日露戦争後の日本は、大幅な輸入超過に加え巨額の対外債務《さいむ》に苦しみ、まさに国家破産寸前《すんぜん》の苦境《くきょう》に陥《おちい》っていた。この危機を救ったのが、一九一四年に勃発《ぼっぱつ》した第一次世界大戦である。戦場《せんじょう》となったヨーロッパに代わって、日本のアジア向け輸出は急増し、日本経済は大きく成長して空前の大戦景気が訪れた。特に活況《かっきょう》を呈《てい》する造船業・海運業では、将棋《しょうぎ》の駒《こま》になぞらえて「成金《なりきん》」と呼ばれる成功者が出現した。こうして日本は輸出超過に転じ、債務国から債権《さいけん》国へと変身をとげたのである。しかしその一方で、物価が高騰《こうとう》し貧富《ひんぷ》の格差も拡大した。特に都市の工場労働者や日雇《ひやと》い労働者などの賃金上昇が、物価、なかでも米価の上昇に追いつかず、生活は一層困難になった。このことが一八年の米騒動《こめそうどう》の背景となる。

戦争がもたらした景気ではあったが、一九一八年に大戦が終結した後も、その直後の一時的な不況《ふきょう》を克服《こくふく》すると、大戦中にもまして景気が過熱した。しかし、二〇年三月、株価《かぶか》暴落をきっかけに深刻な戦後恐慌《きょうこう》が始まった。戦後恐慌は、いわば大きく膨《ふく》らんだバブルがはじけたようなものであった。それまで好景気に乗って放漫《ほうまん》経営を行ってきた企業と、それに結びついた二、三流銀行の経営は極めて悪化した。政府は経済の混乱を恐れ、産業界の整理よりも救済《きゅうさい》を優先して、日本銀行による救済融資《きゅうさいゆうし》を大々的に行わせた。こうして、不良《ふりょう》経営の企業・銀行は淘汰《とうた》されることなく生き延び、産業の合理化は進まず物価水準も国際的な物価水準に比《くら》べて高止《たかど》まり、企業の対外競争力は強化されなかったので、国際収支《しゅうし》は悪化の一途《いっと》をたどった。根本的な経済構造の改善を先延《さきの》ばしにしたことが、その後の長期の日本経済の低迷《ていめい》を招いたのである。

金解禁のタイミング

ところで、一九世紀からイギリスを先頭に欧米各国は金本位制《きんほんいせい》を採用していたが、日本も日清戦争の賠償金《ばいしょうきん》をもとに一八九七年に金本位制を確立した。しかし第一次世界大戦中、欧米各国が相次《あいつ》いで金本位制を停止したのに追随《ついずい》して日本も一九一七年に停止していた。

金本位制の基本は、国内での通貨（紙幣《しへい》）と金貨との交換（兌換《だかん》という）と金《きん》の輸出入を自由にすることである。各国が金本位制を採用すると、それぞれの通貨は、金の量に換算《かんさん》することによって簡単に互いに交換することができ、国際取引が容易になる。日本は、外資《がいし》や重工業製品の供給は欧米からの輸入に頼らねばならなかったので、大戦後欧米が再び金本位制に復帰すると、日本も早急に復帰し為替相《かわせそう》場《ば》を安定させることが望まれた。しかし、恐慌の傷跡《きずあと》がいえないままそのチャンスを逃し続けた。そのさなかに日本を襲《おそ》ったのが、一二三年九月の関東大震災である。

震災恐慌

震災直後に発足《ほっそく》した山本権兵衛《やまもとごんべえ》内閣の蔵相井上準之助《ぞうしょういのうえじゅんのすけ》は、被災地《ひさいち》の銀行・商工業者を救済するため、支払猶予令《しはらいゆうよれい》（モラトリアム）と震災手形割引《わりびき》損失補償《ほしょう》令を公布した。前者は被災地域の債務の支払いを三〇日間延期したもので（具体的には、商工業者の手形《てがた》の決済《けっさい》の延期）、これにより被災地の商工業者の資金繰《ぐ》りを助けようというものである。後者は、支払猶予によっても決済できそうにない手形《てがた》（これを震災手形と呼ぶ）をかかえる銀行を救済するもので、震災前に銀行が割引《わりび》いた（決済期日前に手形を銀行が買い取ること）手形を日本銀行に持ち込むと、再割引き（日銀が買い取る）して銀行の損失を救い、それによって日銀に損失が生じた場合には、一億円を限度として政府が補償するというものであった。この結果、四億三千万円の巨額にのぼる震災手形が再割引きされた。なぜこのように巨額にのぼったのかというと、実は震災手形の中には、震災とは直接関係のない、第一次世界大戦後経営不振に陥っていた鈴木商店・久原《くはら》商事・国際汽船などの不良企業の手形が含まれていたからである。結果的には、こうした企業の不良債権を国が肩代わりしてやる形となってしまい、しかも再割引きを依頼《いらい》した銀行の中には、経営不良の銀行が多数含まれていたため、決済がなかなか進まず、震災手形は産業・金融界の重荷《おもに》となり、やがてこの存在が金融恐慌の導火線《どうかせん》となるのである。

金融恐慌

一九二六年憲政会《けんせいかい》の若槻礼次郎《わかつきれいじろう》内閣が発足すると蔵相片岡直温《かたおかなおはる》は、歴代内閣の懸案《けんあん》となっていた金解禁《きんかいきん》（金《きん》輸出の解禁＝金《きん》本位制復帰）を企《くわだ》て、まずその準備として金融界の整理に乗り出し「財界の癌《がん》」といわれていた震災手形の処理に着手した。

一九二七年三月、議会で震災手形の処理を審議中に、片岡蔵相が経営危機に瀕《ひん》していた東京渡辺銀行を例にあげて答弁したことがその日の夕刊で報道された。大蔵大臣の口から具体的な経営不良の銀行名が出たことで、金融不安が一気に高まり国民をパニックにおとしいれた。金融恐慌の第一波の発端《ほったん》はこの蔵相の失言からとされている。パニックは中小銀行への「取《と》り付《つ》け騒ぎ」（預金者が自分の預金をおろすために銀行に殺到《さっとう》すること）に発展した。

金融恐慌の第二波は、鈴木商店とその不良債権を大量にかかえた台湾《たいわん》銀行の破綻《はたん》から始まった。神戸《こうべ》にあった鈴木商店は、積極的な経営で第一次世界大戦中に急速に発展して、一時は日本最大の貿易商社にまで成長し、多くの事業分野に進出していたが、大戦後次第《しだい》に経営を悪化させており、震災手形の最大の債務《さいむ》者（手形の振出人《ふりだしにん》）となっていた。しかも、鈴木商店の最大の取引銀行が台湾銀行で、台湾銀行は震災手形の未決済高も最高だった。これらの事実が明らかになったことをきっかけに再び恐慌が再燃したのだった。

政府は、植民地銀行である台湾銀行を救済するため、日銀が台湾銀行に貸し付けを行い、政府がその損失補償を行うという緊急勅令《ちょくれい》を公布しようとした。緊急勅令を公布する場合は、枢密院《すうみついん》の承認を経てから発せられることになっていたが、時の枢密院は若槻内閣の幣原喜重郎《しではらきじゅうろう》外相の外交政策（いわゆる幣原外交）に不満だったこともあり、これを否決し、若槻内閣は総辞職に追い込まれた。緊急勅令案の否決と内閣倒壊で、取り付け騒ぎが激しさを増し、華族《かぞく》の銀行といわれた十五銀行まで休業に追い込まれた。

若槻内閣の退陣《たいじん》をうけて、一九二七年四月立憲政友会《りっけんせいゆうかい》総裁の田中義一《たなかぎいち》に組閣《そかく》の大命《たいめい》が下った。大蔵大臣には、首相経験もあるベテラン財政金融家高橋是清《たかはしこれきよ》が起用された。老齢《ろうれい》の高橋の双肩《そうけん》に日本経済の命運《めいうん》がかかったのである。彼は、三週間の支払猶予令（モラトリアム）と日銀の非常貸し出しを行い、その迅速《じんそく》な措置《そち》もあって国民のパニックも収まり金融恐慌は終息《しゅうそく》したのだった。

金融恐慌は経済界に大きな影響をもたらした。それは、中小銀行の休業・破綻《はたん》が相次ぎ、大銀行への合同・合併《がっぺい》が進み預金が集中したことである。その結果、三井・三菱・住友・安田・第一のいわゆる五大銀行の金融市場支配が確立したのである。

参考図書　中村政則『昭和の恐慌』（小学館ライブラリー）、有沢広巳監修『昭和経済史』上（日経文庫）

鈴木商店（毎日新聞社提供）　台湾での取引を出発点に大番頭《おおばんとう》金子直吉の強気の経営で急成長を遂《と》げていった。

12 昭和恐慌

第一次世界大戦後の一九二〇年代の日本は何度も恐慌に見舞われた。その最後にして最悪のものが昭和恐慌《しょうわきょうこう》である。その深さ、広さのみならずファシズム運動や日中戦争の引《ひ》き金《がね》になるなど、その後の日本の運命を変えたという意味で重大事件であった。

井上蔵相の登場

張作霖《ちょうさくりん》爆殺事件処理の不手際《ふてぎわ》の責任をとって退陣した政友会の田中義一《たなかぎいち》内閣に代わって、一九二九年七月立憲民政党《りっけんみんせいとう》（前の憲政会）の浜口雄幸《はまぐちおさち》内閣が成立した。民政党は、かねてから金解禁《きんかいきん》（金本位《きんほんい》制復帰）を政策に掲《かか》げていたが、歴代内閣が果《は》たせずにきたこの重要課題を浜口首相は強い決意で成し遂《と》げようとしていた。党内に多くの財政通がいたにもかかわらず、蔵相にはあえて党外から井上準之助《いのうえじゅんのすけ》を招いたこと（入閣後に入党）もその表れとうけとめられた。

金解禁への期待は国内に幅広く存在した。財閥《ざいばつ》系の銀行は、金融恐慌《きんゆうきょうこう》以来の金融合理化の中で中小銀行を吸収合併し、預金を集中させていたが、不景気の国内には有利な投資先は見あたらなかった。そこで高金利の海外への投資と、金解禁の過程で行われる金融引締で国内の金利が上昇するのを望んでいた。また貿易業者は金本位制のもとで為替相場《かわせそうば》が安定することで貿易の振興《しんこう》を期待した。国民は井上の説く金本位制による経済の自動調節作用（一二七頁「井上準之助と高橋是清」参照）を信じ、金解禁が実施されればすぐに景気が回復すると漠然《ばくぜん》と信じた。野党《やとう》立憲政友会も、金解禁自体の必要性は認めていたから、金解禁そのものへの反対論は大きな声にはならなかった。

金解禁を行うには周到《しゅうとう》な準備が必要だった。というのは、当時日本の物価水準は国際的にみて割高《わりだか》でこのまま解禁すれば、大幅な正貨《せいか》（金《きん》や外国為替）流出が心配されたのである。井上は、緊縮財政によって内需を削減《さくげん》し、産業合理化を進めさせ物価の低下と輸入の削減を図《はか》った。またこれによって、第一次世界大戦以来膨《ふく》れ上がった日本経済を建て直し、国際競争力をつけさせようとしていた。しかし、そのため金解禁を実施する前から、日本経済には不況《ふきょう》の兆候《ちょうこう》が現れていた。

世界恐慌の衝撃

しかも一九三〇年一月の金《きん》解禁の前年一〇月には、ニューヨークの株式大暴落に始まる世界恐慌が起きていた。だが、当時多くの経済学者は、景気はすぐに持ち直すと考えており、長期にわたって世界経済に打撃を与える大恐慌になろうとは予測だにしなかった。それに井上は欧米の景気後退によって欧米の金利が低下すれば、日本からの正貨流出を防ぐことができむしろ好都合《こうつごう》と考えたのである。

しかし、金解禁は結局のところ「嵐《あらし》に向かって雨戸《あまど》を開《あ》け放《はな》つ」ようなものとなり、日本経済は、金解禁による不況と、世界恐慌のダブルパンチによって悲惨《ひさん》な状況に陥《おちい》った。たちまち、失業者が増大し「大学は出たけれど」という当時の映画の題名が流行語になったように、インテリのサラリーマンの失業も深刻な問題となった。賃金引き下げや解雇《かいこ》に反対する労働争議も頻発《ひんぱつ》した。なかでも一番打撃を受け、かつ恐慌が長引いたのは、既《すで》に二〇年代後半以来農産物価格が低迷《ていめい》し、不況に苦しんでいた農村だった（農業恐慌）。アメリカの生糸《きいと》相場の下落《げらく》が直《ただ》ちに日本の生糸輸出に大打撃を与え、それが他の農産物にも波及《はきゅう》していった。そのうえ、三〇年は米の豊作《ほうさく》で米価が暴落し、翌三一年は逆に凶作《きょうさく》となったことがそれに一層輪をかけた。特に米の単作地帯である東北地方や養蚕《ようさん》に依存《いぞん》する長野県は深刻で、小作《こさく》争議が激増し娘の身売《みう》りも増えた。

恐慌の深刻化にもかかわらず、政府は国民には耐乏《たいぼう》生活を呼びかけ、産業界に対しては一層の合理化をすすめるのみで金本位制を墨守《ぼくしゅ》しようとした。折から締結《ていけつ》されたロンドン海軍軍縮条約に対する反対運動とあいまって、右翼《うよく》・軍部《ぐんぶ》の浜口内閣への反発が高まった。農村出身の兵が郷里《きょうり》の窮状《きゅうじょう》に動揺するのを見た若手将校《しょうこう》達は彼らに同情し、このままでは軍隊の基盤が揺らいでしまうと素朴《そぼく》な正義感・危機感を抱《いだ》くようになり、国家改造を熱望し始めた。その結果、軍部・右翼によるテロ事件やクーデタ未遂《みすい》事件が起き、ついには三一年九月に満州事変が引き起こされるに至った。三〇年一一月に右翼青年によって浜口首相が狙撃《そげき》され、その傷が悪化して三一年四月若槻礼次郎《わかつきれいじろう》が内閣を引き継いだ（浜口は後に死去）。しかしその後一部閣僚が野党政友会と結んだことにより、閣内《かくない》不一致を生じ総辞職を余儀《よぎ》なくされ、井上財政も終わりを告《つ》げた。

金本位制離脱へ

一九三一年一二月、後継の犬養毅《いぬかいつよし》政友会内閣が成立すると、金融恐慌の収拾《しゅうしゅう》に水際《みずぎわ》立《だ》った手腕《しゅわん》を発揮《はっき》した高橋是清《たかはしこれきよ》が、また大蔵大臣に起用された。高橋は直《ただ》ちに金輸《きん》出と金兌換《きんだかん》を停止し、日本は金本位制から離脱《りだつ》した。

高橋蔵相は、井上とは対照的に、低金利・赤字公債《あかじこうさい》発行政策を行い、軍事費・時局匡救費《きょうきゅうひ》増額の二本立てで景気刺激策を実施した。この手法《しゅほう》は、後にイギリスの経済学者ケインズが理論化した「有効需要創出《そうしゅつ》政策」を先取《さきど》りしたものであった。また、金輸出再禁止が行われると日本の為替相場《かわせそうば》は大幅に下落した。物価や実質賃金も低下していたので、日本の商品は強い国際競争力を持つことになり、輸出が増加し景気は回復していった。こうして、一九三三年頃には、日本は農業分野を除いては、欧米諸国にさきがけて恐慌から脱していった。

参考図書　中村隆英『昭和恐慌と経済政策』（講談社学術文庫）、中村政則『昭和恐慌』（岩波ブックレット）、長幸男『昭和恐慌』（岩波新書・同時代ライブラリー）

13 井上準之助と高橋是清

一九二七年四月、金融恐慌の最中《さなか》に成立した立憲政友会の田中義一《たなかぎいち》内閣の大蔵大臣に就任《しゅうにん》した高橋是《これ》清《きよ》は、直《ただ》ちに三週間の支払猶予令《しはらいゆうよれい》（モラトリアム）を発し、日本銀行の特別融資《ゆうし》による金融機関の救済《きゅうさい》立法を成立させ、金融恐慌《きょうこう》を急速に鎮静《ちんせい》化させて六月には大臣を辞任し引退した。高橋は、その間五月に井上準之助《じゅんのすけ》を日本銀行総裁に任命した。異常なまでに信用失墜《しっつい》した金融界の具体的な整理・後始末《あとしまつ》を後輩の井上に託《たく》したのである。任務が一段落した一三カ月後に井上は総裁を辞任した。元《もと》日銀の上司と部下の関係にあり、共《とも》に日銀総裁・大蔵大臣を歴任《れきにん》したこの二人のその後の歩みは対照的である。戦前の日本において、井上は（松方正義と共に）デフレーション政策を代表し、高橋はインフレーション政策を代表する結果となり、共《とも》に凶弾《きょうだん》に倒れた。

井上財政

二九年七月に成立した民政党の浜口雄幸《はまぐちおさち》内閣は井上準之助を蔵相《ぞうしょう》に任命した。従来井上は金解禁《きんかいきん》慎重論者とみられていたが、井上は緊縮《きんしゅく》財政政策を徹底《てってい》させ、産業の合理化を推進し、弱体化した日本経済の国際競争力を回復させ、同時に金解禁（金《きん》の海外輸出の解禁）を行い、またこれをそれらの目標達成のために活用しようとした。その国の金《きん》準備の保有高によって国内の通貨発行総量が制限を受ける金本位制《きんほんいせい》の下《もと》では、当時一般的には、〈緊縮政策→不景気・物価の下落《げらく》→国際競争力の回復→輸入の減少・輸出の増大→金《きん》の日本流入→国内通貨の増大→好景気・物価の上昇→競争力の減退→輸出の減少・輸入の増大→金《きん》の流出→通貨の減少（緊縮政策）〉という筋道《すじみち》でとらえられており、国際金本位制の下で日本経済も「自動調節」されるのだというように考えられていたのである。金解禁

井上準之助(1869〜1932)〈日本銀行提供〉

断行《だんこう》の真相《しんそう》は、浜口や井上らが世間《せけん》のこうした通念《つうねん》を利用して戦後恐慌・関東大震災・金融恐慌など、第一次世界大戦以来持ちこされてきていた経済の諸課題を一挙《いっきょ》に厳《きび》しい国際競争の中にさらして日本経済の再建・強化を行おうとしたところにあったらしい。石橋湛山《たんざん》ら一部の経済ジャーナリストは、当時の日本経済の実力に合わせて一割程度円を切り下げた新平価《へいか》で解禁するべきだと主張していたが、民政党政府がこれに耳をかさず、金輸出禁止以前の旧平価《へいか》（一〇〇円＝四九・八五ドル）解禁を断行したのには、単に国家の威信《いしん》だけではなくそんな事情が存在したのである（三〇年一月一一日）。しかし、この措置《そち》は、二九年一〇月のアメリカに端《たん》を発した世界大恐慌の大波にもまれ、日本経済を空前の経済不況《ふきょう》に落とし入れることになった（昭和恐慌）。三一年九月の満州事変勃発《ぼっぱつ》、イギリスの金《きん》輸出再禁止・金本位制離脱《りだつ》後は、日本の金《きん》輸出再禁止必至《ひっし》とみた財閥《ざいばつ》などによる円売り・ドル買い（金《きん》で買う必要があった）が猛然《もうぜん》と起こった。井上は果敢《かかん》に金《きん》を売り続けて円を買い支《ささ》え続けたが、三一年一二月一三日成立した立憲政友会の犬養毅《いぬかいつよし》内閣の蔵相高橋是清は即日金《そくじつきん》輸出を禁止し、一七日金兌換《きんだかん》も停止、日本の金本位制もここに終息《しゅうそく》した。金《きん》の大量海外流出をもたらしたドル買いを指弾《しだん》する財閥非難の中、三二年二月総選挙応援中に井上は血盟団《けつめいだん》の小沼正《おぬましょう》によって銃撃され非業《ひごう》の死をとげた。

高橋財政

犬養内閣組閣《そかく》直後の高橋蔵相の一連の措置《そち》により、金本位制は完全に終息し、以後中央銀行（日銀）が政府の監督の下で不換《ふかん》紙幣を発行するという管理通貨制度に移行していった。

高橋は、昭和恐慌で疲弊《ひへい》しきった日本経済を再生させようとして、政府が企業や農業部門に、〈満州事変に伴《ともな》う軍事的、及び恐慌脱出のための救済《きゅうさい》的支払など〉を行うための赤字公債《こうさい》を大量に発行し、それを日銀に全面的に引き受けさせるという方式を生《う》み出した。この結果、日本経済は徐々《じょじょ》に景気を回復させ生産は回復・拡大し、重化学工業化も進展した。物価ははじめ安定していたが、その後赤字公債累積《こうさいるいせき》高が膨張《ぼうちょう》し、軍需《ぐんじゅ》インフレ政策はいよいよ生産力の限界に直面し、政財界の危惧《きぐ》を増大させた。高橋は、三六年度政府予算編成の際《さい》これ以上の軍事費の膨張は日本経済を破綻《はたん》させるとして軍部の要求を拒否した。そのため、三六年二月二六日、皇道《こうどう》派の青年将校《しょうこう》によって暗殺された。

高橋是清(1854～1936)〈毎日新聞社提供〉

高橋は幼少から英語を修業し、一四歳にして渡米、一時だまされて奴隷《どれい》として売られたりしたがその後帰国、英語教師を転々《てんてん》とした後文部省に出仕《しゅっし》。まもなく農商務省に転じ特許局長にまで昇進《しょうしん》。ところが優良銀山の経営話に乗せられて南米ペルーへ三六歳にして渡るが、廃坑を買わされていたことが判明して事業は失敗。帰国するも家屋敷を失った。その後、日本銀行に入り昇進、横浜正金《しょうきん》銀行副頭取《とうどり》を兼任しながら四五歳にして日銀副総裁に昇進。日露戦債《せんさい》と戦後の外債募集《がいさいぼしゅう》に成功して名を上げる。一一年日銀総裁に就任《しゅうにん》。一三年山本権兵衛内閣の大蔵大臣就任。一八年原敬内閣の蔵相に就任し、原首相暗殺後、二一年蔵相兼任のまま総理大臣となり、政友会総裁に就任。二四年護憲三派内閣に入閣するも、政友会をまとめきれず二五年総裁を辞任、閣僚も辞任し、引退。

その風貌《ふうぼう》から「ダルマ」と呼ばれ国民に人気のあった高橋是清もここにその波瀾《はらん》の一生をとじたのである。

参考図書　中村隆英『経済政策の運命』（日経新書）、大島清『高橋是清』（中公新書）

14 二・二六事件

皇道派と統制派

一九三六（昭和一一）年二月二六日の早暁《そうぎょう》、完全武装した一四〇〇余名の陸軍将兵が前日までの雪の積もるなか、首相官邸などを襲撃《しゅうげき》、国家の要人を暗殺した。二・二六事件である。兵を引き連れ反乱に立ち上がった将校たちは、皇道《こうどう》派と呼ばれた政治革新を唱《とな》える尉官《いかん》クラス（大尉・中尉・少尉）の青年将校達であった。昭和に入って、政治革新を唱える陸軍軍人達は荒木《あらき》貞夫《さだお》大将・真崎甚三郎《まさきじんざぶろう》大将を中心とする皇道派に集まってきたが、やがてその中から、永田鉄山《ながたてつざん》・東条《とうじょう》英機《ひでき》らのエリート中堅幕僚《ばくりょう》がたもとをわかち統制派を形成、皇道派の青年将校達は真崎のもとに集まった。両派とも軍中心の国家革新を唱えることでは変わりはないが、統制派が官僚や財界と結んで現実的な国家革新を目指《めざ》したのに対して、皇道派は文字通り精神主義的天皇親政《しんせい》論や強い反共主義を唱えていた。皇道派は真崎の教育総監更迭《こうてつ》などで守勢に立っていたが、三五年八月、皇道派の相沢三郎中佐による永田軍務局長暗殺で両派の対立は頂点に達した。こうした背景のもとで、皇道派青年将校が多くいた第一師団の満州移駐《いちゅう》が持ち上がると、ついに青年将校達は元老《げんろう》・重臣・軍閥《ぐんばつ》・政党の排除を求めて反乱を起こした。

事件の経過

決起《けっき》したのは第一師団の歩兵第一連隊・第三連隊を中心に、近衛《このえ》師団の近衛歩兵第三連隊、野戦《やせん》重砲兵第七連隊などに属する将校ら二〇余名、下士官《かしかん》八八名、兵一、三五七名であった。反乱軍は内大臣斎藤実《さいとうまこと》、蔵相《ぞうしょう》高橋是清《これきよ》、陸軍教育総監渡辺錠太郎《じょうたろう》を暗殺。岡田首相も襲《おそ》われたが、反乱軍が岡田と年格好《としかっこう》の似た親戚《しんせき》の松尾伝蔵《まつおでんぞう》予備役《よびえき》陸軍大佐を射殺したため、岡田本人は女中部屋の押入に隠れ難をのがれた。また、鈴木貫太郎侍従《じじゅう》長は瀕死《ひんし》の重傷を負《お》い、襲撃指揮官《しきかん》の安藤輝三《てるぞう》大尉がとどめを刺そうとしたが、夫人の願いでやめたため一命をとりとめた。一方別動隊は神奈川県湯河原《ゆがわら》の旅館に静養《せいよう》中の牧野伸顕《のぶあき》前内大臣《ないだいじん》を襲撃したが、女中《じょちゅう》の咄嗟《とっさ》の機転《きてん》で、女物の着物を着せられ、女中達とともに脱出に成功した。また、当初浜松の部隊によって行われる予定だった、静岡県興津《おきつ》に住む元老の西園寺公望《さいおんじきんもち》の襲撃は、直前になって浜松の部隊の不参加でとりやめになった。

一方、反乱部隊は警視庁、陸軍大臣官邸を占拠《せんきょ》し、川島義之《よしゆき》陸相に「決起趣意書《しゅいしょ》」をわたし、事態の善処《ぜんしょ》を要求した。さらに一隊は朝日新聞社を襲撃し、活字ケースなどを壊した。こうして、反乱軍は日本の政治・軍事の中心である永田町・三宅坂《みやけざか》一帯を占拠したので、事件解決まで四日間にわたって首都の機能はマヒ状態となった。

首相官邸襲撃指揮官丹生《にう》中尉と兵たち
（毎日新聞社提供）

川島陸相をはじめ陸軍首脳部の多くは、当初、彼らの決起を肯定する方向で事態を収拾《しゅうしゅう》しようと計《はか》った。しかし側近を暗殺された天皇が、終始一貫して強く反乱軍の討伐《とうばつ》を促《うなが》したため、陸軍首脳も討伐の方向に動きだした。そして二八日には、反乱軍の原隊復帰を命ずる奉勅《ほうちょく》命令が下された。しかしこの命令を反乱軍に同情的な小藤《こふじ》第一連隊長は反乱軍に伝えなかった。こうした混乱のため事態の収拾は遅れ、また反乱軍の中にも帰順《きじゅん》か徹底抗戦かをめぐって混乱が生じた。討伐を決めた陸軍首脳も、兵力を集め反乱部隊を包囲したものの、討伐を実行し、いわゆる皇軍相撃《あいう》つ事態が生じれば、国民の軍に対する信頼が決定的に弱まることは明らかなので、何としてもこれは避《さ》けたいことであった。最後には、ラジオ放送で下士官・兵に原隊《げんたい》復帰を呼びかけ、将校との分断をはかり、また山下奉文《ともゆき》少将が将校の説得にあたり、二九日ついに反乱軍は帰順《きじゅん》した。

軍法会議とその後

緊急勅令《ちょくれい》により特設軍法会議が設置され、四月末には第一回の裁判が開始された。

裁判は「一審制、上告なし、非公開、弁護人なし」で、反乱将校たちの主張はほとんど考慮《こうりょ》されず、七月五日には判決が出され、首謀者《しゅぼうしゃ》とされた香田清貞《こうだきよさだ》大尉・安藤輝三《てるぞう》大尉・栗原安《やす》秀《ひで》中尉ら一五名の現役将校に死刑判決が出され、一週間後に銃殺された。また、民間人になっていた元大尉の村中孝次《むらなかこうじ》・元一等主計の磯部浅一《いそべあさいち》にも同時に死刑が宣告され、同じく民間人の北一輝《きたいっき》と西田税《にしだみつぎ》に翌年八月死刑の判決がなされた。特に事件に直接関係なかった北と西田が反乱の首謀者として死刑を宣告されたのは、明らかに事件の責任を民間人に負わせ、軍の責任を回避《かいひ》しようとの意図からであった。この四人の処刑は、三七年八月に執行《しっこう》された。さらに、下士官・兵の一部、地方にいて事件に参加しなかった皇道派の将校たちも有罪判決を受けた。しかし、反乱将校たちにもっとも近く、彼らの行動を支持していた真崎は結局無罪となった。事件後、皇道派は軍を追われ、以後敗戦まで統制派が陸軍の実権を握った。陸軍はこの事件を反省するどころか、広田内閣の組閣《そかく》への干渉《かんしょう》、軍部大臣現役武官制の復活を求め、その後も暗に第二の二・二六事件をほのめかして、軍の要求を通した。その意味でもこの事件がその後の日本の政治に与えた影響は大きいかった。

参考図書　高橋正衛『二・二六事件』（中公新書）、新井勲『日本を震撼させた四日間』・松本清張『昭和史発掘』7〜13（ともに、文春文庫）、大谷敬二郎『二・二六事件の謎』（柏書房）

15 満州国

満州事変

関東軍によって一九二八年に爆殺された父張作霖《ちょうさくりん》の後を継いだ張学良《ちょうがくりょう》は、国民党の青天白《せいてんはく》日旗《じつき》を掲《かか》げる易幟《えきし》を行って蔣介石《しょうかいせき》の国民政府の下に参加した。その後失われていた中国の国権回収の動きが強化され、吉林《きつりん》〜海竜《かいりゅう》・海竜〜奉天《ほうてん》・打虎山《だこざん》〜通遼《つうりょう》各間の鉄道（日本側はこれを満鉄平行線であると非難した）を相《あい》ついで開通させ、これらを胡蘆島《ころとう》と結び日本の完全支配下にある大連《だいれん》港を使用することなく海外と直結できるようにしようとするなど、反日《はんにち》・抗日《こうにち》の態度を鮮明《せんめい》にしていった。さらに三一年六月以降、中村震太郎《しんたろう》大尉《たいい》殺害事件や万宝山《まんぽうざん》事件（朝鮮人入植による中国人農民との紛糾《ふんきゅう》から日中両警察《けいさつ》の発砲に発展した）が相ついで発生したため日中間の緊張《きんちょう》が高まり、日本の満蒙《まんもう》権益を擁護《ようご》していくには武力発動が必要だとする対張学良政権強硬論がしだいに高まった。そこで関東軍は、三一年九月一八日夜奉天（現瀋陽《しんよう》）東北方約七キロの柳条湖《りゅうじょうこ》の満鉄線路上で爆発事件を起こし、これを張学良軍が爆破したとして、その拠点である北大営《ほくたいえい》を攻撃し、奉天城も攻撃した。当時張軍の主力は北《ペ》京《キン》方面に移動して手薄であり、また張が不抵抗を指示したため、関東軍は翌一九日中に満鉄沿線を制圧した。若槻礼次郎《わかつきれいじろう》内閣及び軍中央は不拡大方針を決定・指示したが、林銑十郎《はやしせんじゅうろう》朝鮮軍司令官が独断で部隊を満州へ越境させ軍事力の増強をはかった。一一月にはチチハルを占領し、翌三二年一月錦州《きんしゅう》を占領、二月にはハルビンを占領し、満州（東三省《とうさんしょう》）の主要都市と鉄道沿線が日本の軍事占領下に入った。中国国民政府が国際連盟に事件を提訴《ていそ》したため、日本の軍事行動に対する国際的批判が高まり、リットン調査団の派遣《はけん》も決定された。そこで陸軍は、米・英・仏などの租界《そかい》（事実上の領土として支配している租《そ》借地《しゃくち》）が集中する上海《シャンハイ》において、謀略《ぼうりゃく》によって日本人の日蓮宗《にちれんしゅう》の僧侶《そうりょ》殺害事件を起こした。そしてこれを中国側のしわざであるとして日中の軍事衝突《しょうとつ》（上海事変）を起こして列強の目をそらす一方で、関東軍は満州での既成《きせい》事実化を急いだ。

当初、関東軍の中心板垣征四郎《いたがきせいしろう》・石原莞爾《いしはらかんじ》両参謀《さんぼう》らは満蒙《まんもう》の日本領有を企図《きと》していたが、軍中央部は国際的配慮からこれに反対し、結局現地に日本の傀儡《かいらい》国家を設立する案に落ち着いた。そこで三二年三月一日、清《しん》朝の最後の皇帝であった愛新覚《あいしんかく》羅溥儀《らふぎ》を執政《しっせい》とし、元号を大同《だいどう》、首都を新京《しんきょう》（長春《ちょうしゅん》を改称）とする「満州国」の独立を宣言させた。

新京の関東軍司令部（毎日新聞社提供）
日本の城郭を連想させる。

その後も関東軍は、一九三三年一月内蒙古《うちもうこ》東部の熱河《ねっか》省をも占領下に入れ、さらに北京・天津《てんしん》付近にまで迫《せま》った。五月塘沽《たんくう》停戦協定が調印され戦闘は一応止《や》んだが、この時設定された河北《かほく》省東部の非武装地帯を足がかりに、関東軍・支那駐屯軍《しなちゅうとんぐん》はこれ以後華北《かほく》分離工作を進めていった。

一九三一年九月一八日の柳条湖事件以来日本は事実上の対中国戦争を開始した。それは三七年七月七日の盧溝橋《ろこうきょう》事件後日中の全面戦争へと拡大し、さらにそれが四一年一二月八日以降の対米英戦争へとエスカレートして、四五年八月一五日の敗戦を迎えた。この間の日本の戦争全体を一五年戦争と呼んでいる。「満蒙は日本の生命線である」として始めた関東軍の侵略行動が、結局アジア・太平洋戦争による、日本、朝鮮・台湾、中国・東南アジアなど各地の人々に悲惨《ひさん》な結果をもたらすことにつらなっていったのである。

満州国

三二年九月、日本は満州国との間に日満議定書《ぎていしょ》を結び満州国を正式に承認した。建国直後関東軍はすでに満州国の軍権と交通権を、司令官が日系官吏《かんり》（日本人官僚）の任用権を獲得していたが、これにより日本の在満州既得《きとく》権益と日本軍の駐留《ちゅうりゅう》権が正式に認められ、秘密協定などで満州国統治の実権が認められた。形式的には満州国は独立国家の体裁《ていさい》をとり、立法院（立法）・国務院（行政）・法院（司法）・監察院（監察）などの国家機関を置き、国務総理（首相）と各部長（日本の大臣に相当）には中国人が就任したが、国務院の実権は日本人の総務長官と各部の次長（次官）が握り、そのほかの主要なポストも日本人が独占した。とりわけ総務庁への権力集中が目立った。

関東軍司令官は駐満特命全権大使と関東庁長官とを兼任し、満州国に対し「内面指導」を通じて（正式の国家機関の手続きをへることなく）国政を動かした。満州国の統治機構を実際に動かしていたのは首相ではなく、関東軍と総務庁だったのである。

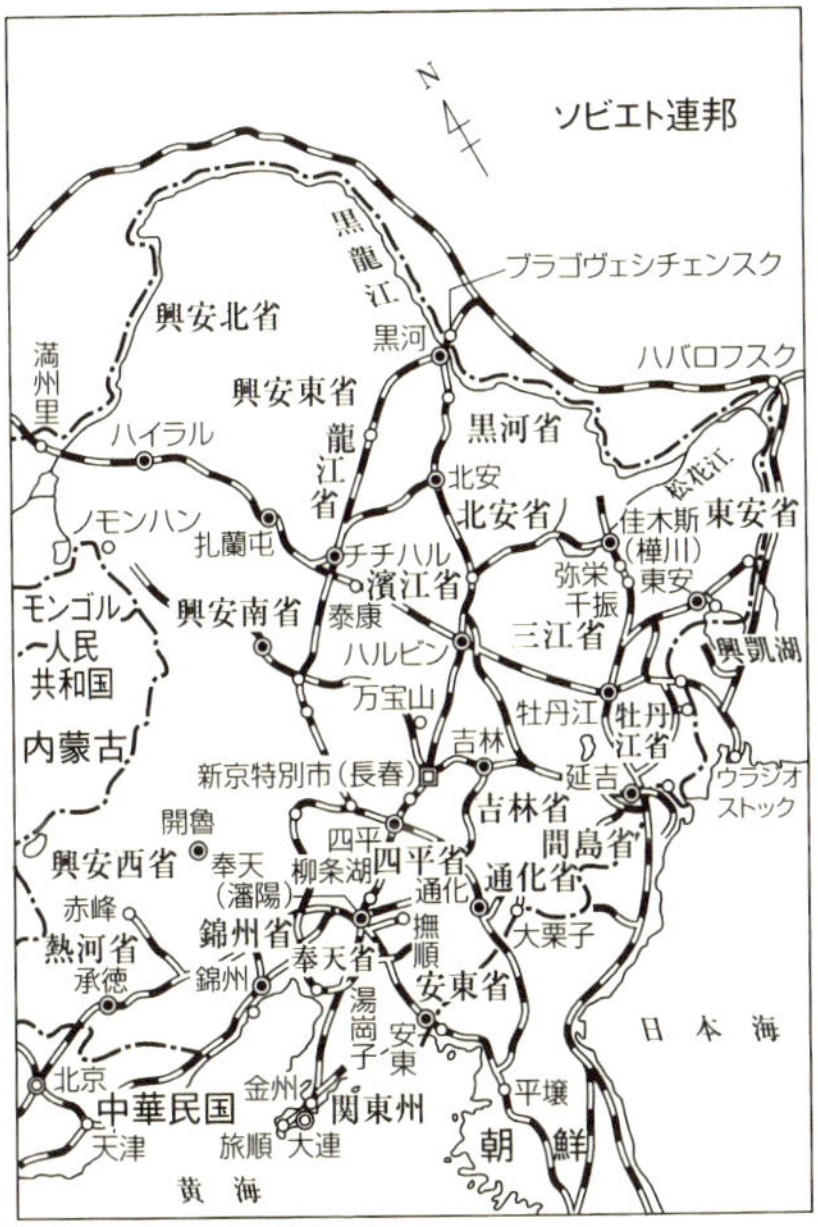

満州国地図（山室信一『キメラ』中公新書より）

一九三三年三月、国際連盟総会で満州国を否認する対日勧告案が採択《さいたく》された。日本はこれに抗議して国際連盟を脱退し、国際的孤立化の道を歩むことになった。その後、三四年三月一日執政溥儀《しっせいふぎ》は皇帝となり、国号を「満州帝国」、元号を康徳《こうとく》と改めた。それでは国際的孤立を代償《だいしょう》としてなぜ日本は満州国建設を強行していったのだろうか。それは、第一次世界大戦で見られた国家の全力を動員して行わざるをえない「総力戦」に将来日本が十分に耐えられるように、満州を重要軍需資源の供給地として確保しておくことと、満州を共産主義ソ連との戦争に備えた発進基地とすることにあったと思われる。

一方、こうした日本の植民地的支配に対する抵抗運動もみられた。一九三二年九月一五日満鉄経営の撫順《ぶじゅん》炭田が抗日ゲリラに襲撃《しゅうげき》され、翌日日本軍はゲリラに通じていたとして付近の平頂山《へいちょうざん》の住民三千名余を虐殺《ぎゃくさつ》するという事件も起こった。その後、三六年頃には抗日連軍が各地に結成されるようになったが、これに対し関東軍は徹底的な撃滅《げきめつ》策をとっていった。四〇年一月の抗日連軍の指導者揚靖《ようせい》宇《う》の死後この反満抗日運動は急速に衰退していった。しかし、この動きは満州国が崩壊するまでやむことはなかった。そのほか、張学良政権の流れをくむ人々や国民党関係者による抵抗もみられた。

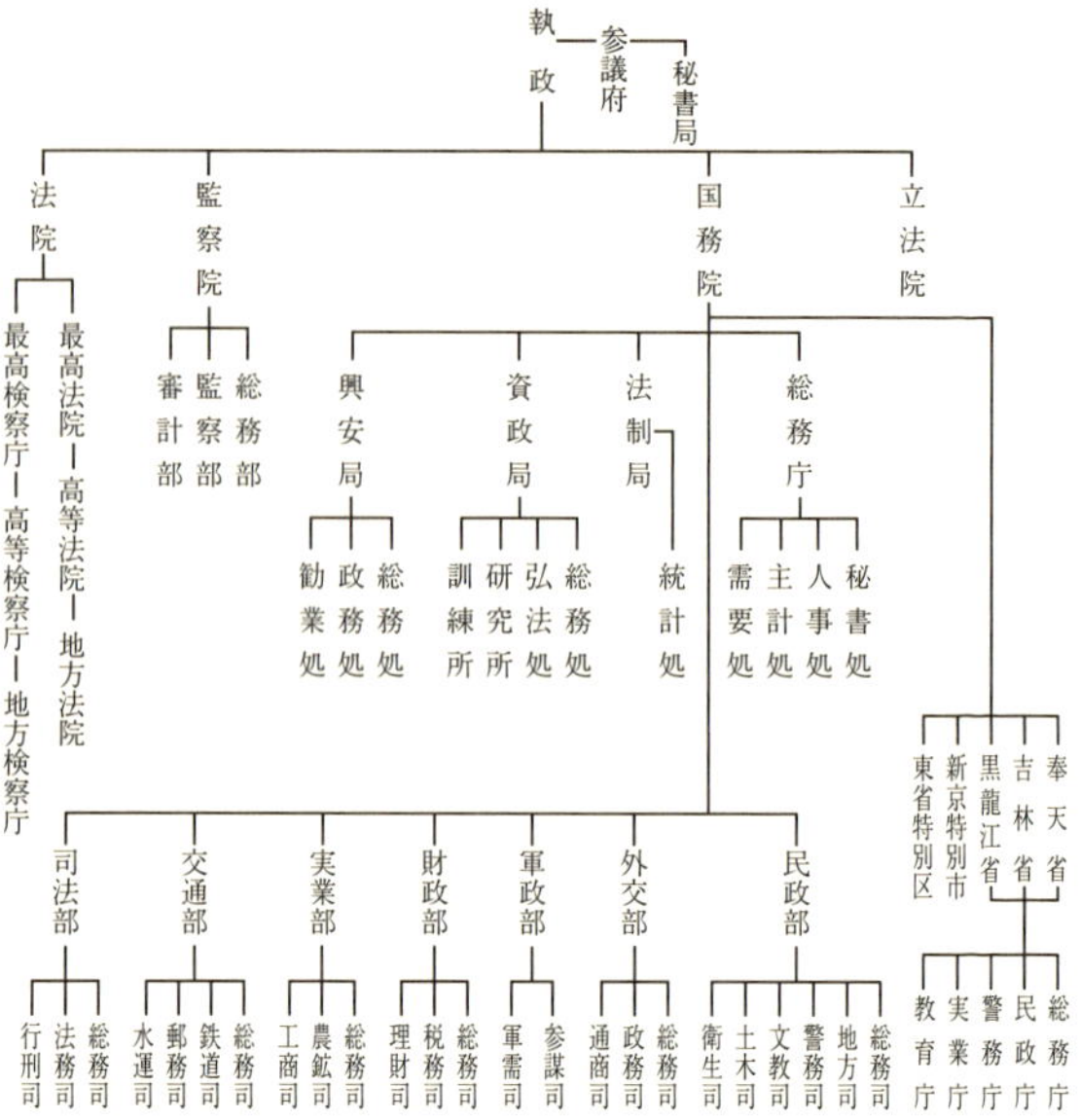

1932年3月建国時における満州国政府組織

満蒙開拓

一九三二年七月、関東軍は満州国協和会を結成した。協和会は満州国を構成する主要な民族、日本・朝鮮・満州・漢・蒙古の五民族が一致協力して（「五族協和《ごぞくきょうわ》」）、この地に理想的な社会（「王道楽土《おうどうらくど》」）を建設していこうという建国イデオロギーの大キャンペーンをくり広げた。これは日本本土でもみられ、満州ブームを呼び起こすことになった。三二年九月から農業に従事している在郷軍人《ざいごうぐんじん》を対象とする第一次移民（したがって「武装移民」とも呼ばれた）の募集が始まった。彼らは農業だけではなく抗日勢力の平定にも従事させられるため佳木斯《チャムス》近隣の永豊鎮《えいほうちん》に入植《にゅうしょく》することになった（後の弥栄《いやさか》村）。三三年夏には第二次移民団が永豊鎮近くの七虎力《しちこりょく》に入植した（後の千振《ちぶり》村）。しかしこれらの地は「無主の地」ではもちろんなく、中国人農民が住む土地を低価格で強制的に買収したものであったため、移民団は極寒《きょくかん》とともに現地の中国人農民の根強い抵抗に苦しむことになった。

一九三七年五月関東軍は、二〇年間に百万戸（五百万人）の日本人移民計画を立てた。以後、満州移住協会や満州拓殖《たくしょく》公社などの指導の下に大量の開拓移民が満州の地に渡っていった。昭和恐慌で大きな打撃をうけた農民達はここに新天地を求めたのである。さらに三八年からは、一六～一九歳の青少年を対象とする満蒙開拓《まんもうかいたく》青少年義勇軍《ぎゆうぐん》の募集が始まった。彼らは茨城《いばらき》県の内原《うちはら》や現地の訓練所で教育・訓練をうけ、その多くはソ連国境の近くに入植していった。以上の結果、日本人開拓民は二二～二七万人にもなり、在満日本人総数の約五分の一に上《のぼ》った。

太平洋戦争と満州国

対英米戦開始とともに、満州国は日本の戦争遂行《すいこう》に全面的に協力することになった。しかし満州の経済開発はすでに行き詰まっていたため、鉄・石炭・食糧の対日供給量を確保することに主力が置かれた。一般民衆の中にも重要産業等への強制動員がみられた。四〇年にはすでに徴兵《ちょうへい》制がしかれていた。また、当時の日本の国籍法では自己の志望により外国籍を取得した者は日本国籍を失うという規定があったことから、これを嫌う日本人が多いことを一因として満州国には国籍法が存在しなかった。このため手薄になった関東軍の兵員を補充するため開拓民の青壮年

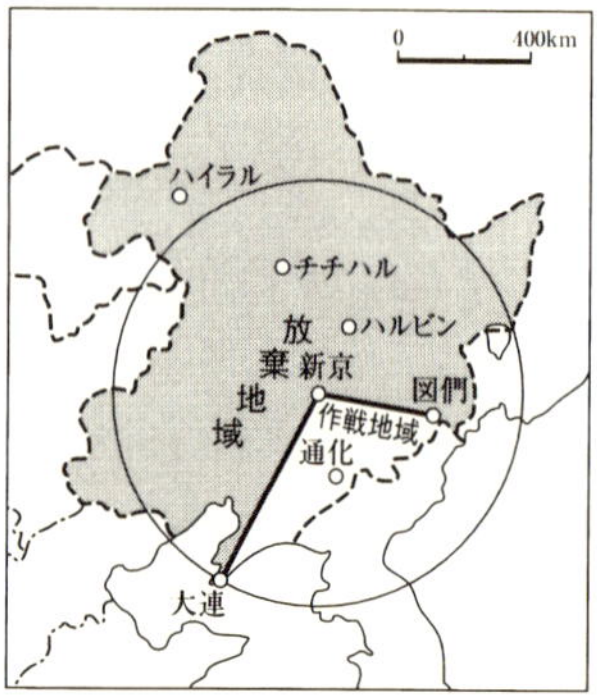

関東軍の作戦放棄地域（島田俊彦『関東軍』中公新書より）

年代	一般開拓団		義勇隊開拓団	
	戸数	人口	戸数	人口
1937	4,091	16,584	–	–
1938	4,814	18,220	–	–
1939	9,212	33,283	–	–
1940	6,677	24,230	–	–
1941	5,052	17,547	16,110	17,819
1942	4,526	13,903	10,100	10,597
1943	2,895	7,642	9,049	9,194
1944	3,738	12,489	11,541	11,541
1945	1,056	3,255	10,300	10,300

一般開拓団と義勇隊開拓団の入植動向（塚瀬進『満州国』吉川弘文館より）

男子が次々と徴兵され、開拓団の多くは老人と婦女子のみという状況になってしまった。

関特演《かんとくえん》当時は八〇万人を擁《よう》した関東軍は、戦局の悪化に伴い次々と精鋭《せいえい》部隊が南方戦線に転用されていき、もはや対ソ戦や満州国の防衛にも十分対応できなくなっていた。そこで四四年九月大本営《だいほんえい》陸軍部は関東軍に対して、対ソ戦は極力回避《かいひ》し、ソ連対日参戦の場合は南満州・北朝鮮ラインで抵抗する持久《じきゅう》作戦を行うよう命じた。これに従い関東軍は四五年三月ソ連国境地帯の第一線部隊をひそかに南満州方面に後退させた。北満の日本人開拓民や民間人は結果として置きざりにされたのである。

崩壊　四五年八月八日ソ連は日本に宣戦布告し、翌九日ソ連軍が一斉《いっせい》に侵攻してくると関東軍は総崩れとなった。老人・婦女子の開拓民は逃避行《とうひこう》の中で、多くの自決《じけつ》者・戦死者・餓死《がし》者が生じた。引揚げ時までの開拓民の犠牲者は実に約八万人と推定されている。この混乱の中で、多数の中国残留孤児（終戦時一二歳以下）・残留婦人も生まれたのである。シベリアに抑留《よくりゅう》された成年男子も多数生じた。

八月一七日、皇帝溥儀は退位し、満州帝国解体を宣言した。

参考図書　塚瀬進『満州国』(吉川弘文館)、山室信一『キメラ』(中公新書)

16 日中戦争

戦争の発端《ほったん》と拡大

一九三七年七月七日夜、北京《ペキン》郊外盧溝橋《ろこうきょう》付近で夜間演習をしていた支那駐屯《ちゅうとん》軍第一連隊第八中隊に向けて数発の銃声がとどろいた。この銃声こそが、その後八年間にわたる日中戦争の始まりだった。

中隊はただちに演習を中止し、点呼《てんこ》をしたところ一名の兵が行方不明だったため、一木清直《いちききよなお》大隊長に報告、大隊長は牟田口廉也《むたぐちれんや》連隊長に報告した。報告を受けた牟田口連隊長はただちに一木大隊長の現地への派遣《はけん》と中国軍との交渉を指示した。一木大隊長は八日早朝、中国軍への攻撃を開始、さらに九日にも攻撃を行ったが、中国軍の撤退《てったい》で一応の終結をみた。しかし、時の近衛《このえ》内閣は一一日、居留民《きょりゅうみん》の保護などを名目に三個師団《しだん》の派遣を決定、現地中国側の謝罪や撤兵を要求した。これに対し、蔣介石《しょうかいせき》は有名な最後の関頭演説《かんとうえんぜつ》を行い、徹底抗戦《こうせん》を国民に訴えた。こうして七月末、日本軍は総攻撃を開始、やがて北支《ほくし》（華北《かほく》）全体にわたる戦争に拡大した。

一方、上海《シャンハイ》では八月九日海軍陸戦隊の大山勇夫《いさお》中尉が、中国保安隊に暗殺されるという事件が起こり、これをきっかけに戦火は上海に飛び火した。上海には約四千五百名の海軍陸戦隊が三万名におよぶ日本人居留民を守って、圧倒的に優勢な中国軍と戦っていたので、政府は上海派遣軍を編成し二個師団（のちに三個師団を追加）を上海に派遣した。しかし、上海周辺には中国軍の精鋭部隊六個師が配置されており、クリークやトーチカを利用して中国軍は頑強《がんきょう》に抵抗した。約二カ月にわたった上海戦で、日本軍は一万の戦死者と三万の負傷者をだすという大苦戦《だいくせん》におちいった。そこで政府は一一月三個師団からなる第一〇軍を杭州湾《こうしゅう》に上陸させ、上海の中国軍を包囲《ほうい》する作戦をとったため、ついに中国軍は撤退、上海戦は終了した。

南京事件

上海を占領した日本軍は、軍中央の方針を無視して、敗走する中国軍を追って国民政府の首都南京《ナンキン》に進撃を開始した。日本軍の接近により、蔣介石はいち早く南京を脱出、首都を漢口《かんこう》（のち、さらに奥地の重慶《じゅうけい》）に移して、抗戦を続行した。一二月、日本軍は南京を占領したが、そこで捕虜《ほりょ》・民間人の中にまぎれた中国兵・民間人男女を大量に虐殺《ぎゃくさつ》、特に婦女子《ふじょし》への強姦《ごうかん》・虐殺《ぎゃくさつ》を行った。これは南京大虐殺と呼ばれ、中国を始め諸外国は強く日本軍の行動を非難したが、当時軍の報道管制《かんせい》のためまったくその事実を知らされなかった日本国民は、提灯《ちょうちん》行列などを行って南京陥落《かんらく》を祝った。南京虐殺の実態を日本人が知るのは戦後の東京裁判においてである。

しかし、戦後六〇年以上たった今でも南京大虐殺をめぐっては、学会その他で論争が絶えない。論争の主点は虐殺者の数で、三〇万人から四万人までさまざまな説がある。しかし大事なことは、日中戦争における日本軍の住民虐殺・掠奪《りゃくだつ》・強姦は、南京が初めてではないことである。それは上海から南京に進撃する過程で始まっており、中国でももっとも人口の密集したこの地域で、数一〇万の住民が殺されたり、傷つけられたりしたとされている。南京大虐殺の前兆《ぜんちょう》はすでにこの時始まっていたのである。

日中戦争当時の中国

戦争の経過と和平工作

南京陥落後も降伏しない国民政府に対して、近衛内閣は一九三八年一月一六日「帝国政府は爾後《じご》国民政府を対手《あいて》とせず」という声明を発表した。この声明は後に近衛自身も反省しているように、肝腎《かんじん》の戦争相手をまったく無視するというものであったため、これ以降日本は戦争終結の手段を失い、終りのない長期戦の泥沼《どろぬま》にはまりこむことになる。三八年四月には、華北と華中の日本軍を結ぶため徐州《じょしゅう》作戦を実施《じっし》、一〇月には三〇万の大兵力を動員して漢口《かんこう》作戦を実施、同じく一〇月には華南《かなん》の中心都市広東《かんとん》を占領した。しかしこれらの作戦によっても中国政府や人民を屈服《くっぷく》させることはできなかった。最大時一〇〇万に及んだ日本軍による中国要地の占領も、抵抗する中国軍民の前では、あくまでも点と線（都市・鉄道）の維持でしかなかったのである。特に太平洋戦争が始まってからは、中国戦線の兵力が南方に転用されたため、積極攻撃は影をひそめ、現状維持の方針に変わった。さらに、戦争末期には、国民政府軍や華北の中国共産党軍の攻勢《こうせい》の前で、日本軍はしばしば苦境《くきょう》に立たされた。華北での三光《さんこう》作戦などはこうした中で行われたのである。

一方、政府・軍の中にも、対ソ連戦に備《そな》えて早期《そうき》に日中戦争を終結させねばならないとの意見もあり、いくつかの和平工作《こうさく》が試《こころ》みられた。中でも一九三七年一一月、駐華《ちゅうか》ドイツ大使トラウトマンを通じて始まった和平工作は有力であったが、日本の南京占領による和平条件の強硬化で失敗に終わった。その後、三八年の宇垣一成《うがきかずしげ》外相と孔祥熙《こうしょうき》行政院長の交渉《こうしょう》、四五年の小磯《こいそ》内閣での繆斌《みょうひん》工作などが行われたが、いずれも失敗した。また、四〇年三月には重慶を脱出した汪兆銘《おうちょうめい》によって南京国民政府が樹立《じゅりつ》されたが、所詮《しょせん》は日本の傀儡《かいらい》政権であり、中国人民からは無視された。

毒ガス戦・細菌戦・慰安婦

一九八〇年代に入って、それまでほとんど解明されていなかった日中戦争下での日本軍による毒ガス戦（化学戦）・細菌《さいきん》戦（生物戦）の実態が明らかになり始めた。第一次世界大戦における悲惨《ひさん》な毒ガス戦の反省から、化学兵器・生物兵器の使用は国際的に禁止された。しかし日本軍は、陸軍科学研究所、陸軍習志野《ならしの》学校、関東軍五一六部隊などで化学兵器の研究と実験を、陸軍軍医学校や関東軍七三一部隊で生物兵器の開発・実験を盛《さか》んに行い、宣戦布告《せんせんふこく》のない日中戦争で化学戦と細菌《さいきん》戦を実施した。催涙《さいるい》ガスは戦争の開始直後に使用が始まり、やがて嘔吐《おうと》性ガス、さらに三九年からは致死《ちし》性のイペリットが使用された。また、七三一部隊で開発された生物兵器は、まず華北戦線で使用され、四〇年には寧波《ニンポー》、四一年には常徳《じょうとく》、四二年には浙贛《せっかん》作戦などで使用された。方法としては、ペストノミ・コレラ菌・チフス菌などの空からの散布、貯水池・井戸・家屋《かおく》への投げ込みなどがとられた。

また、一九九〇年代からは中国戦線における、日本軍慰安婦《いあんふ》の問題が大きな注目を集めるようになった。日本兵の中国婦人への強姦《ごうかん》・虐殺《ぎゃくさつ》に悩んだ軍中央は、業者を使って、多数の慰安婦を集め、軍の管理のもとで各地に慰安所を開設したが、慰安婦の多くは朝鮮半島の出身者であった。五〇年以上たった現在、日本の責任・謝罪・補償をめぐる問題が注目されている。

日中戦争は、宣戦布告の無いまま始まり、全面戦争に拡大し、その収拾《しゅうしゅう》のためにさらに太平洋戦争にいたった、まことに無謀《むぼう》な戦争であった。八年にわたった戦争で、日本軍将兵の死者は四一万、戦傷病者は九二万に及んだ。一方、中国軍民の死者は千数百万人から二千万人と言われている。

参考図書　臼井勝美『日中戦争』（中公新書）、古屋哲夫『日中戦争』（岩波新書）、秦郁彦『南京事件』（中公新書）、笠原十九司『南京事件』（岩波新書）、森正孝・糟川良谷編『中国側資料　中国侵略と七三一部隊の細菌戦』（明石書店）、吉見義明『従軍慰安婦』（岩波新書）

17 大東亜共栄圏

大東亜会議

日中戦争の収拾《しゅうしゅう》に行き詰まっていた一九四〇年七月に成立した第二次近衛《このえ》文麿《ふみまろ》内閣の松岡洋右《ようすけ》外相は、局面の打開策として「日満支《にちまんし》をその一環とする大東亜共栄圏《だいとうあきょうえいけん》の確立を図《はか》る」ことを強調した。大東亜とは、日満支の東アジアに、「南洋をも含めての大東亜」であり、「仏印《ふついん》(現ベトナム・ラオス・カンボジア)・蘭印《らんいん》(現インドネシア)その他を包含《ほうがん》」(すなわち東南アジア全域)して確立されるべき「自給自足」の「東亜安定圏」のことだとの見解を示した。英米仏からの重慶国民政府への援蔣《えんしょう》ルートを遮断《しゃだん》し、欧州におけるドイツの侵攻によって英仏蘭の東南アジア植民地支配体制が弱体化しているのに乗じて、石油・ゴム・錫《すず》・ボーキサイトなどの戦略物資を確保し持久戦《じきゅうせん》を乗り切っていこうというものであった。こうした日本の南進の動きは米・英・蘭印との対立を深めてゆき、四一年一二月八日の開戦に至った。一二月一〇日の大本営政府《だいほんえいせいふ》連絡会議はこの戦争を「大東亜戦争」と命名した。この地を欧米諸国の植民地支配の束縛《そくばく》から解放し、大東亜共栄圏を建設するための「聖戦《せいせん》」だというのである。こうした理念は、四三年一一月東京で開催《かいさい》された大東亜会議の際に発表された大東亜宣言に「大東亜各国ハ相提携《あいていけい》シテ大東亜戦争ヲ完遂《かんすい》シ大東亜ヲ米英ノ桎梏《しっこく》ヨリ解放シテ其ノ自存自衛ヲ全《まっと》ウシ左《さ》ノ綱領《こうりょう》ニ基《もと》キ大東亜ヲ建設シ以《もっ》テ世界平和ノ確立ニ寄与《きよ》センコトヲ期《き》ス」と謳《うた》っていることに如実《にょじつ》に示されている。はたしてその戦争の実態はどうだったのだろうか。

東南アジアの日本軍政

開戦後、日本軍は東南アジア各地を軍事占領し、軍政をしいた(タイは同盟国として、仏印は植民地当局を通じての支配が行われた)。

大東亜会議の出席者(毎日新聞社提供)　左からバー・モウ(ビルマ)，張景恵(満州)，汪精衛(中国)，東条英機(日本)，ワン・ワイタイヤコン(タイ)，ラウレル(フィリピン)，チャンドラ・ボース(インド仮政府)。

ベトナム　戦前は仏領印度支那《ふつりょういんどしな》とよばれるフランスの植民地であった。ナチス・ドイツに降伏《こうふく》したフランスに圧力をかけ、援蔣ルートを断ち切るために、日本軍は北部仏印進駐《しんちゅう》を決行し、その後ベトナムを日本の東南アジア進出の前進基地とみなすようになった。一九四一年七月日仏共同防衛協定を結び、日本軍はベトナムにおいて無制限に軍部隊の駐留が認められ、全ての飛行場と港の自由利用が可能となった。そして南部仏印進駐を行った。南方軍総司令部もサイゴン（現ホー・チ・ミン）に置かれた。また、経済協定では米・ゴム・鉱産物などの資源も日本の支配下に入った。

ベトナムは直接戦場となることはなかったが、フランスが日本に支払った莫大《ばくだい》な軍費は結局はベトナムの民衆に押しつけられた。その結果、仏当局が濫発《らんぱつ》した紙幣《しへい》により激しいインフレーションが起こり人々の生活を困窮《こんきゅう》させた。また、食糧の強制供出《きょうしゅつ》も国民の大半である農民を苦しめることになった。さらに、日本軍は米・雑穀《ざっこく》用の田畑をつぶして、軍需物資の麻や油性作物の栽培を強制した。特にベトナム北部は人口過密地帯で食糧が不足しがちであったが、輸送路の寸断《すんだん》で南部デルタ地帯からの米の供給も不可能となっていた。こうした中、四四年末から四五年にかけて北部・中部において大飢饉《ききん》が発生し、百万人以上（ベトナム側によれば二百万人）が餓死《がし》するという惨状《さんじょう》となったのである。

欧州でフランスが解放されると、敗色濃厚な日本に対し仏植民地当局が反日的になってきた。日本軍は中国・ビルマから三個師団を増強し、四五年三月クーデターを起こしフランス軍を武装解除させる（仏印処理）と共に、四月にはベトナムの独立を認め新政府が発足《ほっそく》した。しかし八月には日本の敗戦を迎え、ハノイではホー・チ・ミンを中心とするベトミンによって九月独立宣言が行われた（以後、フランスとの独立戦争が続くことになる）。

フィリピン　日本の軍政当局はそれまでのアメリカ式教育を嫌い日本語教育を普及させようとした。学校や役所ではラジオ体操が強制された。隣組《となりぐみ》も結成させている。一方、アメリカからの綿花《めんか》輸入が途《と》絶《だ》えた日本は、綿花の栽培を命じたが十分な成果はえられなかった。米・さつまいもなどの食糧の増産をはかったがうまくいかず、一九四三・四四年と食糧不足が深刻化していった。また、四三年一〇月、日本はフィリピンの独立を認めたが、開戦前にアメリカがフィリピンの独立を約束していたこともあって、これがフィリピン人に歓迎されたとはいえない。ただ、軍政下で日本がタガログ語を奨励《しょうれい》したことはフィリピン民衆の民族意識を高めることにもなった。しかし、しだいに米軍指導下にあるゲリラや、社会党・共産党の影響をも受けた貧しい農民・労働者を中心とするフクバラハップによる反日活動が活発になっていった。

ビルマ　日本陸軍の南《みなみ》機関に軍事訓練を受けた「三十人の志士《しし》」を中心に、ビルマ独立義勇軍《ぎゆうぐん》がバンコクで結成された（タキン・アウンサンがビルマ側指導者となったが、これはビルマ最初の軍隊で、改編後ビルマ防衛軍、さらにビルマ国軍となって、イギリスからの独立の中核となっていく）。一九四二年はじめ、日本軍は独立義勇軍とともにビルマに侵攻し、六月頃には全ビルマを支配下に入れた。多くのビルマ人はこれを歓迎した。日本による軍政が始まったが（ビルマ語を公用語とした）、泰緬《たいめん》鉄道建設のためのロームシャ（労務者）提供、食糧の供出《きょうしゅつ》などで苦しめられる農民も多かった。四三年八月、日本はビルマに形だけではあるが独立を認めた。しかし、インパール作戦での敗北後には、反日の気運が広まり始め、四五年三月にはビルマ防衛軍が反乱を起こすに至った。

マレーシア・シンガポール　イギリスが植民地支配していたこの地には、多数派のマレー人と、イギリス人経営のゴム園・錫《すず》鉱山などへ働きに出てきた中国人・インド人（南インドのタミル人が多い）がいた。日中戦争後この地の中国人（華僑《かきょう》・華人）は蔣介石の重慶国民政府への資金援助、日本製品のボイコット運動などを行ってきたため、反日的と日本軍はみなしていた。そのため各地で華僑虐殺《ぎゃくさつ》事件が起こった。それに対し、多数派のマレー人を日本軍は優遇し比較的良好な関係が保たれた。インド人に対しては、日本軍はチャンドラ＝ボースを後押ししてインド独立のためにインドのイギリス軍と戦おうとしてインド国民軍が結成され、多くのインド人がビルマ戦線へ日本軍とともに向かった。

シンガポール陥落《かんらく》後、日本軍は反日活動の拠点とみなしていたこの地の華僑（一八～五〇歳の男子）に対し何カ所かの集会場所への出頭を求め、「敵性華僑」の選別を行う「検証《けんしょう》」を実施した。マレーを含めて四～五万の華僑が虐殺されたといわれる。日本はシンガポールを「昭南島《しょうなん》」と改称し、昭南神社も建立《こんりゅう》した。また、日本軍は、シンガポール・マレーの中国人に総額五千万ドルの献金を課した。日本のケンペイタイ（憲兵隊）による社会生活への監視・干渉は恐れられた。イギリス支配時代には、この地に必要な米などの食糧はビルマ・タイから輸入されていたが、その輸送が十分に行われなくなり、たちまち食糧不足が深刻化し、また軍票《ぐんぴょう》（軍が通貨がわりに発行した）の濫発《らんぱつ》も続いたため、価格が暴騰《ぼうとう》し生活の困窮《こんきゅう》化を招いた。華僑を中心とするマレー抗日人民軍による抗日運動も活発化していった。

インドネシア　オランダの植民地であったインドネシアを占領した日本軍は、ジャワ・スマトラを陸軍が、カリマンタン・スラウェシ以東の島々を海軍が軍政下においた。オランダによって拘束《こうそく》されていたスカルノやハッタらの独立運動指導者を釈放し、かれらの協力をえる形で軍政が始まった。ジャワでは民心を得るために3A（「アジアの光　ニッポン、アジアの守り　ニッポン、アジアの指導者　ニッポン」）運動が展開され、大東亜共栄圏の思想宣伝が行われた。一九四三年三月、「各地の軍政機関と密接な連絡を保ちつつ、軍政施策を住民に徹底させ、それに対する協力を行うための宣伝を行い、同時に食糧その他の物資、労務《ろうむ》の供出など一連の軍に対するサービスを実施する」（『インドネシアにおける日本軍政の研究』）ために、プートラ（民族総力結集運動）を展開した。四四年になると、日本の大政翼賛会《たいせいよくさんかい》にならってジャワ奉公会と、上意下達《じょういかたつ》と住民の相互監視をねらった隣組《となりぐみ》が結成された。この奉公会《ほうこうかい》組織によって都市も農村も、また全階層にわたって日本の軍政が浸透《しんとう》していった。この間、ジャワの農村から組織的かつ大規模に（インドネシア側の推計では四一〇万人）労働力をロームシャ（労務者。労働者のこと。）として徴用《ちょうよう》し、各地の工事現場で炎天下《えんてんか》の長時間労働にかり出した。栄養失調《えいようしっちょう》や過労で倒れる者も多かった。ジャワ島外の、東はニューギニアから西は泰緬《たいめん》鉄道建設のタイ・ビルマなどへ送られたロームシャは二〇数万人に上《のぼ》っている。一方、日本軍のために雑役《ざつえき》・炊事《すいじ》などを行う補助兵として兵補《へいほ》が四万人以上徴用された。また、インドネシア防衛のための青年組織、郷土防衛義勇軍（ペタ）が設立され、日本軍によって軍事訓練を受けた（これはインドネシア最初の軍隊ともいえ、後にオランダとの独立戦争の中核となった）。しかし、ロームシャの徴用、食糧の強制供出《きょうしゅつ》に苦しんだ農民の抗日反乱が見られるようにもなった。ただ、日本の軍政下で、インドネシア語が公用語とされ、後にはインドネシア・ラヤ（現国歌）と紅白旗（現国旗）の使用も許可されたことは一定の結束を住民にもたらした。日本の敗戦直後の八月一七日、インドネシアの独立が宣言された。

タイ　東南アジア唯一の独立国タイは、日本とは同盟国同士であり、日本の開戦時マレーへ陸路南進するため南部タイに日本軍が上陸した際に両国軍の小ぜり合いはあったが、その後は比較的良好な間柄にあった。タイは、日本の南方戦略の中継基地、補給・情報活動基地となった。カンチャナブリからビルマのモールメンを結ぶ全長四一五キロの泰緬《たいめん》鉄道の建設はそうしたタイの置かれた立場を象徴していたのである。タイ・ビルマの国境山岳地帯はそれほど高くはないが人跡未踏《みとう》の険《けわ》しい渓谷《けいこく》地帯で、鉄道敷《ふ》設《せつ》は困難とされていた。マラリアなどの風土病の巣窟《そうくつ》でもあった。この建設工事は、連合国軍の俘虜《ふりょ》五万五千人、インドネシア・マレー・タイからのロームシャ（労務者）約一五万人を動員して、機械力に頼らぬ人海戦術で、しかも資材は日本からの移送によらず現地調達方式で、四二年七月から四三年一〇月までの一年四カ月で完成させるという突貫《とっかん》工事であった。過労や栄養不足で病に倒れ、しかも医薬品不足で多数の犠牲者が生じることとなった。

また、タイ駐留日本軍が米・ゴムなどの物資調達のために大量のタイ政府からの借り入れ軍費（総額一九億六五〇〇万バーツ。タイ政府・中央銀行との協定に基づき日タイ相互に預《あず》け合勘定《あいかんじょう》を設定して必要な費用をまかなった。このうち金塊《きんかい》で日本政府が返済したのは約四億バーツ。仏印とも同様の協定を結んだ）を調達・使用したため、タイ国内の物資不足とインフレーションが激化し、経済の混乱を招いた。

参考図書　内海愛子・田辺寿夫編『アジアからみた「大東亜共栄圏」』・越田稜編『アジアの教科書に書かれた日本の戦争―東南アジア編』（ともに梨の木舎）、小林英夫『日本軍政下のアジア―大東亜共栄圏と軍票―』（岩波新書）、深田祐介『黎明の世紀―大東亜会議とその主役たち』（文春文庫）、ボ・ミンガウン『アウンサン将軍と三十人の志士―ビルマ独立義勇軍と日本―』（中公新書）

18 近衛文麿と東条英機

近衛文麿

近衛《このえ》文麿《ふみまろ》は日本が日中戦争、太平洋戦争と戦争の時代に突入《とつにゅう》していく時期に内閣《ないかく》総理大臣となり日本の進路を決定するうえで、重要な役割を果《は》たした人物である。そして彼は意志に反して戦争が始まり拡大したという意味で悲劇の主人公とも見られるが、一方、内閣総理大臣という立場で日本を破局から救うべきだったという点ではその責任が問われる人物でもあろう。近衛は一八九一（明治二四）年、五摂家筆頭《ごせっけひっとう》の近衛家に篤麿《あつまろ》の長男として生まれたが、若くして父を亡くし公爵家《こうしゃくけ》を継《つ》いだ。学習院から第一高等学校、京大法科（始めは東大哲学科）とエリート・コースを歩み、京大卒業前年の一九一六（大正五）年には貴族院の公爵《こうしゃく》議員となり、徐々《じょじょ》に政治の世界と関係をもつようになった。

近衛の政治思想は、彼が一九一八年『日本及日本人』に投稿した「英米本位《ほんい》の平和主義を排す」という論文にははっきりと見ることができる。その論文の要旨《ようし》は、第一次世界大戦においてドイツが平和の攪《かく》乱《らん》者であり、英米が平和主義者のように言われているが、実は英米の唱《とな》える平和は彼らの都合《つごう》のよい現状維持論にすぎず、持たざる国ドイツが現状打破《だは》をめざすのは人道《じんどう》に反する行為ではない。領土も資源も乏《とぼ》しいわが国も、生存の必要上いつかドイツのような行動にでなければならない時が来るかもしれない、というものであった。二七歳の若いときに述べられた彼のこの主張は、基本的には彼の生涯《しょうがい》にわたってつらぬかれた主張であると言える。近衛のこの考えは、結局は日本のその後の戦争を回避《かいひ》できなかった道へとつながっていく。

その後、近衛は元老《げんろう》西園寺《さいおんじ》公望《きんもち》のとりたてもあって、パリ講和会議の随員《ずいいん》として渡欧《とおう》、ドイツ・イギ

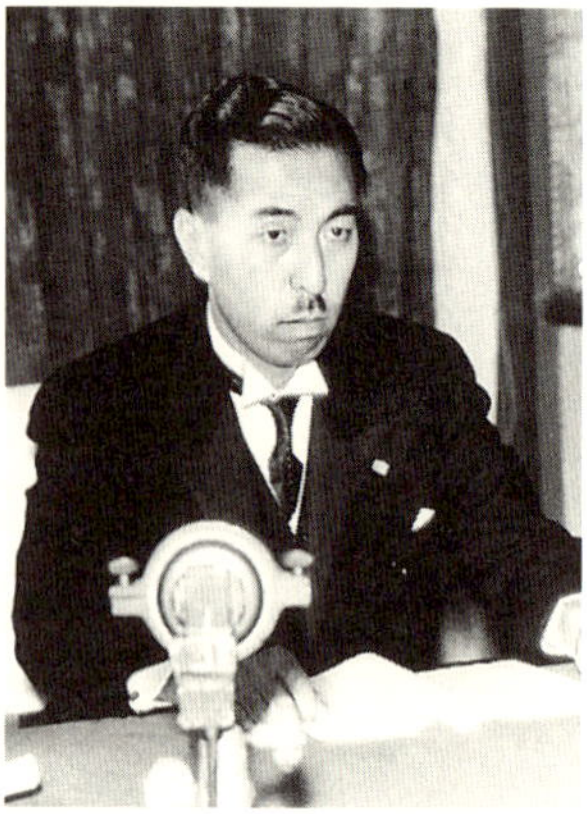

「東亜新秩序建設」声明をラジオ放送する近衛文麿（1938年）〈毎日新聞社提供〉

リス・アメリカなどを廻《まわ》って見聞《けんぶん》をひろめ帰国、一九二一年には貴族院の仮議長となり、また貴族院の中心会派である研究会で活躍、三一（昭和六）年貴族院副議長、三三年同議長となり、徐々《じょじょ》にその政治的頭角《とうかく》をあらわした。そうしたなかで、近衛の政治思想は次第《しだい》に軍部《ぐんぶ》・右翼《よく》の人気を集めるようになった。そして二・二六事件後、元老西園寺は近衛を首相に推《お》したが、彼は健康を理由に固辞《こじ》した。しかし翌三七年、林銑十郎《はやしせんじゅうろう》内閣が総辞職すると再び首相に推され、多くの国民が大歓迎《かんげい》するなか、第一次近衛内閣を組織した。近衛が国民的人気を集めたのには、四五歳という若さ、天皇家につぐ古い家柄、長身で悠揚《ゆうよう》せまらぬ物腰《ものごし》などがあったが、何といっても軍部の政治的進出を抑《おさ》えてくれる人物として国民の期待があったからである。

しかし皮肉なことに組閣《そかく》一カ月後に盧溝橋《ろこうきょう》事件が起き、日中戦争が始まった。近衛は戦争の拡大には反対だったと言われているが、実際に彼がとった行動は、中国に大軍を派遣《はけん》したり、一九三八年一月には戦争相手の蔣介石《しょうかいせき》政権を無視する近衛声明を発したり、と中国に強硬な態度をとり、結果として戦争を抜き差しならない方向へ導《みちび》いたのであり、その責任は大きいといえる。日中戦争が拡大・長期化するなかで、国家総動員法の成立など、日本は完全に戦争体制へと移行した。そして戦争の解決に行きづまった近衛はついに三九年一月、内閣総辞職をした。

近衛はその後枢密院《すうみついん》議長に就任《しゅうにん》したが、国民の近衛に寄せる期待はなお大きく、ついに四〇年七月に二回目の内閣を組織することになった。しかしより強まる軍国主義のなかで近衛が行ったことは、北部仏印《ふついん》（現ベトナム北部）進駐《しんちゅう》であり、ドイツ・イタリアとの三国軍事同盟の締結《ていけつ》であり、国内的には政党の解散、大政翼賛会《たいせいよくさんかい》の発足《ほっそく》など、さらなる戦争の勃発《ぼっぱつ》を思わせる方向への道であった。こうしたなかで近衛が唯一《ゆいいつ》対米英戦争を回避《かいひ》する道として期待したのが四一年四月から始まった日米交渉であったが、これに積極的でなかった松岡洋右《まつおかようすけ》外相を更迭《こうてつ》して第三次内閣をつくったものの、結局交渉はうまくいかず、御前《ごぜん》会議で対米英開戦を決定するまでに至り、ついに近衛は第三次内閣も投げ出してしまった。

太平洋戦争末期には近衛はソ連への特使に任ぜられたが実現しないまま敗戦となった。戦後は憲法の改正などに積極的に取りくんでいたが、四六年一月A級戦犯に指名されると、連合軍による裁判に出廷《しゅってい》することをいさぎよしとせず、逮捕《たいほ》の前日服毒《ふくどく》自殺した。

東条英機

東条英機《とうじょうひでき》は一八八四（明治一七）年一二月、長州閥に目の敵にされ不遇《ふぐう》な軍人生活を過ごした東条英教《ひでのり》陸軍中将の長男として生まれた。学習院、府立四中を経《へ》て、陸軍幼年《ようねん》学校、陸軍士官《しかん》学校へと進み、父のあとを追って陸軍軍人となった。さらに一九一二年には陸軍大学校に入り、陸軍のエリート・コースを歩むことになる。

陸軍省副官、ドイツ駐在武官《ちゅうざいぶかん》、陸軍省動員課長、歩兵《ほへい》第一連隊長などを経て、三五（昭和一〇）年関東軍憲兵隊司令官となり満州新京《しんきょう》に赴任《ふにん》、彼はここで、軍だけでなく満州国全体の治安維持をめざし、徹底《てってい》した抗日《こうにち》運動の取り締まりを行い、民間人・中国人から恐れられた。三六年には中将に進み、翌年関東軍参謀《さんぼう》長として、ふたたび満州に渡った。その四カ月後に日中戦争がはじまるが、東条は積極・拡大論を唱《とな》え、この際一気《いっき》に中国をたたけと軍中央に進言、自らも東条兵団を指揮《しき》して内蒙古《うちもうこ》で中国軍と戦った。しかし、翌年不拡大論で中央を追われた石原莞爾《いしはらかんじ》が参謀副長として赴任してくると、日中戦争をめぐって両者が激しく対立した。困った軍中央は、東条を次官に転任させた。しかし彼は板垣陸相《りくしょう》、

東条英機（毎日新聞社提供）

多田参謀次長と対立、わずか六カ月で次官をやめた。

一九四〇年第二次近衛内閣の陸相に就《つ》いた東条は、松岡外相と連携《れんけい》して、三国同盟締結《ていけつ》、南進《なんしん》政策を推進した。そして翌年、対米戦を避けるため日米交渉が始まると、交渉をめぐって近衛と対立、松岡を更迭《こうてつ》してできた第三次近衛内閣でも開戦論を主張、ついに内閣を総辞職に追い込んだ。交渉継続か開戦かの瀬戸際《せとぎわ》にたった日本の次期首相を決めるにあたり、内大臣《ないだいじん》木戸幸一《きどこういち》は、開戦を決定した九月六日の御前《ごぜん》会議の決定をくつがえし、陸軍を抑えることのできる人物は、前後の事情を知る東条陸相しかないと判断、ここに東条内閣が成立した。天皇の交渉継続の意向を伝えられた東条は、始めはその方向で努力したが結局はうまくいかず、ついに一二月八日、米英との戦争に突入した。

開戦半年間は日本軍の各地での勝利とともに東条の人気は高かったが、やがて戦局が不利になるとともに、独裁色を強める東条内閣への批判が高まり、参謀本部将校による東条暗殺計画が企てられるほど、軍内部でも信頼を失い、ついに四四年七月のサイパン失陥《しっかん》を契機に総辞職した。

敗戦後はA級戦犯にあげられ、逮捕の際拳銃《けんじゅう》で自決《じけつ》をはかったが失敗、その後の東京裁判では、天皇の戦争責任を回避することを自らの努めとして裁判にのぞみ、四八年死刑判決を受け、同年一一月二三日、巣鴨《すがも》刑務所で絞首刑《こうしゅけい》を執行《しっこう》された。

参考図書　岡義武『近衛文麿』（岩波新書）、伊藤隆『近衛新体制』（中公新書）、保阪正康『東条英機と天皇の時代』上・下（文春文庫）

19 ガダルカナル・ニューギニア・インパール

ガダルカナル島の攻防戦

ニューギニア島・ニューブリテン島・ソロモン諸島

太平洋戦争の緒戦《しょせん》においてアメリカ（米）・イギリス（英）・オランダ（蘭）・オーストラリア（豪）軍を相手に、圧倒的《あっとうてき》な戦力で勝利をおさめた日本軍は、開戦前に想定した占領範囲をこえ、遥《はる》か南太平洋まで侵攻した。

一九四二年一月、ニューブリテン島のラバウルを占領《せんりょう》した日本海軍は、さらに南をめざし、七月には、ラバウルから約千キロメートル離れた、ソロモン諸島南部のガダルカナル島（ガ島）に飛行場の建設を開始した。しかし、その飛行場がほぼ完成した八月七日、米海兵《かいへい》第一師団《しだん》約二万が空母《くうぼ》三隻を基幹とする機動部隊の援護《えんご》のもとガ島とその対岸の小島ツラギに上陸した。この作戦は米《べい》軍《ぐん》の本格的な反攻作戦として行われたものであったが、大本営は米軍の本格的反攻は四三年中期以降という勝手な先入観《せんにゅうかん》を持っていたため、この上陸作戦を威力偵察《ていさつ》程度のものと判断した。この敵情《てきじょう》判断の誤りが、のちのガ島の悲劇《ひげき》を生んだと言ってよい。

米軍上陸の報をうけた大本営《だいほんえい》は、六月のミッドウェー海戦で同島に上陸するはずだった一木清直《いちききよなお》大佐（一九三七年七月七日の盧溝橋《ろこうきょう》事件の時の現地部隊の大隊長《だいたいちょう》）の率いる約千人の部隊を急遽《きゅうきょ》ガ島へ派遣《はけん》した。しかし上陸したとたん優勢な米軍の攻撃で、たちまち全滅してしまった。そこで川口清健《かわぐちきよたけ》少将の率《ひき》いる部隊が投入されたが、この部隊の攻撃も熱帯の密林《みつりん》と米軍の圧倒的な火力にはばまれ失敗に終わった。さらに第二師団が投入され、本格的な奪回《だっかい》作戦が試《こころ》みられたが、一〇月の総攻撃もまた失敗した。大本営はなお戦力の強化を試《こころ》みたが、すでに補給の続かない日本軍には米軍を攻撃する力はなく、ついに、翌年二月にはガ島撤退《てったい》となった。

半年におよんだガ島戦での日本軍の最大の問題は補給《ほきゅう》であった。もともと最前線基地のラバウルから遠く離れていたため、輸送船を空から護衛《ごえい》することがほとんど不可能で、食糧・兵員・武器を積んだ輸送船は米軍の航空攻撃により、つぎつぎと沈められた。その後は駆逐艦《くちくかん》や潜水艦による補給が細々と続けられたが、補給を受けられないガ島の日本軍将兵《しょうへい》は食糧をえられず、椰子《やし》の実や雑草はもちろん蛇やとかげ・昆虫《こんちゅう》とあらゆるものを口にし、日本兵の周《まわ》りにいる生き物はマラリア蚊としらみだけといわれ、ガ島は餓島《がとう》と呼ばれる状況となった。同島で戦死した将兵二万の半数は、飢えとマラリアなどの病気によるものであった。救出された一万の将兵も、多くが死の一歩手前の栄養失調状態であった。また、ガ島の戦いは豊富な物量を誇《ほこ》る米軍との大規模な消耗《しょうもう》戦でもあった。日本軍は多くの戦略物資・艦艇《かんてい》・航空機を消耗《しょうもう》し、そのため後方基地の戦備に大きな支障《ししょう》をきたした。ガ島撤退《てったい》後は太平洋を北上するアメリカ軍に準備不足のまま立ち向かい、一方的な敗退を重ねることになった。まさにガ島攻防戦は太平洋戦争のその後の様相を暗示《あんじ》する戦いであったと言える。

ニューギニアの戦い

ニューギニア戦の悲劇は、一九四二年八月、第一七軍配下《はいか》の南海支隊《なんかいしたい》がニューギニア南東部にある豪軍《ごうぐん》基地、ポートモレスビーの攻略《こうりゃく》をめざして、パサブアに上陸した時に始まる。しかし、同島を反撃の出発点として重視するマッカーサー元帥《げんすい》指揮《しき》の連合軍は、南海支隊やその後新設された第一八軍の諸部隊を猛攻《もうこう》、その結果、四三年一月にはガ島と時を同じくして、ポートモレスビー攻略《こうりゃく》作戦も失敗に終わった。

その後、大本営は連合軍がニューギニアに沿って北上し、フィリピンをめざすと考え、一九四三年一月には中部のウエワクに第二〇師団、第四一師団を派遣《はけん》した。また、同年二月には第五一師団の主力がラバウルから派遣されたが、途中の海峡《かいきょう》で連合軍の航空攻撃を受けてほぼ全滅する悲劇をみた。このように、ニューギニアの戦いは始めから日本軍にとっては苦戦の連続であった。

制海・制空権を握った連合軍は、蛙飛《かえると》び作戦といわれた作戦でニューギニア各地に上陸、敗走する日本軍の退路を断《た》った。海岸線を退却《たいきゃく》できなくなった日本軍は四千メートルを越える山々が連《つら》なるニューギニア奥地に退路を求めた。しかし、補給もなく現地での食糧《しょくりょう》調達もままならない中での退却により、多くの将兵《しょうへい》が飢《う》えやマラリアや寒さで死んだ。海岸線に出ると、待ち構える連合軍に対して、口減らしともいわれた絶望的な突撃《とつげき》作戦が決行され、さらに多くの将兵が死んだ。

ブナの波打ち際に続く日本軍戦死者
(1943年ニューギニア)〈毎日新聞社提供〉

日本の二倍の面積をもつニューギニアには、最終的に約一八万の日本軍が派遣され、一五万の将兵が戦死した。戦後、部下のあとを追って自決した安達《あだち》二十三《はたぞう》第一八軍司令官がその遺書に「(失った一〇万の部下の)大部は栄養失調に基因《きいん》する戦病死なることに想到する時」と書いたように、三年に及んだニューギニアの戦いは太平洋戦争のなかでも最も苛烈《かれつ》で悲惨な戦いであった。

インパール作戦

ビルマの第一五軍司令官牟田口廉也《むたぐちれんや》中将(一九三七年の盧溝橋《ろこうきょう》事件の時の現

地部隊の連隊長）は、インド北西部の都市インパールへの進攻《しんこう》作戦を主張、始めは反対した大本営も、政治的理由などからこれを許可し、作戦は一九四四年三月に実行された。牟田口は、インパール作戦を前にして従軍《じゅうぐん》記者たちに「支那事変最初の指揮官《しきかん》だったわしには、大東亜《だいとうあ》戦争の最後の指揮官でなければならん責任がある……インパールは五〇日で陥《おと》してみせる」といったという。

作戦に参加した三個師団は、開始早々こそ順調にインパール付近まで進出したが、圧倒的航空兵力をもつ英軍の前に作戦は頓挫《とんざ》し、たちまち食糧《しょくりょう》・弾薬《だんやく》の不足におちいった。しかし、積極攻撃を命令する牟田口は、慎重な作戦や補給を要求する師団長たちと対立、ついに三人の師団長全員を作戦中に解任するという、日本軍始まって以来の異常な事態となった。しかし、それでも戦線の崩壊《ほうかい》は止まらず、七月ついに作戦中止が命ぜられた。

折りから始まった雨期《うき》の豪雨のなか、将兵は泥濘《でいねい》に埋まりながら食糧もえられず、険《けわ》しいビルマの山中を退却《たいきゃく》、その退路は力つきた日本兵の死体が延々《えんえん》と続き「白骨《はっこつ》街道」と呼ばれた。参加兵力一〇万のうち、七万以上が死傷、生き残った将兵もひどい栄養失調の状態であった。こうして、太平洋戦争中もっとも無謀《むぼう》で愚劣《ぐれつ》な作戦と言われたインパール作戦は終わった。

以上の三つの悲惨《ひさん》な戦いは、大本営《だいほんえい》や現地司令部の情勢判断の誤りから起きたことはもちろんであるが、根本的には、「補給は敵軍の物資を以《もっ》てあてる」、「兵より物を大切にする」、「捕虜《ほりょ》になることを認めない」、という日本軍の戦略《せんりゃく》思想の貧困《ひんこん》がもたらした結果であると言えよう。

参考図書　読売新聞大阪社会部編『ガダルカナル』（読売新聞社）、森山康平編著『米軍が記録したニューギニアの戦い』（草思社）、高木俊朗『インパール』（文春文庫）

20 戦時下の生徒 ——勤労動員と学童集団疎開——

勤労動員

戦線の拡大に伴って、戦況《せんきょう》はきびしさを増していった。青年・壮年《そうねん》男子の大部分が軍人や軍属《ぐんぞく》として徴用《ちょうよう》されて戦場へ行き、大学生の徴兵《ちょうへい》延期の停止（学徒《がくと》出陣《しゅつじん》）や徴兵年令の一年繰《く》り下げ（一九歳から）も実施《じっし》された。そのため国内の労働力不足は決定的なものとなり、「国内必《ひっ》勝《しょう》勤労対策」として「女子挺身《ていしん》勤労令」「学徒勤労令」が閣議《かくぎ》決定された。現在の中学生・高校生に当たる生徒たちも、戦力の一端《いったん》をになう貴重な人的《じんてき》資源「産業戦士《せんし》」としてお国《くに》のために働かされたのである。これを「勤労動員《きんろうどういん》」という。

勤労動員の実際を、体験した二人の生徒の例でみてみよう。

○一九四三（昭和一八）年、東京府立第五高等女学校（現都立富士高校　当時は現新宿《しんじゅく》区歌舞伎町《かぶきちょう》一丁目にあった）に入学（現在の中学一年生）した生徒の場合

入学後一年間は、「戦勝祈願《せんしょうきがん》」（毎月八日明治神宮《めいじじんぐう》へ）「行軍《こうぐん》訓練」（二〇キロメートル・二七キロメートル）「夏期錬成《れんせい》」（防空壕掘《ぼうくうごう》り）「耐寒《たいかん》訓練」（薙刀《なぎなた》訓練）「体力章《たいりょくしょう》検定」「農作業《のうさぎょう》」「女子挺身《ていしん》隊」などの行事があったがほぼ正常の授業が行われていた。四四年二月に、先《ま》ず三年生以上の全員が「女子挺身隊《ていしん》」の名で勤労動員され、全《まった》く学業から離れて飛行機工場などの軍需《ぐんじゅ》工場で働くことになった。二年生も、機械・材料などの講義を受けた後、一一月から教室を工場にした「学校工場」での勤労動員と決まり、「産業戦士《せんし》」としての壮行《そうこう》式」を行い、「東京芝浦《しばうら》電機学校工場」で、工場から来た指導員の下に飛行機の配電盤《はいでんばん》を

作る作業に従事した。川崎《かわさき》の工場との間をネジ・ナットなどの部品と製作品を運搬《うんぱん》する仕事もあった。労働時間は午前八時から午後四時まで、後に残業《ざんぎょう》一時間が加わった。「命をかけて飛行機増産《ぞうさん》に当たれ」「学校を死守《ししゅ》せよ。倒れれば光栄《こうえい》なる死に場所である」と叱咤激励《しったげきれい》されて、連日の空襲《くうしゅう》の中を必死で通学した。四月一三日深夜から一四日未明《みめい》にかけての米軍機《べいぐんき》一七〇機による大空襲で学校も自宅も焼失《しょうしつ》。長野《ながの》県立須坂《すさか》高等女学校（現県立須坂高校）に疎開《そかい》転校したが、ここも全校が軍手《ぐんて》を製造する学校工場になっていて、織工として働き授業は全くなかった。東京に残った生徒は、焼跡《やけあと》整理や焼跡農園の開墾《かいこん》に従事した後、中央気象台への動員となり、各測候所《そっこうじょ》から来る暗号《あんごう》の乱数表《らんすうひょう》を扱う仕事に配属《はいぞく》されて終《しゅう》戦《せん》を迎えた。

○一九四二年、明治学院中学部（現明治学院中高等学校）に入学した生徒の場合

この年から中学生の制服は国防色《こくぼうしょく》（カーキ色）に統一され、ボタンは陶器《とうき》製となった（金属は国に供《きょう》出《しゅつ》したため）。授業の他に開墾《かいこん》作業があった。四三年九月から三年生以上が軍需《ぐんじゅ》工場へ動員となる。翌年四月から、宮田《みやた》製作所へ動員配属《はいぞく》された。宮田製作所は本来自転車工場であったが、当時は主として戦闘《せんとう》機の脚《あし》を作っていた。旋盤《せんばん》・研磨《けんま》など精度《せいど》が高く危険を伴ううえ、長時間立ちっぱなし休憩《きゅうけい》なしの過酷《かこく》な労働であった。三交代《さんこうたい》制で夜勤《やきん》もあり、疲労《ひろう》のため怪我人《けがにん》も出た。四五年四月、福島県立安積《あさか》中学（現県立安積高校）に疎開《そかい》転校したが、すでに学年全体が保土ケ谷《ほどがや》化学などに分散《ぶんさん》動員されていて授業は全くなかった。すぐに須賀川《すかがわ》にあった笠原製糸《かさはらせいし》工場に配属されて航空機エンジンの点火《てんか》プラグを作った。地方でも軍需工場は艦載機《かんさいき》による機銃掃射《きじゅうそうしゃ》やB29の爆撃《ばくげき》を受け、動員中の生徒が多数亡《な》くなった。終戦後も、学校の指示を受けて強制疎開《そかい》跡地の整理・飛行機の解体作業・荒地《あれち》の開墾《かいこん》などの労働に従事

する生活が続き、授業が再開されたのは一一月ごろからであった。

学童集団疎開

「疎開《そかい》」とは、元は軍事用語であったが、一般的には「空襲《くうしゅう》、火災などの被害を少なくするため、都市などに密集している建造物や住民などを分散《ぶんさん》すること」（『現代国語例解辞典《れいかいじてん》』小学館）である。戦争中に小学生以上であった人々にとっては、忘れられない言葉の一つである。空襲《くうしゅう》の激化に伴って、建物の強制疎開《そかい》や人々の勧奨《かんしょう》疎開が強力に推進され、ついには国の政策として、縁故《えんこ》先のない学童《がくどう》（小学生）を勧奨という形で学校ごとにとりまとめ、引率《いんそつ》の教員とともに指定の疎開地・宿舎《しゅくしゃ》へ送りこむ「学童《がくどう》集団疎開《そかい》」が大々《だいだい》的に実施された。四四年八月以降、東京を中心に全国で約四一万人もの学童がこれに加わったのである。

一九四四年八月、東京都江戸川《えどがわ》区立小松川《こまつがわ》第一国民学校（現在の小学校）四年生で、山形《やまがた》県西田川《にしたがわ》郡加茂《かも》町湯野浜《ゆのはま》温泉（現鶴岡《つるおか》市）に学童集団疎開した人の話。

「お国のため」と喜んで参加したが、いつまでという見通しがつかないこともあって、父母恋《こい》しさに隠れて涙をこぼすこともあった。学年ごとに旅館の宿舎に分かれて勉強していたが、燃料や食糧の不足を補《おぎな》うために裏山《うらやま》で作業《さぎょう》をすることもよくあった。食糧事情は日ましに悪くなり、いつもおなかを空《す》かせて食べるもののことばかり考えていた。衛生状態も悪く、シラミ（吸血昆虫《きゅうけつこんちゅう》）やカイセン（ダニの寄《き》生《せい》による伝染《でんせん》性の皮膚《ひふ》病）が蔓延《まんえん》した。長期にわたる不自由な集団生活は、自立心・忍耐力など人間を鍛《きた》えた側面もあったが、深刻《しんこく》な人間関係のひずみを経験《けいけん》したことは、その後の人間観に影響があった。一年半後に帰宅したが、やせ果《は》てた姿に母が涙をぬぐったことと、持ち帰った衣類を不潔《ふけつ》だからと焼き捨てられたことが忘れられない。湯野浜《ゆのはま》温泉を訪ねてみようという気持ちになったのは五〇歳をすぎてからであった。

21 銃後の生活

――配給と空襲（ある体験記）――

一九四一（昭和一六）年対米英開戦の時、私は一一歳、小学校五年生。その頃は小学校も「戦時体制」にはめられ「国民学校《こくみんがっこう》」となっていた。柔道・剣道は必修で、女子は薙刀《なぎなた》。体操の授業もはじめのうちは相撲《すもう》などやらせてくれたが、その後は「行進《こうしん》」ばかり何時間もやるようになった。おしゃべりした生徒がいると先生が飛んできてタタかれ耳がおかしくなった友達もいた。

日本海軍の真珠湾《しんじゅわん》「奇襲《きしゅう》」のラジオの大ニュースの一方で、新聞には日本陸軍のマレー半島「上陸」が報ぜられ、翌日からは「地図に矢印」をつけた記事になって南下する日本軍がわかるようになった。「破竹《はちく》の勢《いきお》い」というコトバはこの頃おぼえた。「日本は強い」と毎朝の新聞を楽しみにしたものである。私のアジアの地理地名の知識はこの頃進んだようだ（こうした新聞による地理学習は実は少し前にもヨーロッパのドイツ軍の進撃のときにもあった）。その後日本軍は香港・シンガポール（英領）、インドシナ（仏印《ふついん》）、インドネシア（蘭印《らんいん》）、フィリピン（米領）など次々に占領していった。

配給　開戦の翌年、衣料品が点数切符《きっぷ》による「配給制《はいきゅうせい》」になり、都市では一人一年間に「一〇〇点」（地方は八〇点）と決められた。（例）背広《せびろ》五〇点、国民服《こくみんふく》三二点、ワンピース二五点、学童《がくどう》服一七点、もんぺ一〇点、くつ下二点（これも一九四四年には減らされた）。今より品質が悪くくつ下などはすぐに穴があいてしまったので、ズボンでも何でも「つぎあて」をして使うのがあたりまえになった。中学一年生になると私は「革靴《かわぐつ》」で通学したが、「ブタ革」なのですぐに穴があいてしまいがっかりした。「牛革《ぎゅうがわ》の靴」はなかなか手に入らなかった。

「お米」は、一九四一年四月の規則では六大都市で（一一歳〜六〇歳）で二合三勺《ごうじゃく》三（三三〇グラム）。（六〇歳以上は）二合一勺一（三百グラム）。そのほか、労働の種類で増減があったが、これもだんだん質が悪くなり、押麦《おしむぎ》や大豆《だいず》がまざってきた。それならまだ良い方で配給がだんだん遅れてきた。空腹《くうふく》の私は大切にしまってあった「食パン」をかじったことがある（もちろんバターなどない）。すでにカビが生《は》えており、その部分だけ除いて食べた。「戦地の兵隊さんのこと考えよ、泥水《どろみず》すすり草を食べて戦っている」と。お米は四四年頃にはなかなか手に入らなくなり、四五年では配給《はいきゅう》ルートには「なくなった」のではないかと思うほどお目にかかれなくなった（サツマイモや大豆なら良い方でカボチャやヒマワリの種まで煎《い》って食べた）。

空襲

一九四三年六月、政府は「学徒《がくと》戦時動員体制確立要綱《ようこう》」を決定して、中学三年以上の生徒・専門学校生・大学生は軍需《ぐんじゅ》工場で働くことになった。はじめは三カ月など期間限定であったが、四四年には一年間となりとうとう授業などはなくなってしまった（家庭にいる未婚女性も工場に動員された）。女学校などでは、スカートを廃止して「もんぺ」を制服にした（男子はゲートル姿）。

四四年八月には学徒勤労《きんろう》令や女子挺身《ていしん》勤労令が出されて今までより強化されたが、次第《しだい》に米軍による空襲《くうしゅう》が多くなったり、疎開《そかい》したままの人がいたり、人の移動が流動的になるなど末期《まっき》的様相《ようそう》の段階に入っていく。学徒で死亡した者一万九六六人、負傷者九、七八九人という数字もある。現在東京の保谷《ほうや》市新町にある武蔵野《むさしの》女子学院高校にはツバキの樹《き》と「散華《さんげ》乙女《おとめ》の記念樹《きねんじゅ》の碑」がある。四四年一一月二日、近くの中島飛行機武蔵《むさし》製作所に勤労動員で働いていた五年生一〇〇人余がB29の空襲《くうしゅう》におそわれたとき、学院にもどって防空壕《ぼうくうごう》に避難《ひなん》していた四人が直撃され、一瞬のうちに若い命を失った。この工場を米軍は何回も目標にした。

緒戦《しょせん》の勝利で「勝った勝った」と国中が喜んだわけだが次第《しだい》に暗い面が出てくるようになる。一九四二年四月一八日には米空母からの「ノースアメリカンB25（一六機）による最初の日本空襲があり、東京（一三機）、名古屋・神戸（三機）の市民を驚かせ（死者五〇人中三九人は東京）。同年六月のミッドウェー海戦の大敗後、太平洋の制海権も制空権も米軍に握られてしまう。

米軍の本格的な日本本土《ほんど》空襲は四四年一一月からだが、航空母艦《こうくうぼかん》からの本土爆撃《ばくげき》はすでに四二年四月にあった。マリアナ諸島からのB29による爆撃は地上基地からの日本へのくり返し攻撃が可能であった（この頃はプロペラ機の時代。B29の航続距離は飛躍的に伸びたものであった）。

広島《ひろしま》・長崎《ながさき》の原爆《げんばく》被害に次ぐ犠牲《ぎせい》者を出した「東京大空襲《だいくうしゅう》」は終戦五カ月前の一九四五年三月一〇日未明で、前夜（九日）から強い北風のなかだったという。武器をもたない非戦闘員をねらった大都市への「無差別じゅうたん爆撃」といわれたもので、「じゅうたん」をしくようにすき間なく落とすというやり方で、一五メートルおきに油《ゆ》脂焼夷弾《ししょういだん》を二時間半ぐらいの間に一万二、二〇二発ばらまいて東京の四〇%が焼け出され、戦災者一一五万八、一八四人、死者七万二、四三九人以上（三月一六日現在）という数字もある（戦争の場合数字がくい違うこともよくある）。父母、兄弟姉妹などの肉親を失うことになったこの空襲は、生き残った人々にとっては悲しい思い出で、なかなか外部には語りつがれないむきがあった。人間社会にはこんなことはあってはいけない、平和のために忘れてはならないできごととして幾つかの記録が残されている。手に入りやすいものとして、

東京隅田公園にある慰霊碑

早乙女《さおとめ》勝元《かつもと》『東京大空襲』と、児童文学に入れられている高木敏子《たかぎとしこ》『ガラスのうさぎ』がある。後者は著者の高木さんの少女時代の戦争体験報告で小説ではない。東京大空襲で母親と妹を失い、八月五日には疎開《そかい》先の神奈川《かながわ》県二宮《にのみや》駅で父親と二人、米軍機P51の「機銃掃射《きじゅうそうしゃ》」に遭《あ》い、父親を亡くした。武装《ぶそう》していない、普通の市民が戦争の中でどんな体験をして生きてきたか生々《なま》しく記録されている。はじめ米軍は軍需《ぐんじゅ》工場とか軍の施設《しせつ》とかを目標にしていたが、その後このように無差別に一般市民をねらうようになった。

東京の隅田川《すみだがわ》のほとり言問橋《ことといばし》のたもとには、東京大空襲で亡くなられた方の慰霊碑《いれいひ》（写真）があり、説明板が立っている。「この隅田《すみだ》公園は大空襲で亡くなられた方の仮埋葬地《かりまいそうち》だった」（台東《たいとう》区）という。東京では各公園に死者がたくさん集められたということをかつて私も聞いたことがある。

その後の本土空襲《くうしゅう》の主なものは、三月に名古屋、大阪、神戸、四月には東京、川崎、横浜、五月に名古屋、東京の南部（荏原《えばら》、品川《しながわ》、目黒《めぐろ》、大森《おおもり》、渋谷《しぶや》など。私の家は目黒不動《ふどう》の近くで、焼失した）。さらに、四谷《よつや》、麹町《こうじまち》、赤坂《あかさか》、皇居《こうきょ》その他。六月に、大阪、神戸《こうべ》、その他の中小都市。八月、八王子《はちおうじ》……。空襲は八月一五日まであった。

参考図書　早乙女勝元『東京大空襲』（岩波新書）、高木敏子『ガラスのうさぎ』（金の星社）

22 強制連行と「従軍慰安婦」

強制連行

「姜《よう》《カン》氏は故郷《こきょう》の慶尚南道《けいしょうなんどう》河東郡《かとうぐん》で小作農《こさくのう》をやっていたが、普段《ふだん》から……吏員《りいん》や警官らに、日本の炭鉱《たんこう》か、軍需《ぐんじゅ》工場にいくよう強制され、そのつど避《さ》けていた。しかし、一九四二年六月に面《めん》《ミョン》（村）事務所と鉄道工業株式会社（土建《どけん》）の共謀《きょうぼう》により行く先も知らされず、河東郡から狩《か》り立てられた同胞《どうほう》八〇名とともに強制的に日本に連行《れんこう》された。……便所に立つときも監視《かんし》員がつきまとう厳《きび》しい監視の下に釜山《ふざん》《プサン》から下関《しものせき》へ上陸しさらに鹿児島《かごしま》県出水《いずみ》町に連行《れんこう》された。そこではじめて戦争のための飛行場建設に動員されたことがわかった。……突貫《とっかん》工事のため朝早くから暗くなるまで重労働が強《し》いられた。天井《てんじょう》もなく電灯《でんとう》もない雨漏《あまも》りのするバラックに寝起《ねお》きし、全《まった》く自由のない生活にいたたまれず四回あまりも逃亡《とうぼう》をくわだて……そのたびに捕《つか》まり、三日間も寝なければならないぐらいなぐられた。」

（朴慶植『朝鮮人強制連行の記録』から、姜性一氏の話）

一九一〇年以来、日本の植民地とされた朝鮮では土地を失ったり、職を無くして国を離れる人は多かった。とくに三一年に戦争が始まると日本へ流入する人が増えはじめ、三七年には日本に居住《きょじゅう》する朝鮮人は八〇万人に達した。政府は初め、こうした流入を国内の失業対策などから抑制《よくせい》しようとするが、三七年に日中戦争が始まり国内の労働力が不足しはじめると、それを補《おぎな》うために朝鮮人労働者の積極的移《い》入《にゅう》にのりだす。三九年に日本内地で国民徴用《ちょうよう》令が出され、朝鮮でも国家的計画のもとに炭鉱《たんこう》、土建《どけん》などの業者に集団募集《ぼしゅう》が許可されて、半《なか》ば強制的な人集めが始まった。人集めは次第《しだい》に強制、暴力を伴《ともな》うようになる。四四年九月からは国民徴用令の適用によって、役所が指名した人物を強制的に連行《れんこう》した。この間に連行された朝鮮人は約八〇万人（人数は正確に把握《はあく》できないため、さまざまな推定数《すいていすう》がある）で、日本内地《ないち》・樺太《からふと》・南洋《なんよう》などに送られ、多くが炭鉱《たんこう》、土建業《どけんぎょう》の危険《きけん》な現場で働かされた。労働環《かん》境《きょう》は劣悪《れつあく》で、事故《じこ》や拷問《ごうもん》などで死んだ者が六万人をこえると推定《すいてい》されている。また同じ時期、軍の要員《よういん》として徴発《ちょうはつ》された者が一五万人、女子挺身隊《ていしんたい》の名で二〇万人、さらに四五年の徴兵《ちょうへい》令適用《てきよう》によって徴兵された兵士《へいし》が二一万人余りあった。こうした連行《れんこう》、強制労働は中国人捕虜《ほりょ》、台湾《たいわん》の中国人に対しても行われた（敗戦時の日本には二〇〇万人をこえる朝鮮人が居住《きょじゅう》していたが、そのうち六〇万人余りが戦後も残留《ざんりゅう》し、現在七〇万人余りいる在日《ざいにち》韓国・朝鮮人の源《みなもと》となった）。

		1938年	1939	1940	1941	1942
朝鮮内	官斡旋	19,516（1934～37－20,344）	45,289	61,527	46,887	49,030
	徴用	－	－	－	－	90
	道内動員	74,194	113,096	170,644	313,731	333,976
日本内連行	動員計画	－	85,000	97,300	100,000	130,000
	連行数	－	53,000	56,398	67,098	119,851（126,060）
				81,119	126,092	248,521

		1943年	1944	1945	合計
朝鮮内	官斡旋	58,924	76,617	44,263	402,053
	徴用	648	19,655（153,850）	23,286（106,295）	43,679（260,145）
	道内動員	685,733	2,454,724	（？）	4,146,098
日本内連行	動員計画	200,000	400,000	50,000	1,062,300
	連行数	128,354（170,000）	286,432（290,000）	10,622	724,925（776,298）
				160,427	（936,725）
		300,654			1,259,933

朝鮮人強制連行状況（朴慶植『朝鮮人強制連行の記録』から）

「従軍慰安婦」

朝鮮人の中には軍慰安所《いあんじょ》でいわゆる従軍慰安婦《じゅうぐんいあんふ》として働かされた人もあった。慰安所とは日本軍が戦地《せんち》などに設《もう》けた、女性に将校《しょうこう》・兵士《へいし》へ性的奉仕《ほうし》をさせるための施設《しせつ》である。三七年日中戦争が始められ、南京《なんきん》で日本軍による大虐殺《ぎゃくさつ》事件が起きた前後から設置が本格化する。占領地《せんりょうち》で多発した強姦《ごうかん》事件など軍紀《ぐんき》の乱れを防ぐこと、兵士《へいし》に性病が広がるのを防ぐことなどが目的であった。戦場《せんじょう》での死の緊張下《きんちょうか》にあって、休暇《きゅうか》や娯楽《ごらく》を与えられない兵士の不満を解消させる唯一《ゆいいつ》の「娯《ご》楽《らく》」施設でもあった。慰安所は四二年の中国で約四〇〇カ所あったといい、その後の戦線《せんせん》の拡大に伴《ともな》って東南アジアの全占領地に拡大していった。慰安婦の数ははっきりしていないが、そのうち朝鮮人の比率は高く、五～七万人との推定《すいてい》もある。彼女たちは軍に依頼《いらい》された周旋《しゅうせん》業者によってだまされたり、身《み》売《う》りされたり、暴力的に連行《れんこう》されたり、また村への割り当てで集められたりして、戦地に送られ、荒々しい兵士たち多数の相手をさせられた。慰安婦の中には一四、五歳の少女までもが含まれていた。

こうした事実は長い間、元《もと》兵士の思い出として秘《ひそ》かに語られることはあっても、注目もされず、問題にもされないままに忘れられようとしてきた。状況をかえたのは九一年、勇気のある朝鮮人元《もと》慰安婦がその事実を証言したことによる。これをきっかけに多くの証言、事実がようやく明るみに出され、さまざまな問題を投げかけた。「強制連行」「従軍慰安婦」は国家の戦後補償《ほしょう》の在《あ》り方、日本人の歴史認識、責任の取り方などにおいて、現在の問題でもある。

参考図書　朴慶植『朝鮮人強制連行の記録』(未来社)、吉見義明『従軍慰安婦』(岩波新書)

23 神風特別攻撃隊と回天特攻

神風特別攻撃隊

一九四四（昭和一九）年六月、サイパン島の攻防《こうぼう》をめぐるマリアナ沖海戦の敗北で、日本海軍は米軍に勝利する可能性を失った。同年一〇月、米軍がフィリピンのレイテ島に上陸すると、航空機の圧倒的不足を補《おぎな》うため、マニラに赴任《ふにん》した第一航空艦隊司令長官大西瀧治郎《おおにしたきじろう》中将は、爆弾《ばくだん》を抱いた航空機による敵艦船《てきかんせん》への体当たり攻撃部隊の編成を命令した。神風《しんぷう（かみかぜ）》特別攻撃隊の始まりである。フィリピン戦では、約二〇〇機が体当たり攻撃を行い、約二六〇名が戦死、同時に支《し》援《えん》機も一三〇機あまりを失い、歴戦《れきせん》の優秀なパイロットを多く失った。海軍の特攻《とっこう》が大規模になるにつれて、陸軍も同様の体当たり攻撃を開始した。

この戦史に例をみない攻撃方法は、初めは米軍に恐怖を与え一定の戦果《せんか》もでたが、やがて防御《ぼうぎょ》法を研究し、圧倒的な戦力で迎え撃つ米軍の前では、予期《よき》した戦果《せんか》をあげることができなくなった。しかし、日本軍はその後も、特攻こそが戦局挽回《ばんかい》の切札《きりふだ》と考え、各地で特攻攻撃を行った。特に四五年四月から六月までの沖縄戦では、菊水作戦と名づけられた特攻攻撃で、大量の陸・海軍特攻機が主として九州の各基地から投入された。始めは志願制だった特攻もやがてなかば強制となり、多くの若者が特攻攻撃によって戦死した。

回天特攻

神風特攻が航空機による敵艦への体当たり攻撃だったのに対して、回天《かいてん》は頭部に魚雷《ぎょらい》をつけた一人乗りの小型潜水艇《てい》による、水中体当たり攻撃であった。戦局が厳しくなった四三年から、人間魚雷の設計が開始され、四四年二月には試作命令がでて、製作・性能試験が開始された。

回天は全長約一五メートル、排水量約八トン、航続《こうぞく》距離三〇ノットで二三キロメートル、一二ノットで七八キロメートル、頭部の炸薬《さくやく》（火薬）は通常魚雷の約三倍の一・六トンで命中すれば威力《いりょく》があった。攻撃方法は伊《い》号潜水艦に四〜五隻搭載《せきとうさい》し目標近くまで行き、そこから隊員が乗り込み敵艦船《かんせん》に向かった。四四年一一月、最初の攻撃隊菊水《きくすい》隊がウルシー環礁《かんしょう》の米艦船を攻撃したのを皮切りに、四五年七月から八月にかけての多聞《たもん》隊の沖縄方面への出撃まで、約一〇〇隻が参加し、一〇六名が戦死した。回天を乗せて出撃した伊号潜水艦も約一〇隻が米軍によって撃沈され、八〇〇名以上の乗組員が戦死した。隊員は兵学校、機関学校出身の中・少尉、学徒出身の中・少尉、予科練《よかれん》出身の下士官・兵が大半で、神風特攻と同様、一七、八歳から二二、三歳の若者であった、回天特攻は、神風特攻よりも米軍に大きな脅威《きょうい》を与えたと言われ、日本側の発表では、米艦約三〇隻を撃沈したとされている。

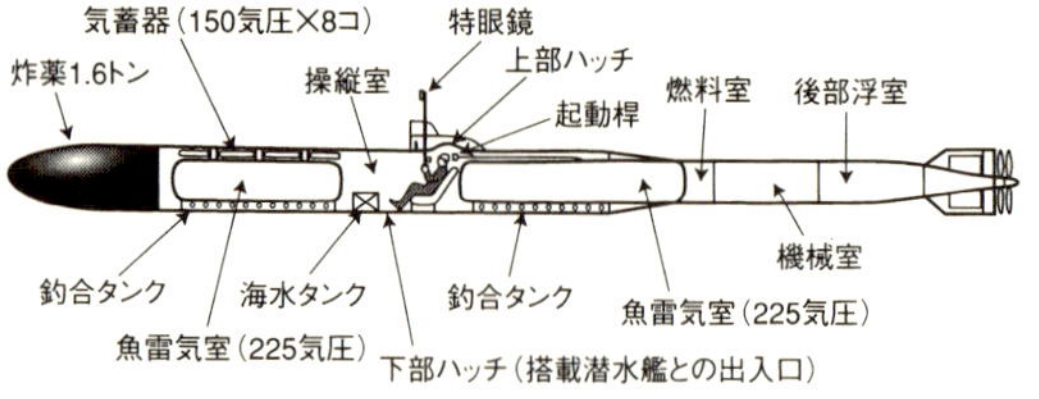

回天構造図（横田寛『あゝ回天特攻隊』光人社より）

神風・回天・桜花《おうか》（頭部に爆弾をつけたロケット推進の特攻機）・震洋《しんよう》（モーターボートによる海上特攻）など、戦争末期の日本軍の戦法は全軍特攻の様相を呈《てい》した。生還《せいかん》の可能性ゼロというこの異常な作戦で戦死した若者の数は約四、四〇〇名と言われている。このような事態にいたった背景には、早く戦争を終結に導く真の国家指導者がいなかったこと、戦争を指導した軍上層部が潔《いさぎよ》く敗北を認め終戦に動かなかったこと、などがあげられるが、その意味で国や軍の指導者の責任は重い。

参考図書　奥宮正武『海軍特別攻撃隊』・神津直次『人間魚雷回天』（ともに朝日ソノラマ）

24 沖縄戦

決戦から持久戦へ

一九四五年四月七日、最後の戦争内閣と目《もく》された鈴木貫太郎《すずきかんたろう》内閣が成立したその日、海軍は最後の海上兵力である戦艦大和《せんかんやまと》以下を「海上特攻《とっこう》」として沖縄《おきなわ》に突入《とつにゅう》させたが、その途中、大和《やまと》は東シナ海で撃沈《げきちん》された。本土と沖縄を結ぶ糸が断《た》たれた日でもあった。四四年に入り大本営《だいほんえい》は南西諸島の防備に取り組み始めたが、同年一二月末台湾《たいわん》防備強化のため沖縄本島の第九師団が転用され、その代わりに本土から増援《ぞうえん》される予定の第八師団の派遣《はけん》は、四五年一月になって中止された。これで沖縄は、本土決戦のための前線として、敵の消耗《しょうもう》を強《し》いるだけの場となった。さらに、第九師団をとりあげられた沖縄の第三二軍は、従来の決戦主義から持久戦《じきゅうせん》主義に転じ、主力を沖縄本島南部の島尻《しまじり》地区に集結して戦略持久《じきゅう》を策《さく》することにした。この計画は、沖縄県民の保護はもとより、戦略上重要な航空基地の確保も行わず、軍だけがなるべく生きながらえようとする作戦であった。この方針に反対した大本営《だいほんえい》が第三二軍の攻撃行動を促《うなが》すべく派遣《はけん》したのが、戦艦大和《やまと》であった。

当時、連合艦隊司令部《しれいぶ》では、制空《せいくう》権を敵にとられている以上、大和を温存《おんぞん》して戦いに敗れるよりも本土玉砕《ぎょくさい》の先がけとして大和を出動させ、仮に沈没《ちんぼつ》させられたとしても国民を鼓舞《こぶ》させる手段として利用できる。運良く沖縄までたどりついたら、そのまま巨艦《きょかん》を島に向けて突っこませ、わざと座礁《ざしょう》させてその巨砲《きょほう》を生かし、「陸《おか》の砲台」として大和を活用する、等の議論があったという。大和も含め、沖縄は大本営《だいほんえい》の都合《つごう》・論理で「捨《す》て石《いし》」にされていった。九九年夏、テレビ朝日のチームが海底に沈む大和の調査を行った。この作業は過去に他のチームも行っているが、あのタイタニック号と違い未だ引き揚《あ》げには至っていない。

沖縄県民の犠牲

沖縄が戦場化した最初は、一九四四年一〇月一〇日の空襲《くうしゅう》である。特に那覇《なは》市の住宅密集地区への無差別攻撃で同市の九〇%を焼失《しょうしつ》させた。政府は戦力とならない老《ろう》幼婦女子《ようふじょし》を本土《ほんど》および台湾《たいわん》に疎開《そかい》させる方針をとった。四四年八月に潜水艦《せんすいかん》の攻撃で学童疎開《がくどうそかい》用の対馬《つしま》丸《まる》が沈没《ちんぼつ》し、乗船していた小学生の大部分が遭難《そうなん》したことや、疎開《そかい》先での生活の心配もあって県民の疎開は進まなかった。降伏《こうふく》の許されない日本軍の玉砕《ぎょくさい》戦法にまきこまれた非戦闘員・民間人の悲惨《ひさん》な運命は、すでにサイパン戦でみられていたが、沖縄戦はそれをいっそう大規模に、かつ残酷《ざんこく》に示した。第三二軍は県民五七万人のうち小学校六年生以上の男子を総動員して陣地《じんち》構築・補給作業などに協力させ、満一七歳から四五歳までの男子約二万五千人を防衛隊に召集《しょうしゅう》して、戦闘に従事させた（うち約一万三千人が戦死）。さらに県下《けんか》全ての中学校・女学校から二千人以上の男女生徒が鉄血勤皇隊《てっけつきんのうたい》・ひめゆり部隊などの学徒隊《がくとたい》として従軍した（うち一、一〇五人が戦死）。老幼婦女子《ろうようふじょし》については、米軍上陸（四五年四月一日）までに疎開《そかい》できたのは約八万人で、その後約五万八千人は本島北部へ避難したものの、残りは直接戦闘にまきこまれた。「鉄の暴風《ぼうふう》」と形容された米軍のすさまじい砲爆撃《ほうばくげき》にさらされたうえ、集団虐殺《ぎゃくさつ》・暴行・強制労働などの酷《むご》い仕打《しう》ちを受けた。一方、北部に逃れた県民も飢饉《ききん》とマラリアに襲《おそ》われた。沖縄戦の戦死者数は、本土出身軍人六万五、九〇八名、沖縄出身軍人二万八、二二八名、一般住民九万四千名とされるが、マラリア病死・餓《が》死を加えると、一般住民の犠牲《ぎせい》者数は一五万人前後になると推定されている。なお、米軍の戦死者は一万二、五二〇名であった。

どっちが味方？

県民の悲劇は日本軍（友軍《ゆうぐん》）による県民殺害がなされたことでいっそう深まった。慶良間《けらま》諸島では五五三人が集団自決《じけつ》させられ、久米島《くめじま》ではスパイ容疑《ようぎ》で二〇人が処刑された。本島でもスパイ容疑や戦闘の邪魔《じゃま》になるなどの理由で処刑・殺害が頻発《ひんぱつ》した。日本軍の手で殺害された県民は、集団自決を含め、八〇〇人以上にのぼる。

沖縄県出身で、この地上戦を体験した「ウルトラマン」の作者でもある故金城哲夫《きんじょうてつお》は「戦後、進駐《しんちゅう》してきた（略）鬼畜《きちく》だと言われていた米兵は日本兵から沖縄の民衆を救いに来た」と回想している。敗戦後、沖縄県は米軍に直接統治《とうち》された。沖縄戦で旧日本軍が作った中《なか》飛行場も米軍に占領・接収され嘉手《かで》納《な》基地として拡張されていった。一九七二年、沖縄は日本に返還されたが、その後も日米安全保障条約に基づいて米軍基地が維持されている。沖縄県民にとって、この基地が存在する限り、まだ真の「戦後」は始まらないのかもしれない。

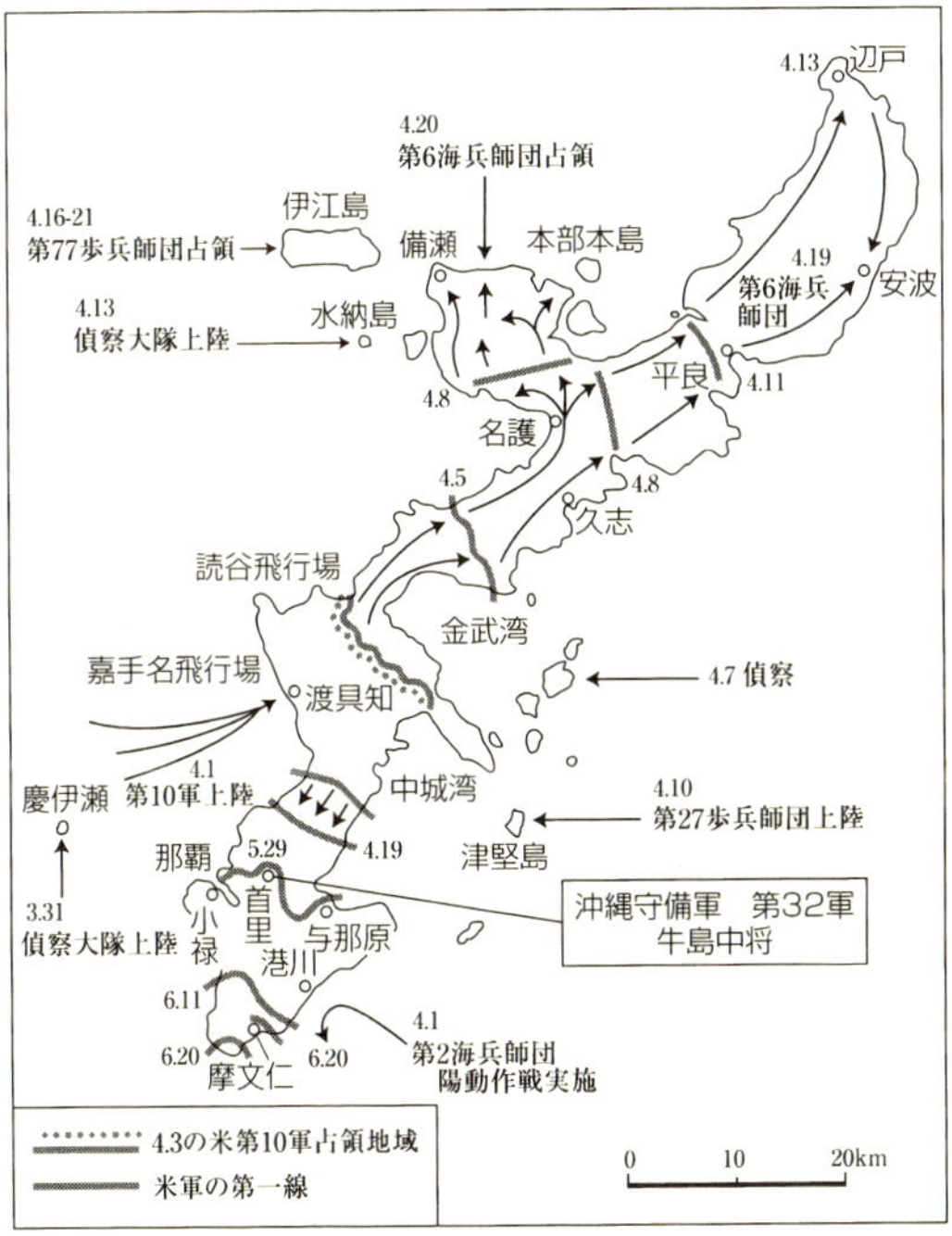

米軍の沖縄上陸と進攻

参考図書　名嘉正八郎・谷川健一編『沖縄の証言』（中公新書）、池宮城秀意『戦争と沖縄』・伊波園子『ひめゆりの沖縄戦』（ともに岩波ジュニア新書）、児島襄『太平洋戦争（下）』（中公新書）

25 シベリア抑留《よくりゅう》

シベリア抑留とは

一九四五（昭和二〇）年八月一五日に戦争が終わらなかった人たちがいる。満州《まんしゅう》（現、中国東北部）や樺太《からふと》、千島、朝鮮北部などにいた日本軍の極《きわ》めて多くが、ポツダム宣言九条（捕虜《ほりょ》の家庭復帰）を無視したソ連によって戦後シベリアに連行《れんこう》された。その数約六〇万。うち約六万人が抑留《よくりゅう》中に死亡したという。扱いは捕虜《ほりょ》であるが軍人以外の満州に居留《きょりゅう》していた民間人や日本に協力した朝鮮の人々、女性も一部では連行された。満州国には日本陸軍（関東軍）が駐屯《ちゅうとん》していたが、日ソ中立条約を破棄《はき》したソ連軍が侵攻《しんこう》すると、、特に北方は武装解除後も含めて最前線に投げ出されたためである。捕虜は一千カ所以上の収容所（lager・ラーゲリ（ル））で強制労働に従事し、結果的にソ連の経済復興《ふっこう》やインフラ整備に貢献《こうけん》させられた。帰国開始は一九四六年末からで四七～五〇年の帰国が多い（対ソ戦犯《せんぱん》扱いとされた者は最長で五六年まで抑留）。シベリア抑留の調査は帰国時の記録没収や、国交回復《こっこうかいふく》の遅れ、冷戦、ソ連の秘密主義などで遅れた。ゴルバチョフ大統領のグラスノスチ（情報公開）で進展はしたが正確な抑留・死亡者数や、墓所の多くはいまだに特定できていない。

鈴木さんの抑留生活（聞き取り）

一九二三年生まれの鈴木さんは陸軍伍長《ごちょう》として満州南部で終戦を迎える。武装解除後の九月、朝鮮の北緯三八度線付近で部隊ごとソ連軍に抑留された（三八度以南なら米軍の統治で抑留はなかった）。半島を徒歩で横断し四六年一月に興南港《こうなん（ランナム）》から出航、船が流氷を砕《くだ》く音でソ連兵の言う帰国《ダモイ》ではないことを初めて悟《さと》った。ナホトカ到着後、沿海州《えんかいしゅう》カワレロアなど三カ所のラーゲリに収容され森林伐採《ばっさい》、煉瓦《れんが》作りなどをノルマとして課せら

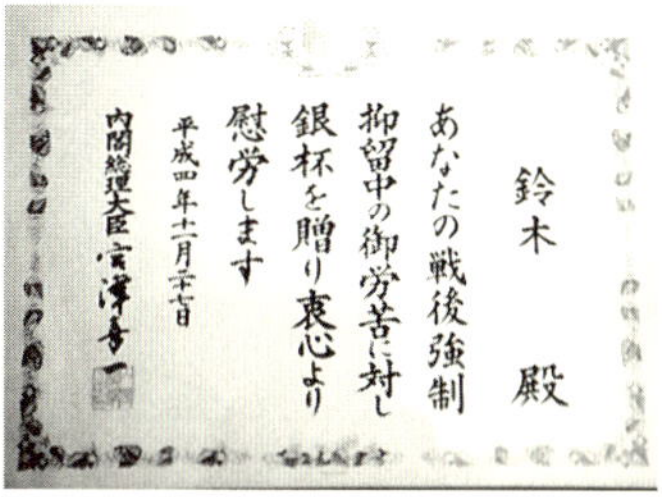
鈴木　殿
あなたの戦後強制
抑留中の御労苦に対し
銀杯を贈り衷心より
慰労します
内閣総理大臣　宮澤喜一
慰労状

れた。鉛《なまり》鉱山では落盤《らくばん》が続き死も覚悟した。休日は交替《こうたい》で農作業を手伝う。農家から貰《もら》うジャガイモ《カルトーチカ》は一番の御馳走《ごちそう》であった。二年が過ぎるとソ連兵の口癖《くちぐせ》「スコーラダモイ（もうすぐ帰国）」にも反応しなくなる。腸チフスや栄養失調は依然《いぜん》多く、ツンドラで埋葬《まいそう》もままならない。墓標《ぼひょう》の木はソ連人がすぐ薪《まき》にしてしまう。彼らの生活も苦しい。終戦前後に侵攻した猛獣のようなソ連兵とは違い、監視《かんし》兵は比較的規律を守り、日本軍のような不合理な制裁や暴力をふるうことも少なかった。ラーゲリでは日本語の『日本新聞』が週何回か読めたが、そこでは親ソ思想教育が徹底していた（『日本新聞』は九一年に復刻された）。限られた情報の中で食糧増配や労働分配、旧将校《しょうこう》との待遇《たいぐう》差、帰国を巡《めぐ》る日本人同志の密告や噂《うわさ》、糾弾《きゅうだん》が横行《おうこう》し心が荒《すさ》んだ。手紙は二度書いたが批判や地名は検閲《けんえつ》で削除《さくじょ》された。鈴木さんが紙類（記録）を全て没収されナホトカ港からダモイできたのは四八年九月のことである。引揚《ひきあげ》港の舞鶴《まいづる》（京都府）直前に病死した人を水葬《すいそう》したことも忘れられない。祖国はインフレと失業の嵐《あらし》であったが、占領軍《せんりょうぐん》の反共政策によりGHQ本部に呼び出され、シベリア収容所帰りが共産主義の洗脳《せんのう》者と誤解されたことの方がつらかった。現在、自宅には九二年にシベリア抑留を慰労《いろう》した総理大臣名の証状と銀杯《ぎんぱい》が抑留三年間の苦労を語る唯一《ゆいいつ》の品として飾られている。しかし、戦後日本国籍を失った朝鮮半島出身の抑留者などには補償の途《みち》は開かれていない。

参考図書　セルゲイ・クズネツォフ『シベリアの日本人捕虜たち』（集英社）、鈴木祥蔵『シベリア捕虜収容所「ラーゲル」の中の青春』（明石書店）、『アルバム・シベリアの日本人捕虜収容所』（写真集・朝日新聞社）、御田重宝『シベリア抑留』（講談社）

26 極東国際軍事裁判とBC級戦犯裁判

連合国軍最高司令官マッカーサー元帥《げんすい》は一九四五（昭和二〇）年九月一一日から戦争犯罪容疑者の逮捕《たいほ》を開始した。一二月までに一〇〇名以上の容疑者が逮捕されたが、彼らは重大な戦犯《せんぱん》容疑者との意味でA級戦争犯罪容疑者と呼ばれた。そして翌四六年四月二九日、東条英機《とうじょうひでき》以下二八名が被告として公表された。

東京裁判の開始

その間、極東《きょくとう》国際軍事裁判所条例の公布や国際検察《けんさつ》局の設置、裁判官、弁護人の選任《せんにん》が進み、四六年五月三日極東国際軍事裁判（東京裁判）が開廷《かいてい》、以後二年半にわたり裁判が行われた。裁判官と検察官はアメリカ・イギリス・オランダ・フランス・中国・ソ連・オーストラリア・ニュージーランド・カナダ・インド・フィリピンの一一カ国から代表が選ばれ、裁判長はオーストラリアのウィリアム＝ウェッブ、首席検察官はアメリカのジョセフ＝キーナンとなった。被告の弁護には数十名の日本人弁護人、約二〇名のアメリカ人弁護人があたった。アメリカ人弁護人が認められたことはニュールンベルグ裁判と異なるが、東京裁判が通訳の問題など言葉の障害が大きかったこともあり、アメリカ人弁護人が果たした役割は大きかった。

裁判の問題点

こうして開かれた東京裁判であるが、この裁判はいくつかの重大な問題点を含んでいた。第一は裁判官が連合国一一カ国から選ばれ、中立国からは一人も選ばれなかったこと、インド・フィリピン代表が参加したものの戦場となった連合国植民地の意見がほとんどとりあげられなかったこと、原爆投下《とうか》や無差別空襲《くうしゅう》など連合国の行為は不問《ふもん》に付《ふ》されたこと、などの意味で裁判

閉廷後傍聴席（家族たちがいた）を見る被告たち（毎日新聞社提供）

がいわゆる「勝者の裁《さば》き」であったことである。第二は、裁判がアメリカの政策に支障《ししょう》のない範囲でという枠《わく》をはめられていたことである。そのため、オーストラリアなどから天皇の訴追《そつい》を求める声があったにもかかわらず、天皇を裁判にかけることによって日本国内の混乱が増大し、アメリカの占領政策に支障をきたすという理由で、天皇の戦争責任は免責《めんせき》された。また、細菌戦《さいきんせん》を行った七三一部隊の行為も、アメリカに部隊の研究成果をそっくり渡すことで免責されてしまった。第三は、条例で、通例《つうれい》の戦争犯罪に加えて、侵略《しんりゃく》戦争を計画・遂行《すいこう》した「平和に対する罪」と一般市民に対する虐殺《ぎゃくさつ》など「人道《じんどう》に対する罪」が規定され、その罪を問われたが、これは事後法《じごほう》の適用で罪刑法定主義《ざいけいほうていしゅぎ》に反するとされたことである。

裁判の結果

一九四八年一一月一二日の判決で、東条英機・松井石根《まついいわね》・土肥原賢二《どひはらけんじ》・板垣征四郎・木村《きむら》兵太郎《ひょうたろう》・武藤章《むとうあきら》・広田弘毅《ひろたこうき》の七人が絞首刑《こうしゅけい》、荒木貞夫《あらきさだお》・畑俊六《はたしゅんろく》・梅津美治郎《うめづよしじろう》ら軍人一一人と木戸幸一《きどこういち》・平沼騏一郎《ひらぬまきいちろう》ら文官《ぶんかん》五人の計一六人が終身禁固《しゅうしんきんこ》、東郷茂徳《とうごうしげのり》・重光葵《しげみつまもる》の二名が有期禁固となった。大川周明《おおかわしゅうめい》は精神障害と認定され免訴《めんそ》（裁判初日の開廷中に東条の頭を平手《ひらて》でたたいた）、松岡洋右《まつおかようすけ》と永野修《ながのおさ》身《み》は裁判半ばで病没《びょうぼつ》した。なお東条以下六人の軍人の死刑はともかくとして、文官であった広田の死刑判決は日本国民には予想外のことであった。わずか一票差で死刑になったと推定されているが、裁判中も自己弁護をしなかったこともあり、悲劇の人物との印象が強い。逆に一票差で死刑を免れた文官は木戸幸一《きどこういち》だったと推定されている。

東京裁判の判決文は裁判官の多数派意見によって書かれたため、それに対する少数派が独自の意見書を提出、そのなかには、すべての被告は無罪であると主張したインドのパル判事《はんじ》の意見のほか、オランダのレーリンク判事、フランスのベルナール判事、オーストラリアのウエッブ裁判長などの少数意見があった。七人の絞首刑は四八年一二月二三日に執行《しっこう》された。火葬《かそう》された遺骨も遺族に引き渡されることはなかったが、一部はひそかに持ち出され、のち熱海《あたみ》の「興亜観音《こうあかんのん》」と知多《ちた》半島三ヵ根山の「殉国《じゅんこく》七士墓」に埋《う》められた。禁固刑をうけた者も一九五六年末までには全員釈放された。また、一八名以外のA級戦犯容疑者（A'級と呼ばれた）は、その後のさまざまな事情からほとんどが不起訴《ふきそ》となった。

BC級戦犯裁判

東京裁判に対し、第二次大戦中日本軍が行った、通常の戦争犯罪を裁くために、連合国各国によって行われた裁判をBC級戦犯裁判という。

BC級の戦犯裁判を行った国はアメリカ・イギリス・オーストラリア・フィリピン・フランス・オランダ・中国の七カ国で場所は内地《ないち》および中国・東南アジア・太平洋諸島などの四九カ所に及んだ。起訴《きそ》件数は二、二四四件、被告の総数五、七〇〇名で、九八四名が死刑、四七五名が無期刑、二、九四四名が有期刑、一、〇一八名が無罪、二七九名が起訴取り下げとなった。

BC級裁判で多かったのは、内外各地の捕虜《ほりょ》収容所における連合軍捕虜への虐待《ぎゃくたい》、強制労働などに対する裁判であった。太平洋戦争中日本軍が捕らえた捕虜は約三五万だったが、多くが虐待・虐殺《ぎゃくさつ》・飢《き》餓《が》・病気などで死亡した。そのため捕虜関係の裁判では、全刑死者の一一％が捕虜収容所関係者となっている。それらのなかでも現在にいたるまで大きな問題になっているのは、捕虜収容所で監視《かんし》などの仕事に従事した朝鮮人・台湾人の軍属《ぐんぞく》で、それぞれ百数十名が戦犯として裁かれた。彼らは連合国によって日本人として裁かれ服役《ふくえき》したので、日本政府に対し補償を要求しているが、政府は彼らは日本人ではないとしてその要求をしりぞけている。

また、ＢＣ級戦犯のなかでもっとも多かったのは憲兵《けんぺい》関係である。憲兵とは軍事警察であるが、一般の警察も兼務したため、日本軍占領地での住民虐殺などの責任を問われて重刑を科《か》された。その割合はＢＣ級全起訴者の三七％、全有罪者の三六％、全刑死者の三〇％を占めた。

ＢＣ級戦犯裁判は多数にのぼり、かつ多地域で行われたこともあり、多くの問題を含んでいた。例えば、被告人《ひこくにん》に対し弁護人《べんごにん》・通訳の数が非常に少なかったため、弁護・審理が不充分であったこと、誤って別人を逮捕・起訴してしまったケースのあったこと、責任を命令者の上官《じょうかん》にとらせるか実行者の下級者にとらせるかが、ケースによって違い、刑の軽重《けいちょう》が一定でなかったこと、多くの被告が収容中に虐待・拷問《ごうもん》を受けたこと、などであった。判決を受けた戦犯は、はじめは各国の現地刑務所で服役《ふくえき》したが、一九五二年の講和条約発効後は巣鴨《すがも》刑務所に移った。また官民あげての戦犯釈放運動が展開された結果、五八年一二月二九日までにはすべての戦犯が釈放《しゃくほう》された。

なお以上の裁判とは別に、ソ連がハバロフスク裁判で細菌戦関係の裁判を行ったほか、ソ連に抑留《よくりゅう》された者のうち約一万人を反ソ行為などで裁判にかけたといわれる。また中華人民共和国も、中国国民政府の裁判に反対し、一九五六年から独自の戦犯裁判を行った。

東京裁判やＢＣ級戦犯裁判は連合国によって日本の戦争責任が問われた裁判であったが、実は日本政府や国民自身による戦争責任を問う裁判は今まで一度もなされていない。いわば、上記二つの裁判で多くの日本人が戦争責任を果《は》たしたという気持ちを持ってしまった。このあいまいな事情が、日本の戦争責任をめぐって今に至るまで論争が続いている一因であると言える。

参考図書　児島襄『東京裁判』（上・下）（中公新書）、粟屋憲太郎『東京裁判論』（大月書店）、東京裁判ハンドブック編集委員会『東京裁判ハンドブック』（青木書店）

コラム・徴兵検査

一八七三（明治《めいじ》六）年に徴兵令《ちょうへい》が出され、日本男子で満二〇歳になった者はすべて兵役《へいえき》の義務を負い、徴兵検査を受けることとなった（ただし中・高等教育機関の学生は検査が延期された）。それでは、徴兵検査は実際《じっさい》どのように行われたのだろうか。昭和のころの場合を例に見てみよう。

二〇歳になった男子は日本のどこに住んでいようとも、自分の所属する連隊区《れんたいく》司令官から通知がきて、故郷《こきょう》の指定の徴兵検査場へ出頭《しゅっとう》しなければならなかった。検査場には地元の小学校の講堂などが使用された。まず受付ですべての着衣を脱いで全裸《ぜんら》になり、身長、体重、目、耳、鼻の測定・検査が行われ、さらに、男性器の検査（性病のチェック）、肛門《こうもん》の検査が行われたうえで、身体の頑健《がんけん》さに応じて甲《こう》種、第一乙《おつ》種、第二乙《おつ》種などの判定がくだされた。

兵隊作家の棟田博《むねたひろし》は自分が体験した昭和初期の徴兵検査の模様《もよう》を次のように回想している。

「（検査が終了すると、検査執行官《しっこう》の老大佐《たいさ》の訓辞《くんじ》がある）最前列に甲《こう》種合格者がならび、ついで第一、第二乙《おつ》種、丙《へい》種は最後列である。最前列者の顔色は、がいしてよくない。後列になるほど顔色がよく、晴れ晴れとしている。（執行官はまず後列を見て）「不幸にして諸君は合格とならなかったが、……悲観することなく、在郷《ざいごう》にあってそれぞれの家業《かぎょう》に精進《しょうじん》するよう希望する。わかったか」「はーい！」と元気な返事が講堂の天井《てんじょう》にはねかえる。ヒカンしているにしては、声が潑剌《はつらつ》すぎる」「（その夜は久しぶりのクラス会となるが）飲めや歌えではしゃぎまわるのは後列組で、最前列組はユーウツをきわめ、いかにも酒がにがそうだ」

甲種に合格するとその多くは現役《げんえき》兵として入営《にゅうえい》し、陸軍は二年間、海軍は三年間の兵役《へいえき》に服さねばならなかった。表向きは甲種合格は祝福《しゅくふく》されたが、建て前と本音は大きく違ったのである。

Ⅲ　戦後

東京大空襲直後の東京(1945年)〈毎日新聞社提供〉

1990年代の新宿副都心〈朝日新聞社提供〉

1　マッカーサーとGHQ

アジアと関係が深かった青年将校時代

第二次世界大戦後の日本を占領したアメリカ軍のトップ。神のように畏敬《いけい》され、突如《とつじょ》消えていった老兵《ろうへい》ダグラス＝マッカーサー。彼は、父アーサー＝マッカーサー大尉《たいい》が勤務するアメリカ内陸部アーカンソー州の兵舎《へいしゃ》で、一八八〇年一月二六日に生まれた。その後、父の任地が西部を転々としたので、少年マッカーサーは西部の空気を満喫《まんきつ》した。

一八九九年一九歳で陸軍士官学校に入学、一九〇三年トップで卒業。少尉での最初の任地はフィリピンであった。一九〇五（明治三八）年日露戦争観戦《かんせん》のため父が日本に派遣《はけん》された。父の副官となったマッカーサー中尉が日本に着任したとき、すでに戦争は終わっていた。これが日本との最初の接触である。その後、父がアジア視察を命じられた時にも、ダグラスは副官として同行した。「この数カ月の大旅行は、私の訓練という面で、文句なく生涯を通じて最も重要な出来事であった」とマッカーサーはのちに回想している。

第一次世界大戦では、参謀長《さんぼうちょう》、ついで旅団長としてドイツ軍を破り、アメリカの殊勲功労賞《しゅくんこうろう》やフランスのレジオン・ドヌール勲章《くんしょう》などをもらった。戦後、陸軍士官学校長を経《へ》て、一九二二年フィリピンに派遣《はけん》され、軍管区司令長官・旅団長・師団長を歴任。その間バターン半島を踏査《とうさ》した。この経験が第二次世界大戦で役立った。

一九三〇年米参謀総長に任ぜられたが、第一次世界大戦後の兵力削減《さくげん》時代で、失業した退役《たいえき》軍人との折衝《せっしょう》などで苦労した。一九三五年フィリピン軍事顧問団長《こもん》として、初秋のサンフランシスコを母とともに離れた。マニラに着いてほどなく母が死んだ。中将までのぼった父も既《すで》に死に、妻とは離婚して、家族は唯《ただ》一人になった（のちに、ジーン＝マリ＝フェアクロスと幸せな再婚をした。）。初めてフィリピンを訪れて以来の友人M・L・ケソンが、この年初代フィリピン大統領になった。マッカーサーはケソン大統領とコンビを組み、フィリピン民兵軍《みんぺいぐん》を育成《いくせい》した。スイスにならった組織である。

マッカーサーがルーズベルト大統領の支持を失い、米陸軍を退役すると、ケソン大統領との間にもすきま風が吹き始めた。孤立したマッカーサーは、

アイ・シャル・リターン

フィリピン退役軍人の歌の一節「老兵は死なず、ただ消えゆくのみ」と友人に書き送った。しかし、ヨーロッパでドイツが電撃《でんげき》戦を続け、一九四一年にはソ連に侵攻《しんこう》した。この年アジアでは、日本が天皇の御前《ごぜん》会議で南方進撃を決め、日米交渉が難航《なんこう》した。アジアの危機に直面したルーズベルトはマッカーサーを現役《げんえき》にもどし、新設の極東《きょくとう》陸軍司令官（中将）に任命した。

日本軍は一二月八日（現地七日）ハワイ真珠湾《しんじゅわん》を奇襲《きしゅう》攻撃し、太平洋各地で米英蘭軍を破った。マッカーサーが率《ひき》いるフィリピンのアメリカ軍は、苦戦したが抵抗していた。連合国軍が連戦連敗する中で、マッカーサーの孤軍奮戦《ふんせん》は目立った。

翌年三月フィリピンを脱出して、オーストラリアに逃《のが》れたとき、記者団に談話《だんわ》を求められたマッカーサーは、「私は（オーストラリアに）やって来たが、（フィリピンに）またもどる（アイ・シャル・リターン）」と述べた。その年米軍は反攻に転じ、マッカーサーは一九四四（昭和一九）年一〇月フィリピンにもどった。帰還《きかん》直後マッカーサーは「フィリピン国民の皆さん、私はもどって来ました。」とラジオで放送した。ドラマティックなセリフの好きな将軍である。

マッカーサーを訪ねた天皇（毎日新聞社提供）

コーン・パイプとペリーの星条旗

一九四五（昭和二〇）年七月ポツダム宣言が発せられ、日本は八月一五日降伏《こうふく》した。同月三〇日連合国軍最高司令官兼アメリカ太平洋陸軍司令官マッカーサー元帥《げんすい》が厚木《あつぎ》飛行場に着陸した。西部のフロンティア・マン愛用のコーン・パイプを片手に、平服・丸腰《まるごし》のマッカーサーは、「メルボルンから東京まで、長い道のりであった。しかしどうやらここが終点らしい」と第一声を放った。九月二日東京湾上の戦艦ミズーリ号上で降伏文書調印式が行われた。このときマッカーサーは、一八五三（嘉永《かえい》六）年ペリーが携行《けいこう》した星条旗を掲《かか》げた。芝居がかった小道具《こどうぐ》好きな将軍である。

一時横浜におかれていたマッカーサーの総司令部は、皇居お濠端《ほりばた》の第一生命ビルに移された。ＧＨＱというと、歴史教科書に「連合国軍最高司令官総司令部」と書かれ、占領時代を生きた日本人もそう思っている人が多いけれども、マッカーサーはアメリカ太平洋陸軍司令官を兼ね、この司令部もＧＨＱで、ＧＨＱは二重構造になっていたのである。そしてマッカーサーは、占領時代を通じて、連合国軍最高司令官と名のりながら、その実アメリカ陸軍司令官として行動した。

九月二七日天皇が初めてマッカーサーを訪問した。翌々日の新聞に二人の写真が載《の》った。モーニングで直立する天皇、開襟《かいきん》シャツの軍服で悠然《ゆうぜん》たるマッカーサー。日本国民はだれが支配者であるかを痛感《つうかん》した。日本政府は新聞を発売禁止にしたが、ＧＨＱはこの処分を撤回《てっかい》させた。

初期の占領政策は、非軍事化・民主化を通じて、日本が再びアメリカの脅威《きょうい》となるのを防ぐことを目標とした。マッカーサーは元来《がんらい》共和党系の保守派であるが、ＧＨＱのスタッフとともに、日本の民主化を進めた。ＧＨＱが憲法改正を指示したが、日本政府の憲法改正案が旧態依然《きゅうたいいぜん》たるものであったため、急拠《きゅうきょ》ＧＨＱ案を日本政府に提示。これが新憲法の原案になった。

老兵は死なず、消えゆくのみ

一九五〇（昭和二五）年六月二五日朝鮮戦争が始まった。アメリカは、ソ連欠席の国連で朝鮮民主主義人民共和国（北朝鮮）軍を侵略《しんりゃく》者と断定、マッカーサーを総司令官とする国連軍を朝鮮に派遣した。初め韓国軍は半島南端まで追いつめられたが、国連軍が半島北端まで押し返した。しかし約三〇万の中国人民義勇軍が参戦すると、北緯三八度付近で戦線が膠着《こうちゃく》した。トルーマン米大統領は停戦のチャンス到来と判断、マッカーサーに連絡したが、マッカーサーは無視。そのため一九五一（昭和二六）年四月一一日トルーマンはマッカーサーを解任した。日本の衆参両院はマッカーサー感謝決議を可決した。また朝日・毎日両新聞社社長らを発《ほっ》起人《きにん》として、マッカーサー記念館の建設が始まった。

帰国したマッカーサーは、上下《じょうか》両院合同会議の演説を「〝老兵は死なず、ただ消えゆくのみ〟、あの歌の老兵のように、ただ消えてゆく、さようなら」としめくくった。

マッカーサーが、「科学・芸術・宗教・文化などの発展の上からみて、アングロサクソンは四五歳の壮年に達しているとすれば、日本人はまだ生徒の時代で、一二歳の少年である」と語ると、日本人のマッカーサー熱は冷め、記念館も立消えになった。マッカーサーは失意の中で一九六四年四月五日、八四歳で死んだ。

参考図書　袖井林二郎『マッカーサーの二千日』（中公文庫）、竹前栄治『ＧＨＱ』（岩波新書）、ダグラス＝マッカーサー『マッカーサー回想記　上・下』（朝日新聞社）

2 焼け跡・闇市・買出し列車

敗戦後、空襲により壊滅《かいめつ》したり、不要になった軍需《ぐんじゅ》工場から夥《おびただ》しい失業者が発生した。海外から復員《ふくいん》した兵士、帰還《きかん》してきた民間の海外居留民《きょりゅうみん》（引揚《ひきあ》げ者）はともに約三五〇万人、双方《そうほう》あわせ約七〇〇万人。彼らの多くも失業者の列に加わり、一時的には実に約一千万人の失業者を当時の日本社会は抱《かか》え込んでいたともいわれている。その人々を養う物資も、衣食住すべてにわたって不足していた。米の生産は戦時中から下降《かこう》線をたどっていたが、不足分を雑穀《ざっこく》類で補《おぎな》おうとしてもなお絶対的に不足するのは明らかだった。ただ、人々には戦争のもつ恐怖《きょうふ》がなくなったという安堵《あんど》感《かん》や一種の解放感があった。なんとかこの目前《もくぜん》の難関《なんかん》さえ乗り切れれば……。

「実に長い間、空《す》き腹をかかえていたような気がする。ある日の夕食時、一人で〝蒸《む》しパン〟を食べようとしていた。日に一度あるかないかの一食である。そこへ腹を空《す》かした友人が訪ねてきた。当然、その友人とパンを分け合って食事をしたはずだと考えるが、実際はその友人を目の前にして独《ひと》りでそのパンを食べ終わった。五〇年経《た》った今そのことを想い起こす時、今では想像することさえできない飢餓《きが》感《かん》が、そのような非人間的なことをさせたのだろうと考えるよりほかに致《いた》し方ないように思う。寝ても起きても食物のことが頭を去らなかった。」（筆者の体験から）

闇市

　当時下宿《げしゅく》生活をしている大学生には「外食券《がいしょくけん》」なるものが支給されていて、近くの食堂で「すいとん」などが食べられたが、それでは到底《とうてい》満足できるものではなかった。家庭教師のアルバイトは定額《ていがく》の月謝《げっしゃ》よりもその都度《つど》出される夕食の方に魅力《みりょく》があった。地方から上京している学生は帰省《きせい》する度《たび》に「ヤミ米」（食糧は国家によって統制《とうせい》されていたが、その統制を逃れて出回った米）を担《かつ》いできて、それを食事の足《た》しにする者もいるが、それよりもその米を売って学資《がくし》とするものが多かった。米のヤミ値は時期と場所によって変動するが、素人《しろうと》が専門のヤミ屋に売る値はだいたい一升《しょう》（約一・五キロ）百円に抑《おさ》えられていた。それでも一度に百円の大金を入手できるのはじつにたいへんだったことが、当時の国民大衆の生活水準を見れば明らかである。四五（昭和二〇）年一一月、『朝日新聞』は東京杉並《すぎなみ》に住む四人家族について、月収は平均二五〇円としている。また四七年一〇月に警視庁《けいしちょう》が行ったサラリーマンの生活実態《じったい》調査によると平均月収は三、五四二円と報告されている。わずか二年間で平均月収が一〇倍以上になったのは、物価の上昇によるものであるが、さらに高いヤミ値で生活物資を買わなければならなかったから、家計はマイナスになっていた。新橋《しんばし》と新宿《しんじゅく》にまず大きな闇市《やみいち》ができた。そのほか、国電《こくでん》（現在のＪＲ）の主要な駅付近の焼《や》け跡《あと》にも多数の闇市が立った（上野《うえの》・御徒町《おかちまち》のアメヤ横丁《よこちょう》は今もなおその活気を持ち続けている）。

　ヤミ米を買って家族全員が暮らしていくために、衣類や宝石類を食糧にかえる必要に迫られる。そこで農村への買い出しが行われる。敗戦直後の列車は欠陥《けっかん》もひどく、そこへ多数の乗客が無理して乗るので、

「新生マーケット」誕生前の新橋駅前青空市場（毎日新聞社提供）

窓ガラスは破れ、惨憺《さんたん》たる有様《ありさま》だった。列車事故も多く、四七年二月二五日、八高線《はちこうせん》で超満員の買出《かいだ》し列車が転覆《てんぷく》、死者一八四人を出した。

悲劇　買出しをできない人の中には餓死《がし》する者もあった。一九四六年春、京浜《けいひん》地方で一、三〇〇人の餓死者がでた。餓死といえば次の記事は当時の社会に大きな波紋《はもん》を投げかけた。即《すなわ》ち、東京地裁の山口良忠判事《やまぐちよしただはんじ》がヤミ米を口にすることを拒否して配給《はいきゅう》の食糧だけで生活、ついに四七年一〇月一一日餓死したのだった。彼はその立場上、ヤミ米を買ったという老婆《ろうば》に禁固刑《きんこけい》を言い渡さなければならなかったことから、自分もヤミ米を買わぬ、と決意した。山口判事は、病床《びょうしょう》で綴《つづ》った日記の中で次のように書いている。「食料統制法は悪法《あくほう》だ。……自分は平常ソクラテスが悪法だと知りつつも、その法律のために潔《いさぎよ》く刑に服した精神に敬服《けいふく》している。……自分はソクラテスならねど食料統制法の下、喜んで餓死するつもりだ。敢然《かんぜん》ヤミと闘って餓死するのだ……」。

買い出し列車（毎日新聞社提供）　食糧を求める人々はすし詰めの列車に乗って農村へ出かけた。写真は1945（昭和20）年秋。

山口判事は日記に、食料（糧）統制（管理）法は悪法だ、と言い切っている。日記の中とはいえ、司法官《しほうかん》として立派である。当時の人の多くはそうは考えなかった……お上《かみ》のいうことだからこの法律で取り締まられるのも致《いた》し方ない、買出し列車の途中で突如臨検《とつじょりんけん》にあって、なけなしの大金《たいきん》をはたいて買い集めたヤミ米やいもを没収されても苦笑《にがわら》いして見ているだけ、下手《へた》に抵抗すれば腹が減るだけ無《む》駄《だ》である。しかし、ヤミ米を食わねば生きていけない、と。

終戦直後の東京の食糧事情の一斑《いっぱん》である。

参考図書　松平誠『ヤミ市　幻のガイドブック』（ちくま新書）

3 吉田 茂

終戦工作で捕まった

〝白足袋《しろたび》〟・〝ワンマン〟と呼ばれた男、歴代首相の中でも一、二を争う個性派首相吉田茂《よしだしげる》。彼は土佐《とさ》（高知県）出身の政治家竹内綱《たけのうちつな》の子であるが、高知県に住んだことはない。一八七八（明治一一）年九月二二日東京駿河台《するがだい》の竹内綱宅で、五男として誕生。生まれてすぐ神奈川県の貿易商吉田健三《けんぞう》の養子になった。神奈川県藤沢の耕余義塾《こうよぎじゅく》という漢学塾《かんがくじゅく》で学んでいた一八八九（明治二二）年、養父健三が五〇万円（今の百億円余）の遺産を遺《のこ》して死んだ。

学習院大学科から東京帝国大学法科大学（現、東京大学法学部）に転じ、一九〇六（明治三九）年七月帝大を卒業し、九月外交官試験に合格。翌年中国奉天《ほうてん》の領事官補《ほ》を命じられた。

一九〇九（明治四二）年維新《いしん》の元勲《げんくん》大久保利通《としみち》の子で、外務省の大先輩牧野伸顕《のぶあき》の長女雪子と結婚。翌週ロンドン大使館に赴任《ふにん》した船旅が新婚旅行であった。同年イタリアに転任。二年半勤務のあと、中国安東《あんとう》領事を四年勤めた。後年、吉田は中国での経歴を「裏街道だが、今にして思うと非常に得るところがあった」と述べている。

一九三六（昭和一一）年広田弘毅《こうき》内閣のとき、外相候補になったが、陸軍から横やりが入って流れた。軍国主義の時代に合わず、駐英大使を最後に、一九三九（昭和一四）年外交官を引退した。

その後は、舅《しゅうと》牧野伸顕とも連絡をとって、ひそかに日米開戦を避けようとした。大戦末期に近衛文《このえふみ》麿《まろ》・鳩山《はとやま》一郎らと協力して、和平工作を行ったときには、家にスパイを送りこまれ、一九四五（昭和二〇）年四月一五日九段下《くだんした》の憲兵隊《けんぺいたい》に拘束《こうそく》され、さらに代々木《よよぎ》の陸軍刑務所に移された。この経歴が戦後

白足袋のワンマン首相
（毎日新聞社提供）

首相になる有力な一因となった。

占領時代の白足袋首相

吉田茂が戦後の政界に登場したのは、一九四五（昭和二〇）年九月東《ひがし》久邇宮《くにのみや》内閣の外相としてであった。一〇月幣原《しではら》内閣が成立したときにも外相として留任した。翌年四月一〇日戦後最初の総選挙で自由党が第一党になり、鳩山《はとやま》一郎《いちろう》が首相候補として組閣する寸前に、鳩山はＧＨＱによって公職《こうしょく》追放された。

数人の首相候補に断られた後、鳩山は吉田とひそかに会った。吉田は、「おれは外交官だから、金の心配はできない。人事はおれに任せて干渉《かんしょう》しないでくれ。いやになったらいつでもやめるし、君がやれるようになったらいつでもやめる。」という三カ条の条件をつけた。鳩山は吉田が「君がやれるようになったらいつでもやめる」というのを独立させて四カ条と考え、吉田は「そんな約束はしていない」と言っていた。

鳩山との話し合いを切りあげると、吉田は几帳面《きちょうめん》な外交官らしく「幣原が自分を首相に推挙《すいきょ》しているので、元帥《げんすい》の承認を得たい」とマッカーサー宛《あ》ての手紙を書いた。マッカーサーは自分に寄せられた郵便に鉛筆でメモ書きをするのがくせになっていたが、この時も吉田の手紙に、「連合国最高司令部は異議なし、幸運を。マッカーサー」と書きこんだ。

国民は食うや食わずでボロを着ていたが、吉田首相はイギリスのチャーチル首相をまねて葉巻《はまき》をくわえ、和服のときは羽織袴《はおりはかま》で白足袋を履いていた。翌年二月一日の二・一ゼネストの時には「こんな時代にストをするのは、〝不逞《ふてい》の輩《やから》だ〟」と労働者を非難した。

新憲法第六七条により首相は国会に議席をもたなければならなくなった。吉田は神奈川から立候補するつもりだったが、地元で愛想《あいそ》の悪い吉田は二回目には落選するという者がいて、一九四七（昭和二二）年四月の選挙で、高知を選挙区とした。このとき吉田が街頭《がいとう》演説をしたのは一回だけである。「諸君」と呼びかけると、酔漢《すいかん》が「大事な一票をもらうのにオーバーを着たままとは何だ。」と大声をあげた。吉田は「黙《だま》って聞け。外套《がいとう》を着てやるからガイトウ演説なんだ。」というとさっさと車で宿に帰ってしまった。拍手と笑いで人気が出た。

この選挙で社会党が第一党になると、吉田内閣は総辞職。社会・民主・国民協同三党連立の片山内閣が成立した。翌年閣内《かくない》不一致で内閣が倒れた後、同じ三党連立の芦田均《あしだひとし》内閣が成立した。これはタライまわしといわれて不評であった。

GHQとの折衝で得点

芦田内閣のあとは吉田長期政権が続いた。占領中の政治は、マッカーサーとの交渉が最大の仕事で、外交官出身の吉田は適任《てきにん》であった。朝鮮戦争が起こって、在日アメリカ軍が国連軍として朝鮮に派遣され、その空白を埋めるため、アメリカが日本の再軍備を要求した時代に、再軍備のペースを緩和《かんわ》したのは吉田の功績《こうせき》といえるだろう。

独立後の吉田首相は、その歴史的役割を終えてしまった。追放解除された病身の鳩山に政権を渡さなかった。与野党から批判されても政権に執着《しゅうちゃく》し、逆コース、〝いつか来た道〟といわれた政策を強引《ごういん》に進めたのは、ワンマン首相の罪である。功罪《こうざい》ともに大きかった、占領中最大の保守政治家といえよう。

参考図書　吉田茂『回想十年』1〜4（中公文庫）、リチャード・B・フィン『マッカーサーと吉田茂』上・下（同文書院）、高坂正堯『宰相吉田茂』（中央公論新社）

4 ヒロシマ・ナガサキ

原爆とともに冷戦が始まった

第二次世界大戦の末期、日本は連合国を相手に孤立無援《こりつむえん》の戦闘を続けていた。日本と三国同盟を結んでいたイタリアは一九四三（昭和一八）年九月、ドイツは一九四五（昭和二〇）年五月無条件降伏した。日本本土はB29爆撃機による連日の空襲を受けて、東京・大阪などの大都市は焦土《しょうど》と化し、地方都市も次々と空襲を被《こうむ》るようになったのだが、日本人は竹ヤリで国土を防衛しようとしていた。それでも若い世代の中には、日本は神国《しんこく》だ、元寇《げんこう》のように神風が吹いて、最後には勝つ、と信じている者が少なくなかった。

一方、アメリカでは原子爆弾の製造が進捗《しんちょく》していた。ドイツやイギリスも原爆の研究を始めたが、失敗。アメリカが多数の頭脳と莫大《ばくだい》な費用を投じて、成功目前であった。

神風《しんぷう（かみかぜ）》特攻隊と称して、小さな飛行機で戦艦や航空母艦《こうくうぼかん》に体当たりしてくるような日本人は、イタリア人やドイツ人と違って、最後まで降伏しないのではないか。どれだけ多数の連合国軍兵士の命が失われるのか、と考えたトルーマン米大統領とチャーチル英首相は、ドイツのベルリン郊外ポツダムで、ソ連のスターリン首相と七月一七日から会談して、ソ連の対日参戦を約束させようとした（会談途中でチャーチルは選挙で敗れ、アトリー首相に代わった。）。

会談開始前日の七月一六日、ワシントンからポツダムに「新しいベビーが誕生した」という暗号電報《あんごうでんぽう》が届いた。原爆実験成功の知らせである。しかし、トルーマンは翌日の日記に、「ソ連が参戦したから日本は片づく」と書いている（アメリカでは、冷戦時代反共の意識が強く、ソ連の対日参戦に関する文書は極秘扱いで、トルーマン日記も一九七九年に公表された)。トルーマンが原爆の威力《いりょく》を十分に悟ったのは、実験の詳報を読んだ二一日であった。二四日トルーマンはスターリンに近寄ってさりげない口調で「米国はとてつもない破壊力をもつ新兵器を手に入れた。」と語った。スパイ活動によって原爆実験成功を知っていたスターリンは動ぜず、「日本に対し有効に利用されたい」と答えた。これが第二次世界大戦後の冷たい戦争の始まった瞬間である。アメリカはソ連参戦前に戦争を終わらせようとし、ソ連は戦争が終わる前に参戦しようとした。

七月二六日連合国は、日本軍隊の無条件降伏を勧告《かんこく》するポツダム宣言を発表した。鈴木貫太郎首相がポツダム宣言を「黙殺《もくさつ》する」と言明したのを、共同通信が ignore(無視する)と訳し、アメリカの新聞が reject(拒否する)と報じた。

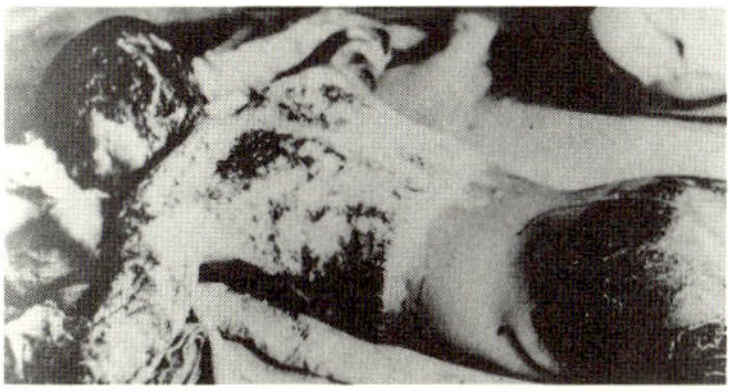

全身火傷の男性(広島平和記念資料館提供)
広島,爆心地から1キロメートル内。1945年8月7日　撮影 尾糠　政美氏

日本政府がポツダム宣言を拒否したとして、アメリカは八月六日広島に原爆を投下した。爆心地近辺にいた人は、高熱と衝撃波《しょうげきは》でほとんど即死《そくし》。周辺数キロ以内で生き残った者は、丸裸《まるはだか》・体は傷だらけ。町には黒焦《こ》げの皮膚をボロきれのようにたらした、髪の毛のない男女が、泣きながら群れ歩いていた。その日から数日間に死んだ者数万。その後放射能による白血病で死にゆく者数知れず。年末までに約一四万人が死亡したと推定されている。広島市内にいた人の四分の一が三カ月以内に死んだことになる。

八月九日に二発目の原爆が長崎に投下された。広島の原爆が日本の敗戦を早め、多くのアメリカ兵の命を救ったと主張するアメリカ人でも、長崎の原爆投下が必要だったと考える者は少ない。

占領下の日本では原爆投下批判は許されなかった。ヒロシマの被害を逸早《いちはや》く「ノー・モア・ヒロシマ」と世界に報じたイギリス人ジャーナリストのバーチェットは、GHQによって、原爆病の記事を否定された。そして、ヒロシマはジャーナリストの立入禁止区域にされた。

ノー・モア・ヒロシマ

広島で被爆した正田篠枝《しょうだしのえ》が一九四六（昭和二一）年三月、『さんげ』という歌集を出版した。「噫《ああ》！ 原爆投下 ピカッドン一瞬の寂目《せき》をあけば修羅場《しゅらば》と化して凄惨のうめき」が冒頭《ぼうとう》にのっている。当時はGHQの検閲《けんえつ》が厳《きび》しく、「見つかりましたら、必ず死刑になるといわれました。死刑になってもよい」という決心で秘密出版にしたそうである。

一九五〇（昭和二五）年三月、フランスの科学者ジョリオ＝キューリー博士らが「核兵器の絶対禁止、最初の核兵器の使用者を戦争罪人《ざいにん》とする」というストックホルム・アピールを発表し、核兵器反対の署名はこの年の内に世界で五億人に達した。そういう中で丸木位里《いり》・赤松（丸木）俊《とし》夫妻の「原爆の図」が東京ではじめて展示された。しかしまだ原爆反対は一部の声であった。

核兵器が保有されている以上、核戦争の危険は存在する。一九五〇（昭和二五）年七月朝鮮戦争が始まると、朝鮮民主主義人民共和国（北朝鮮）軍が韓国軍を朝鮮半島南端《なんたん》まで追いつめ、国連軍の反撃で北朝鮮軍が半島北端まで押し返されると、中国人民義勇軍が参戦、また押しもどした。朝鮮半島を押したり引いたりするのでアコーディオン戦争とよばれた。国連軍の厳《きび》しい状況を知ったアメリカのトルーマン大統領は「原爆使用もあり得る」と言明した。

一九五四（昭和二九）年三月焼津《やいづ》の漁船第五福竜丸《ふくりゅうまる》が南太平洋ビキニ環礁《かんしょう》で行われたアメリカ水爆実験の死の灰を浴びた。岡崎勝男《おかざきかつお》外相は、「アメリカの核実験阻止《そし》は日本としてすべきではない。」と衆議院で答弁したが、東京の杉並区の主婦が原水爆禁止の署名《しょめい》運動を始め、この年二千万人が署名した。翌年第一回原水爆禁止世界大会が広島で開かれた。

核戦争の危機は一九六二（昭和三七）年にもあった。ソ連がキューバにミサイル基地《きち》を建設しようとした。そのミサイルは、アメリカ合衆国のかなりの部分を攻撃できるものであった。ケネディ大統領は、ソ連の核攻撃に、全面的な報復をもってのぞむとテレビ放送した。アメリカでも、ソ連でも、核戦争を覚悟した人々は、食糧を買い占め、核シェルターに避難《ひなん》しようとした。ベトナム戦争の時にも、小型核兵器の使用がアメリカで主張された。

核兵器廃絶の道は険しいが

一九九五（平成《へいせい》七）年アメリカの国立スミソニアン航空宇宙博物館が、原爆投下五〇年を記念した展覧会を計画した。第二次世界大戦史の中で原爆投下の意味を考えようとしたのだが、すぐ退役《たいえき》軍人から批判が起きた。原爆が多数の米兵の命を救ったというのである。結局、博物館が屈伏し、原爆を投下したエノラ・ゲイ号のみが展示された。そういう歴史認識の国が原爆を投下する可能性はあるだろう。朝鮮戦争、キューバ危機、ベトナム戦争、アメリカが危機におちいる度《たび》、核兵器を使用しようとしたのは偶然ではない。核不拡散《ふかくさん》条約（ＮＴＰ）で大多数の国は核兵器を所持できないが、一部大国は地球をくり返し破壊できる量の原水爆を保有している。インドやパキスタンのように、新たに核を保有した国もある。核戦争になれば人類絶滅の可能性すら大きいのに、核兵器を廃絶できない。しかし、核兵器を使えば自国も危ないので、大国といえども核兵器は使えない。核兵器廃絶の道は険《けわ》しいが、わたしたちは原水爆の歴史を勉強し直し、核戦争なき世界を築《きず》かねばならない。

参考図書　飯島宗一・相原秀次編『写真集　原爆をみつめる　一九四五年広島・長崎』（岩波書店）、伊東壮『一九四五年八月六日—ヒロシマは語りつづける』（岩波ジュニア新書）

5 円の変遷《へんせん》

一九四五（昭和二〇）年の終戦から暫《しばら》くは、GHQの全面管理下に貿易庁が設置されて輸出入業務が行われ、一ドル＝一五円の軍用交換相場《そうば》が設定されていた。しかし戦後の

固定相場制《こていそうばせい》

日本には為替《かわせ》の闇価格《やみかかく》が存在していた。政府はドルの公定価格を大幅に引き上げたため円の価値は急落《きゅうらく》し、四八年には一ドル＝二七〇円にまで変動していった。しかしこの軍用交換相場は単一《たんいつ》の為替相場ではなかった。例《たと》えば四八年の輸出の平均為替相場は一ドル＝三五〇円、輸入為替相場《かわせそうば》は一ドル＝一五〇円であり、しかもその輸出入商品によっても為替相場はばらばらであった。こうした状況では当然輸入が増大することになる。この二本立ては、物資不足の当時輸入はどうしても不可欠だったので、輸入価格をなるべく低く抑えた方がよいという考えからきていた。そこで単一為替相場を早急に設定することが求められてきた。

さて相場設定に際して実力以上の円高《えんだか》では、輸出業者の大半は潰《つぶ》れてしまう。そこで当時の輸出の約八割の業者が存続《そんぞく》できる一ドル＝三〇〇円という数字が出され、これに一割の幅以内での相場設定勧告《かんこく》がなされた。四八年一二月には「経済安定九原則」の実行がGHQにより強制され、インフレを収束《しゅうそく》させるための対策が実行された。そして結局、卸売《おろしうり》物価指数を参考に、つまりインフレの進行状況に配慮して、一ドル＝三六〇円の単一為替《たんいつかわせ》相場が設定された（四九年四月）。その半年後にはイギリスのポンドが切り下げられたため日本の円の相場の維持は大変厳《きび》しいものになった。翌年朝鮮戦争が勃発《ぼっぱつ》し、その特需《とくじゅ》景気によって円相場はやっと維持された。

第二次世界大戦中すでに世界経済の安定と発展のため、アメリカのブレトンウッズで通貨協定が結ばれていた。日本はIMF《アイエムエフ》一四条国（特別な事情で為替管理を存続することが認められた国）としてではあったが、五三年にこの通貨協定に加盟することができた。協定加盟国は自国通貨を一定量の金《きん》またはドルによって表示し、一度決めた平価《へいか》は勝手に変えることはできなかった。このため円の金《きん》平価は約二ミリグラムで通告され、七一年まで一ドル＝三六〇円の固定為替相場が続いた。

変動相場制への移行

安定した固定相場制の下で日本や欧州は経済を復興《ふっこう》・拡大させていった。特に日本は六〇年代以降の高度経済成長で世界に類のない発展を続けた。六四年にはIMF八条国（為替管理を原則としてしない国）になり、アメリカと対等の立場で話し合いができるようになった。逆に、アメリカ経済はベトナム戦争に介入《かいにゅう》したこともあり、国際収支の赤字を累積《るいせき》させていった。六七年にイギリスポンドが切り下げられ、ドルを売って金《きん》を買うゴールドラッシュが起きた。欧米七カ国でドル金《きん》平価維持の介入《かいにゅう》が続けられたが、依然《いぜん》としてドル不安は解消しなかった。七一年にはついに米の金《きん》準備は一〇〇億ドルすれすれになり、公定価格による金《きん》とドルの交換が停止され、ニクソンショックが世界を襲《おそ》った。その後七一年一二月のスミソニアン協定によって一ドル＝三〇八円の新しい固定相場制が定められたが、七三年の米国際収支の赤字は前年の約三倍という史上最高額を記録し、ドル売りが激化した。このためついに七三年二月には変動相場制に移行しブレトンウッズ通貨体制は完全に崩壊《ほうかい》した。

円高へのうねり

一九七三年に変動相場制に移行した後、一一月に第一次石油危機（オイル・ショック）が起こり、為替は円安《えんやす》の方向に向かっていった。しかし、日本は経済状勢の激変に対して一時的には動揺《どうよう》するが、インフレを抑える厳しい措置《そち》や技術革新によって高価格の原油を消費しながら、いち早くこれを乗り切っていった。また、七八年の第二次石油危機も乗り越えていった。

八〇年代に入ると、国際競争力をつけた日本の輸出産業は、レーガン米大統領のドル高《だか》政策とあいまって、日米貿易摩擦《まさつ》を深刻化《しんこくか》させていった。八五年のプラザ合意《ごうい》以降、バブル経済を招く一要因となる円の急騰《きゅうとう》が始まり、八八年には一二〇円台までになった。その後、八九年天安門《てんあんもん》事件後の中国政情不安の高まり、九一年の湾岸《わんがん》戦争の際には「有事《ゆうじ》に強いドル」の言葉通り一転してドル高になり、一ドル＝一六〇円程度の円安《えんやす》となった。

しかし、その後また日本は輸出を増加させて貿易黒字を倍増させ、その結果再び円高《えんだか》傾向が明確となっていく。さらにドイツのマルク高につられて、円高が加速した。さらにＮＡＦＴＡ（北米自由貿易協定）を形成するメキシコが通貨危機に陥《おちい》り、これを救援するアメリカにドル売りが浴びせられ、九五年四月一九日に瞬間ではあるが七九円七五銭と円高最高値を記録する。その後は日米協調介入などにより、円安へと反転していく。九九年は日本の金融機関の不良債権《ふりょうさいけん》処理などの問題も表面化して、一三〇～一〇〇円台で推移した。

九九年一月から欧州一一カ国で共通《きょうつう》通貨「ユーロ」が発足《ほっそく》した。二〇〇二年には実際の交換媒体通貨《こうかんばいたいつうか》として出回る予定で、世界各国でも外貨準備や貿易決済《けっさい》面でユーロの重要性は将来高まり、米ドルと並ぶ世界の基軸《きじく》通貨の役割を果たすことが予想されている。このような中で、円の国際的地位を高め、日米欧の三極通貨体制を作りあげる努力が今求められている。

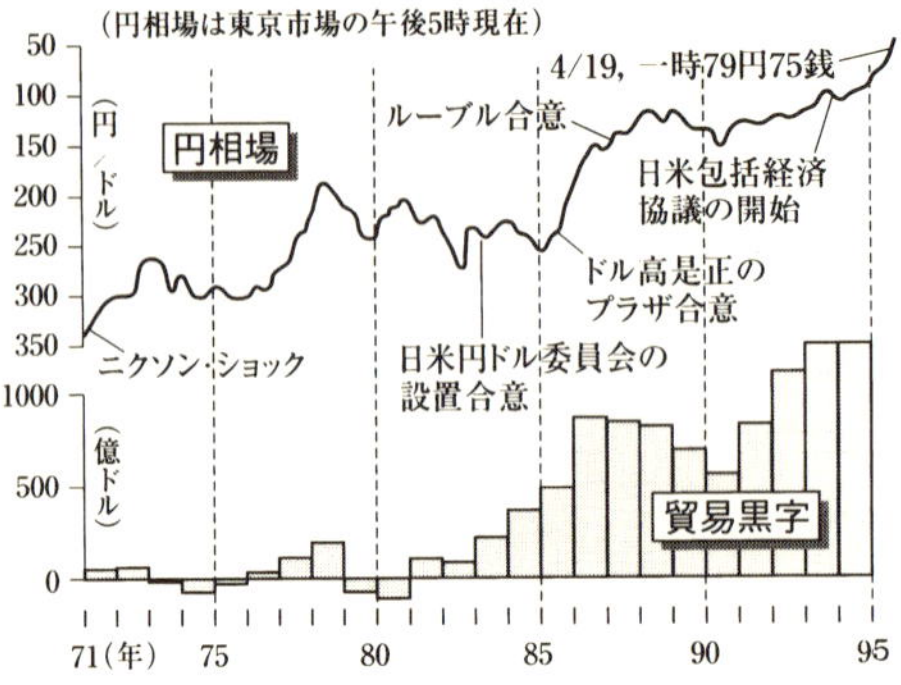

円高への歩みと貿易黒字の推移（『読売新聞』1995. 4. 20より）

参考図書　吉野俊彦『円とドル』（ＮＨＫライブラリー）

6　日米安保体制

一九四九年の総選挙により成立した第三次吉田内閣は、まさに戦後の日本を形作《かたちづく》るターニング・ポイントであった。アメリカはこの時期、日本を共産主義勢力から守るには、経済的な復興《ふっこう》をもたらすことが得策《とくさく》であると考えていた。そして速《すみ》やかに日本を復興に導くためのプログラムとして、四八年「日本経済の安定と復興を目的とする九原則（経済安定九原則）」を指《し》示《じ》し、翌年にはドッジ・ラインを実施《じっし》した。結果としてインフレーションは収束《しゅうそく》し、経済復興の基礎《きそ》は固められていった。

独立に向かって

そんな時、日本政府は池田勇人《はやと》蔵相をアメリカに派遣《はけん》し、「日本政府はできるだけ早い機会に講和条約を結ぶことを希望している。そして講和条約締結《ていけつ》後、米軍の日本駐留《ちゅうりゅう》は日本側から申し出てもよい。」という吉田首相のメッセージをＪ・ドッジに伝えている。吉田首相は早期講和のために米軍駐留を認めざるを得ないと考えていたのかもしれない。アメリカの対応は早く、この年対日《たいにち》講和条約締結《ていけつ》の担当者であるＪ・Ｆ・ダレスが来日し、対日単独講和の早期実現に向けて精力的に活動を展開した。しかし彼の活動以上に早期講和を現実のものとしたのは朝鮮戦争の勃発《ぼっぱつ》であった。この戦争により日本経済は潤《うるお》い、警察予備隊の創設《そうせつ》によって再軍備も始まり、日本の独立への準備は整《とと》のっていった。アメリカにとっても反共《はんきょう》防衛のために日本の重要性はますます高まっていた。一九五一年九月八日、ついに対日講和条約は調印された。

日米安保条約とは

サンフランシスコ平和条約を調印したその日、日本国民にはそれまでその内容について一切《いっさい》知らされていなかった日米安全保障条約が、日本側から一人だけ出席した吉田茂《しげる》の署名《しょめい》によって調印された。その内容を簡単に整理すると、「アメリカ軍の駐留については日本が希望したものであり、これはアメリカの権利である。だからアメリカは日本の安全に寄与《きよ》するために米軍を使用することができるのであって、日本の安全を保障する義務は負っていない。また、アメリカ軍は日本の内乱鎮圧《ちんあつ》のために出動《しゅつどう》することもできる。」ということになる。そして、この条約をより具体化するため、翌五二年二月、日米行政協定が国会の審議《しんぎ》を経《へ》ずに結ばれる。この協定により、米軍は日本のどこにでも基地《きち》を設置できるようになり、在日《ざいにち》米軍人やその家族には治外法権《ちがいほうけん》が保障された。また、米軍駐留にかかる経費については、日本も分担《ぶんたん》することになった。つまり日米安保《あんぽ》条約は、対米従属的な規定を無期限に認める内容のものになったのである。

日米新時代

一九五六年日ソ共同宣言《きょうどうせんげん》の調印と国際連合加盟により、日本は国際連盟脱退以来二三年ぶりに国際社会に復帰した。またこの時期、大陸間弾道弾《たいりくかんだんどうだん》の開発と人工衛星スプートニク1号の打ち上げの成功によって、ソ連はアメリカの軍備における絶対優位を崩《くず》し、またアジア・アフリカの国々はバンドン平和十原則の採択《さいたく》によって平和共存《きょうそん》と自立にむけて大きく動き出した。このような時、日米新時代を掲《かか》げて岸信介《のぶすけ》首相が登場する。岸は、東南アジアを訪問しアジアの盟主《めいしゅ》としての日本をアメリカにアピールし、国内では防衛力の増強を掲《かか》げ、日米安保の全面改正に向けて準備を進めていった。岸内閣は国内の反対運動を阻止《そし》するためにまず、警職法（警察官等職務執行法《しょくむしっこうほう》）の改正を考えた。「公共の安全と秩序を乱すおそれがあると警察が認めれば警察官は職務を執行してもよい。」とするものであった。この法案は国民の反対運動により廃案となる。岸内閣は安保改正への体勢を立て直すためになおしばらくの時間が必要となった。その後一九六〇年一月、日米新安保条約がワシントンにおいて調印された。この新安保条約では、米軍の配備や行動について日米政府間で事前《じぜん》に協議できることにし、また日本の内乱に米軍が行動できる部分は削《けず》られ、条約の期限を一〇年としてそれ以後はどちらかの通告で一年以内に終了できることとするなどの改善点が見られた。しかし新たに日米間の経済協力に関する規定が盛り込まれ、日米間はより強固に結びついていく印象を与えた。また、在日米軍は日本以外の極東《きょくとう》の防衛にも任ぜられることになり、そのことは日米軍事同盟としての性格を明確にし、かえってアジアの緊張を高めるのではないかとの懸念《けねん》をもたせた。このような不安から国民は安保改定反対運動を激化させ、戦後最大規模の政治運動に発展した（三井三池《みついみいけ》労組《ろうそ》の三池闘争も相前後していた）。そのためアイゼンハワー米大統領は安保条約批准《ひじゅん》のための来日を断念せざるをえなくなる。しかし、新安保条約は、衆議院で強行採決された後、六〇年六月一九日、参議院での審議を経《へ》ることなく自然成立し、その四日後密《ひそ》かに批准書が交換された。高まりを見せた六〇年安保闘争は岸内閣を総辞職に追い込んだ後、潮《うしお》が引くように終息《しゅうそく》していった。

デモ隊に囲まれる国会議事堂（朝日新聞社提供）

日米新安保と高度経済成長

日米新安保条約は、東南アジアにおける日本の独占企業の経済進出を活発化させた。そして東南アジアに日本政府が賠償《ばいしょう》支払いや借款《しゃっかん》という形で投資を行い、そこに日本の独占企業が進出するひも付き開発協力体制が確立した。このことは共産陣営の経済侵略から東南アジアを守り、西側世界と深く結びつけた。冷戦構造に組み込まれたこの構造は日本の経済成長を促《うなが》し、日本の豊かさを後押《あとお》しすることになった。そして一九六四年、ＯＥＣＤ（経済協力開発機構）に加盟した日本は先進国の仲間入りを果たし、六八年にはＧＮＰ（国民総生産）は西ドイツを抜いて世界第二位となるのである。

一九七〇年以後は新安保条約は自動的に延長され、その後七二年五月、アメリカの極東における前線基地「沖縄」（「極東の要石《かなめいし》」）はより強化された軍備を保持したままの形で返還された。この日米安保体制は七八年につくられた日米ガイドラインにおいて、より軍事同盟としての性格を強めながら、今日まで続いている。

ポスト冷戦時代の日米安保

一九八九年冷戦が終結し、ソ連を仮想《かそう》敵国とする軍事同盟の性格を持っていた日米安保はその存在意義を大きく見直さねばならなくなった。九六年に橋本龍太郎《りゅうたろう》首相とクリントン大統領とが合意した「日米安保共同宣言」をもとに、日米ガイドラインは見直されるに至る。これにより日米安保条約の適用範囲は日本周辺地域やアジア・太平洋地域にまで広げられ、その平和と安定を確保するための協力が求められるようになった。

一九九九年五月新ガイドライン関連法（周辺事態法）が成立した。日本はアメリカと共同してアジア・太平洋地域に起こる紛争に対処することになったのである。

参考図書　豊下楢彦『安保条約の成立』・都留重人『日米安保解消への道』・原彬久『岸信介』・石川真澄『戦後政治史』（以上、岩波新書）

7　自衛隊の歩み

一九五〇年六月二五日朝鮮戦争が勃発《ぼっぱつ》し、日本にいたアメリカ軍は次々と朝鮮半島に送られた。GHQ最高司令官マッカーサーはこのとき日本国内の警備が手薄《てうす》になるとの理由から、吉田茂首相に手紙をおくり、警察予備隊《よびたい》の創設《そうせつ》と海上保安庁《ほあんちょう》の八千人の増員を命令する。これが日本の再軍備の始まりであった。その後、日本の再軍備は徐々《じょじょ》に進められ、五二年四月の日米安保《あんぽ》条約発効《はっこう》に伴《ともな》って、それまで陸上部隊に限られていた警察予備隊は新たに航空《こうくう》部隊を設置して保《ほ》安隊《あんたい》と名を変えた。

再軍備の始まり

一九五三年七月二七日、朝鮮戦争の休戦協定が成立した。朝鮮戦争に関連する軍需《ぐんじゅ》物資の特別注文《ちゅうもん》（特需）によりようやく景気を回復した日本の経済も、この休戦協定以降《いこう》一転して不況《ふきょう》に見舞われた。会社の倒産や失業者が増大し、各地で労働争議が起きた。吉田内閣はアメリカとMSA協定を結ぶことを決める。これはアメリカのMSA（相互防衛援助法）に基づく軍事援助の協定で「自由及び自由世界の防衛のために軍事力を増強」することを条件にしており、一層の軍備強化を約束するものである。これを結ぶことで経済援助も認められた。

一九五四年三月MSA協定（相互防衛協定）が調印される。それに伴い防衛庁が設置され、保安隊は、直接侵略《しんりゃく》及び間接侵略に対して日本を防衛することを主たる任務とする自衛隊《じえいたい》として生まれ変わった。しかしこういった再軍備は、戦力の保持《ほじ》を禁じている憲法第九条に照らして検討されることもなく、また広く国民に問われることもなく進められた。

六〇年代の自衛隊

一九五七年のソ連による人工衛星《えいせい》スプートニク打ち上げの成功は、ソ連がアメリカに直接、壊滅的《かいめつ》な核《かく》攻撃ができることを示した。アメリカは戦略《せんりゃく》の修正をせまられ、全面戦争を避《さ》け局地戦《きょくちせん》能力の充実をはかることに重点をおくこととなった。このことは日本に陸海空の総合的防衛力の向上をうながすこととなった。また、六〇年代に入ってからのベトナム戦争の拡大や中国の核兵器開発などの国際関係の展開・変化も、日本の防衛力強化に大きな影響を与えた。こうして自衛隊はその後アメリカの核の傘《かさ》の下《もと》で兵器などの近代化を着実に進め、現在では世界でも屈指《くっし》の軍事力を持つようになってきている。

自衛隊の海外派遣

日本が高度経済成長期にはいると、企業の対外進出や軍需産業の育成に意欲《いよく》をもやした財界の後押《あとお》しが軍備拡張を加速していった。また、アメリカと中国の関係改善やソ連のアフガニスタン侵攻《しんこう》も、日本に対する防衛力増強への要求を一層高める結果となった。国内においては、元号法《げんごうほう》の制定などの保守化傾向が進み、軍備拡張のための基盤づくりが進められていった。

そして一九九〇年、自衛隊はそれまでなしえなかった海外派遣《はけん》にむけて動き出した。そのきっかけをつくったのがイラクがクウェートを侵攻した湾岸《わんがん》危機であった。サウジアラビアに展開した多国籍軍に対する輸送・通信・医療などの支援を「国際貢献《こうけん》」の名の下に日本政府は行おうとした。しかし、「これは武力行使の一翼《いちよく》を担《にな》うものであり、たとえ後方《こうほう》においての活動であっても輸送隊・通信隊は攻撃の標的となりやすく、その派遣は事実上の参戦とみなされる」との批判が強く、実現はしなかった。そこで、政府は「人は出さずに金を出す」方針に切り替え、一三五億ドルという膨大《ぼうだい》な戦費を負担《ふたん》することになった。湾岸戦争終了後政府は機雷《きらい》処理のために掃海艇《そうかいてい》をペルシャ湾に派遣して自衛隊の海外派遣という既成《きせい》事実をつくり上げた。九二年ＰＫＯ協力法（国連平和維持活動協力法）が成立し、軍事的行動はしないという枠内《わくない》ではあるが、自衛隊はカンボジアへ派遣された。その後、九三年にはモザンビークへ、九六年にはシリアのゴラン高原へと派遣は続いている。

これからの自衛隊

日米安保体制のもと、自衛隊の活動範囲は地球的規模にまで広がろうとしている。ＰＫＯでの日米協力をより強固なものとして、周辺地域の安定のために、国際的緊急援助活動を積極的に行うことができるよう法的基盤づくりが進められている。世界のあらゆる地域に軍事的介入《かいにゅう》をも行うアメリカの軍事戦略に自衛隊は次第に組み込まれつつあるともいわれている。

参考図書　小林直樹『憲法第九条』・渡辺洋三『日本をどう変えていくのか』・前田哲男『自衛隊をどうするか』・佐々木芳隆『海を渡る自衛隊』（以上、岩波新書）、奥平康弘『いかそう日本国憲法―第九条を中心に―』（岩波ジュニア新書）

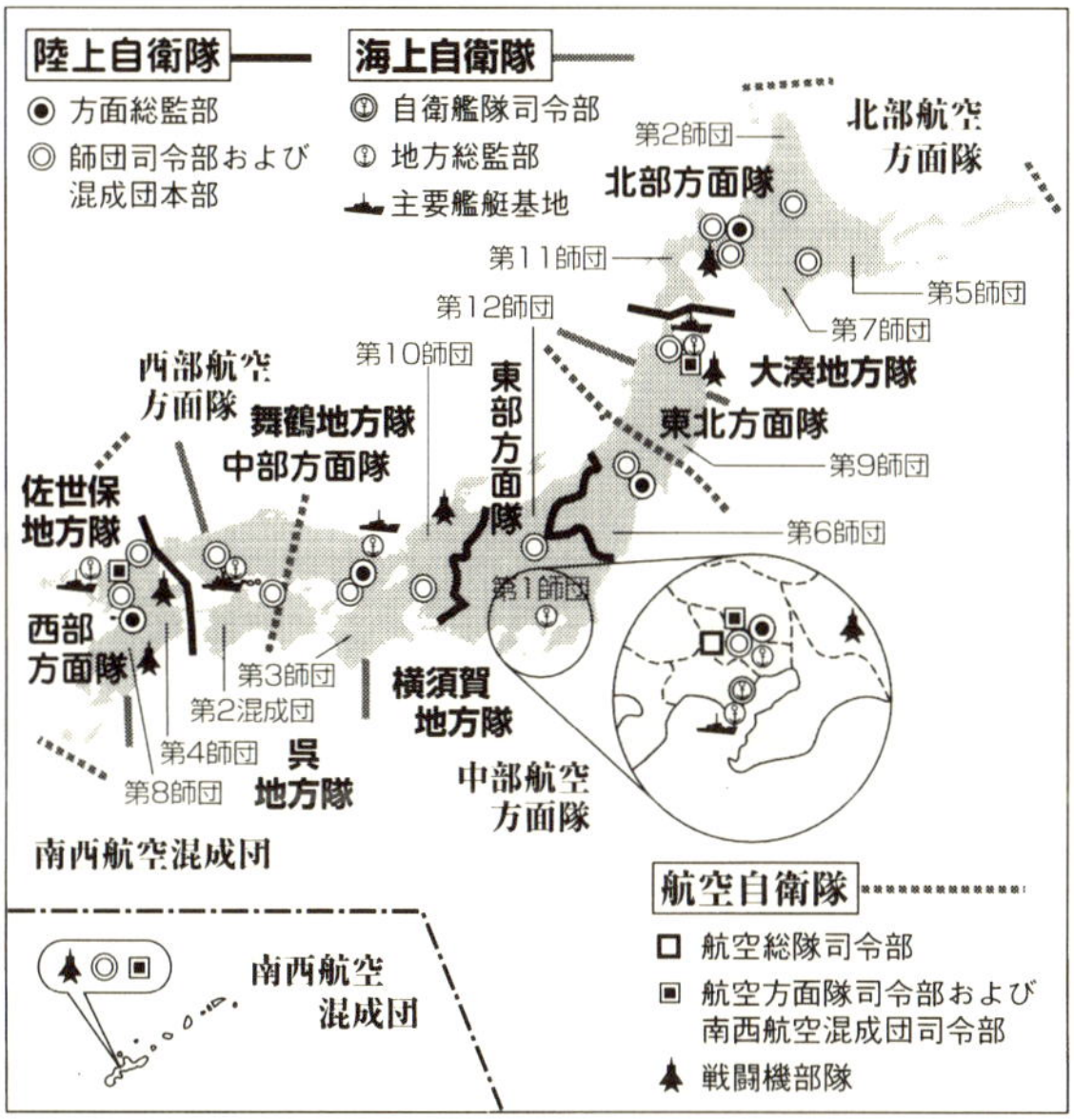

自衛隊配置図

8 湯川秀樹とノーベル賞

湯川秀樹《ゆかわひでき》は一九〇七（明治四〇）年、地質学者の小川琢治《おがわたくじ》、小雪《こゆき》夫妻の三男として東京に生まれた。翌年、父が京都帝国大学教授として赴任《ふにん》したのにともなって一家で京都に移住、その後湯川は学生時代をふくめ、京都を生活の拠点《きょてん》とすることになる。第三高等学校を経て、一九二六（大正一五）年、京都帝国大学理学部物理学科に入学（理学部長は父琢治）、二九年卒業し、同年京都帝大副手となり、三二（昭和七）年には講師となった。またその年、大阪の湯川胃腸病院の院長湯川玄洋《げんよう》の末娘スミと結婚し、湯川家に入り大阪に居住《きょじゅう》した。

中間子理論の成立

一九三四年、二七歳の時に、中間子《ちゅうかんし》の着想《ちゃくそう》を得て、中間子理論の第一報を学会誌に投稿《とうこう》した。当時、彼は中間子の理論を毎日深夜ふとんの中で考えつづけ、着想がわくと起きてメモをとるという生活をつづけた。その間妻のスミは二人の幼児を抱いて、彼の思考の邪《じゃ》魔《ま》にならないように廊下《ろうか》で明かりの消えるのを待ったという。

中間子理論は簡単に言えば、それまで原子《げんし》は陽子《ようし》、中性子《ちゅうせいし》、電子《でんし》から成りたっていると考えられていたが、別の粒子《りゅうし》が存在することを予言したものである。彼の一連の中間子理論は、核《かく》物理学に新しい道を開いたもので、物理学者としての彼を一躍《いちやく》有名にした。その後、中間子は海外の物理学者によってその存在が確認され、物理学における物質観を一変《いっぺん》させた。

湯川秀樹（1972年10月撮影）〈毎日新聞社提供〉

湯川は一九三九年、三二歳で京大教授になり、四二年には東大教授を兼任、四三年には文化勲章《くんしょう》を授《さず》けられた。しかし、日本が戦争の時代にはいるとともに、彼の業績《ぎょうせき》は物理学会以外では広く世界の脚光《きゃっこう》をあびることなく時がすぎた。

戦後アメリカが彼に注目し、四八年彼をプリンストン高等研究所の客員《きゃくいん》教授に招《まね》いた。翌年彼はコロンビア大学教授となったが、その年の秋、ノーベル物理学賞の受賞が決まった。

湯川のノーベル賞受賞は日本人初の快挙《かいきょ》であった。このニュースは、当時泳ぐたびに国内やアメリカで世界新記録をうちたて「フジヤマのトビウオ」と騒がれた水泳の古橋広之進《ふるはしひろのしん》選手をはじめとする日本水泳陣の活躍とともに、敗戦でうちひしがれていた日本人に希望と自信を与えたニュースであった。

平和運動に向かって

一九五三年、京都大学に基礎物理学研究所（湯川記念館）が設置されると、湯川は帰国し所長に就任《しゅうにん》、ノーベル賞物理学者として国際的な活躍をつづけた。

一方、五四年太平洋のビキニ環礁《かんしょう》でのアメリカの水爆《すいばく》実験によって第五福竜丸《ふくりゅうまる》乗組員が死の灰をあび、魚介類《ぎょかい》が放射能汚染《おせん》されるという事件が起きると、湯川は核兵器の脅威《きょうい》から人類を守ることが科学者としての自らの使命であるとの考えをさらに強め、平和運動に力を注ぐようになった。五五年、「ラッセル・アインシュタイン宣言」に参加、同年、平塚らいてう、茅誠司《かやせいじ》らとともに世界平和七人委員会を結成、五七年にはカナダで開かれた、核廃絶《はいぜつ》を訴《うった》える科学者の会議である第一回バグウォッシュ会議に朝永振一郎《ともながしんいちろう》らとともに出席（その後も同会議・シンポジウムに数回出席）した。

さらに六二年には第一回科学者京都会議を主宰《しゅさい》するなど、平和運動と世界連邦建設運動（湯川は六一年〜六五年まで世界連邦主義者世界協会会長をつとめた）は、八一年亡くなるまで湯川の終生《しゅうせい》の仕事となり、国際的な平和運動家としても、彼は世界の科学者をリードした。

日本人ノーベル賞受賞者一覧

受賞者	受賞年	受賞部門	受　賞　理　由
湯川秀樹	1949	物理学賞	核力の理論的研究に基づく中間子の存在の予言
朝永振一郎	1965	物理学賞	量子力学分野での基礎的研究
川《かわ》端《ばた》康《やす》成《なり》	1968	文学賞	優れた感受性をもって日本人の心の精髄を表現
江《え》崎《ざき》玲《れ》於《お》奈《な》	1973	物理学賞	半導体のトンネル効果、超伝導体の実験的発見
佐《さ》藤《とう》栄《えい》作《さく》	1974	平和賞	日本の核武装に反対し、太平洋地域·世界全体の平和に貢献
福《ふく》井《い》謙《けん》一《いち》	1981	化学賞	量子力学の計算を用いて、有機化学反応の体系化に貢献
利《と》根《ね》川《がわ》進《すすむ》	1987	医学生理学賞	遺伝子工学の技術を駆使して生体の免疫システムを解明
大《おお》江《え》健《けん》三《ざぶ》郎《ろう》	1994	文学賞	詩的想像力により現代における人間の様相を衝撃的に描写

参考図書　湯川秀樹『旅人』(角川文庫ソフィア)・『科学者のこころ』(朝日選書)・『湯川秀樹著作集』(全一〇巻別巻一、岩波書店)

9　五五年体制

五五年体制の始まり

朝鮮戦争が始まり、日本において警察予備隊が創設《そうせつ》された一九五〇年、ＧＨＱは共産党を中心とする左翼《さよく》勢力を追放するよう吉田茂《よしだしげる》内閣に指令した（レッドパージ）。その後、鳩山一郎《はとやまいちろう》や三木武吉《みきぶきち》・河野一郎《こうのいちろう》ら旧日本帝国の指導者たちの公職追放が解除された。彼らは吉田茂率《ひき》いる自由党に復帰し、党内部で反吉田勢力を形成したため、吉田派の勢力は減少していく。そんな時、海運・造船業界の保守政界に対する贈収賄《ぞうしゅうわい》事件（造船疑獄《ぎごく》）が発覚《はっかく》した。自由党内の反吉田勢力は合流し、鳩山一郎を総裁とする日本民主党を結成、左右両社会党と共に内閣不信任《ふしんにん》案をだし、吉田内閣は総辞職に追い込まれた。腐敗《ふはい》した吉田長期政権に飽《あ》きていた国民は、その後を継いだ鳩山内閣に大きな期待をよせた。この時、講和問題で右派と左派に分裂していた社会党は、この鳩山ブーム（鳩山は憲法改定も提唱していた）に対抗するため統一へと動き始める。また、この社会党統一の動きに対して危機感を抱いた財界は安定した保守政権を望み、保守合同を強く求めた。五五年一〇月一三日に左右両社会党は統一し、そしてその約一カ月後には、自由党と日本民主党の合同が実現し、自由民主党が結成された。ここに保守と革新の二大政党が新しく誕生した。与党《よとう》自民党の経済成長推進策と自衛力拡充策、それに対する批判・抑制の役割を担《にな》った野党《やとう》の社会党。この二政党が中心に以後政治が運営されていった。これを五五年体制と呼んでいる。その後岸信介《きしのぶすけ》・池田勇人《いけだはやと》・佐藤栄作《さとうえいさく》の三代にわたる五七年から七二年までの一五年間、安定した政治状況が続き、その間日本は「経済大国」へと飛躍していったのである。

高度経済成長期

一九五五年以降、日本経済は神武《じんむ》景気・岩戸《いわと》景気などの好景気をむかえ、そのもとで自民党は財界・官僚と深く結びつきその勢力を安定させていく。一方野党側においては社会党右派の分離による民主社会党の結成・宗教法人創価学会《そうかがっかい》を母胎《ぼたい》とする公明党《こうめいとう》の創立など多党化する中で、野党勢力は徐々《じょじょ》に弱体化し、自民党中心の支配体制が確立していく。その状況を背景に池田勇人《はやと》内閣は「国民所得倍増計画」を打ち出し、東海道新幹線・名神《めいしん》高速道路・東京オリンピック関連施設などへの公共投資を進めた。しかし、反面、住宅や公園などの整備が遅れたため、「住宅難」や「すし詰《づ》め学級」などの問題が起こった。また、自己《じこ》の利益を最優先にする企業は各地で公害を発生させ、その被害者は悲惨《ひさん》な生活を強いられ、また命をも奪われた。自民党の有力政治家が企業と癒着《ゆちゃく》する汚職《おしょく》事件が明るみに出たのもこの頃であった。

五五年体制の動揺

七〇年安保を乗り切った佐藤栄作《えいさく》内閣は七二年五月の沖縄返還後七年八カ月に及ぶ長期政権の幕を閉じた。その後、再度の高度経済成長を目指すべく登場したのが田中角栄《たなかかくえい》首相であった。彼は外交面では日中国交正常化を実現し、内政面では地方に工業都市を分散し、それらを新幹線と高速道路で結ぼうとする（本州四国連絡橋もこの中に盛り込まれていた）『日本列島改造論』を実行した。しかし、その結果は地価や物価の高騰《こうとう》をまき起こし、それに第一次石油ショックが追い打ちをかけた。その有様は「狂乱《きょうらん》物価」とも言われ、日本経済は戦後初のマイナス成長を記録した。田中首相への国民の期待は失望へと変わり、さらには田中〝金権《きんけん》政治〟に対する批判へと変わっていった。七四年田中首相は世論の糾弾《きゅうだん》を浴びながら辞任した。そこで、自民党は建て直しを図るために三木武夫《みきたけお》を指名した。三木首相は金権政治からの脱却《だっきゃく》を目指して、選挙改革に取り組むが、ことごとく党内の反発と抵抗に直面した。そんな時表面化したのがロッキード事件であった。三木首相はこの事件の徹底究明《きゅうめい》にのりだし、前首相田中角栄らが逮捕《たいほ》された。この逮捕は党内の「三木おろし」の活動をさらに活発化させ、七六年の総選挙での自民党の敗北を最後に三木首相は退陣した。

次の福田赳夫《ふくだたけお》・大平正芳《おおひらまさよし》・鈴木善幸《すずきぜんこう》の三政権においては、自民党の改革と財政の再建を掲《かか》げ、試行錯誤《しこうさくご》を繰り返した。そしてそれを具体化したのが次の中曽根康弘《なかそねやすひろ》首相であった。

五五年体制の崩壊

中曽根首相は「日本列島不沈空母《ふちんくうぼ》」発言や「防衛費のGNP一%枠撤廃」・「靖国《やすくに》神社公式参拝」などの動向で日本の軍事大国化への危惧《きぐ》を抱かせたりしたが、三公社《こうしゃ》（国鉄・専売公社・電信電話公社）の民営化（JR・JT・NTT）など行財政改革に取り組み国民の支持を集めた。しかし、売上税《うりあげぜい》導入を掲《かか》げてからは国民の支持率が低下し、竹下登《たけしたのぼる》に政権は譲られた。この竹下首相から宇野宗佑《うのそうすけ》・海部俊樹《かいふとしき》・宮沢喜一《みやざわきいち》と次々と短命な内閣が続いた。この間、リクルート事件（八八年）などのスキャンダルが続発し、金権政治を打破できない政治に国民の心は離れていった。このような状況を背景に、九三年新党さきがけや新生《しんせい》党が自民党から分離・独立した。そして九三年八月、細川護熙《ほそかわもりひろ》日本新党代表を首相とする非自民八党派が連立する政権が誕生し、五五年体制は崩壊《ほうかい》した。

参考図書　山口二郎『日本政治の課題』（岩波新書）、内田健三『現代日本の保守政治』（岩波新書）

戦後首相一覧

首相	就任年月
東久邇宮稔彦	45. 8
幣原　喜重郎	45. 10
吉田　茂	46. 5
片山　哲	47. 5
芦田　均	48. 3
吉田　茂	48. 10
鳩山　一郎	54. 12
石橋　湛山	56. 12
岸　信介	57. 2
池田　勇人	60. 7
佐藤　栄作	64. 11
田中　角栄	72. 7
三木　武夫	74. 12
福田　赳夫	76. 12
大平　正芳	78. 12
鈴木　善幸	80. 7
中曽根康弘	82. 11
竹下　登	87. 11
宇野　宗佑	89. 6
海部　俊樹	89. 8
宮沢　喜一	91. 11
細川　護熙	93. 8
羽田　孜	94. 4
村山　富市	94. 6
橋本　龍太郎	96. 1
小渕　恵三	98. 7
森　喜朗	00. 4

10 戦後の日本と韓国・朝鮮 ——日韓基本条約締結を中心に——

「光復」の日

日本が敗戦した一九四五年八月一五日は、朝鮮の人々にとって植民地支配から解放され、光がよみがえる「光復《こうふく》」の日（光復節《せつ》）であった。三六年間の植民地支配から解放され、人々は街頭《がいとう》に出て歓喜した。

しかしカイロ宣言（一九四三年）で約束されたはずの「自由かつ独立」はただちには実現せず、アメリカ、ソ連はこの地を北緯三八度線で分割して占領した。四八年、米ソの対立が深まるなか、それぞれの支援を受けて南に李承晩《りしょうばん》《イスンマン》を大統領とする大韓民国《だいかんみんこく》（以下「韓国」）、北に金日成《きんにっせい》《キムイルソン》を首相とする朝鮮民主主義人民共和国（以下「北朝鮮」）が成立。やがて両国は五〇年から、同じ民族同士で激しい戦争を行う。東西冷戦の代理戦争としてアメリカ、中国も参戦して戦われた朝鮮戦争である。五三年、休戦協定により両国は休戦するが、朝鮮半島と朝鮮民族はこの後長く南北に分断されることとなった。

北朝鮮はその後、金日成（一九九四年没、その後は金正日《きんしょうにち》《キムジョンイル》が後継）の指導する朝鮮労働党のもとで社会主義による国家建設をすすめ、ソ連・中国と結びつきを強めて東側諸国の一員としての道を歩むことになる。一方、韓国では李承晩政権が六〇年に民主化を望む学生革命によって倒《たお》されると、翌年クーデタによって朴正熙《ぼくせいき》《パクチョンヒ》が軍事政権を樹立《じゅりつ》。反共を旗印《はたじるし》とする朴政権は米国に強く支持されて、彼が暗殺される七九年まで続いた。軍事政権はその後も民主化を望む民衆の声を抑圧《よくあつ》しながら（光州《こうしゅう》《カンジュ》事件など）全斗煥《ぜんとかん》《チョンドファン》将軍に受け継がれる。

日韓基本条約

日本は一九五一年、朝鮮戦争のさなかにサンフランシスコ平和条約を締結《ていけつ》し、国際社会へ復帰した。このとき、南北の両国は戦争当事国ではなかったとして講和会議に招かれず、国交回復も植民地支配の処理も先延ばしとなった。国交樹立の交渉は、日本、韓国を反共の砦《とりで》にしようとする米国の強い要請《ようせい》のもとで、もっぱら韓国との間ですすめられた。五一年予備会談を開始。長い紆余曲折《うよきょくせつ》を経《へ》て、六五年、佐藤栄作内閣のとき朴政権との間で日韓基本条約が締結された。

これにより両国は国交を樹立、同時に結ばれた協定によって植民地支配に関する財産や請求権に関する処理、在日《ざいにち》韓国人の法的地位の処理などが行われた。しかし条約締結は北朝鮮を国家として認めず、植民地支配の処理もないまま、逆に北朝鮮との対立を深めることをも意味していた。また、条約では植民地支配への反省や謝罪は表明されず、在日韓国人の処遇《しょぐう》問題も歴史的経過を無視した不十分なものだった。こうしたことから両国では国民の間で条約締結に強い反対運動がおきた。

日韓基本条約調印式（1965年6月23日）
〈毎日新聞社提供〉

一九六〇年代から高度成長を続けていた日本経済にとって韓国への進出は強い要請であり、両国の経済関係は条約締結後、急速に拡大を始める。それはまた韓国政府を経済的に支援することでもあった。経済援助も拡大し、八〇年代にはいって中曽根《なかそね》内閣などによってさらに強化される。七〇年代からは低賃金の労働力市場として日本の資本進出が盛んになるとともに、日本製品の輸出も急速に拡大した。こうした資本進出ブームは八〇年代後半に頻発《ひんぱつ》した労使紛争などから一時下火《したび》になったものの、両国経済は深く結びついていった。

日本の課題

三六年にわたる朝鮮支配に照らして、日本はこの地と平和的で対等な国家関係を作り上げること、植民地支配の処理・補償《ほしょう》を行うこと、この地域の発展のために尽《つ》くすことなどの責任を負っていた。また日本に残った、当時六〇万人余りの在日韓国・朝鮮人の処遇も重要な課題であった（在日朝鮮人は敗戦時、二三〇万人余りであったといわれる。その多くは一九四五年から四六年中ごろまでに帰還《きかん》した。また、北への帰国は五九年から開始され、約九万人が帰国した）。しかし、戦後の国家利益を優先した日韓関係は、日韓基本条約も含め必ずしもそのような課題を解決しなかった。日本側には植民地支配に対する厳《きび》しい反省を忘れたまま、戦後の経済的発展とともに大国意識に捉《とら》われる傾向があり、「植民地支配は悪いことばかりではなかった」（五二年の日韓会談における久保田首席代表）、「韓国併合は正当であった」（八六年藤尾文部大臣《ふじおもんぶだいじん》）といった政府要人たちの発言が繰り返されて、韓国、朝鮮の人々から強い批判を浴びた。また日本の歴史教科書は侵略《しんりゃく》の事実を曖昧《あいまい》にしようとしている、とたびたび指摘《してき》された（八二年の歴史教科書問題など）。戦後長らく触れられることの少なかった朝鮮人「従軍慰安婦《じゅうぐんいあんふ》」への謝罪や補償《ほしょう》の問題も十分解決されてこなかった（九二年宮沢首相は元朝鮮人「従軍慰安婦」へ謝罪したが国家補償は行われていない）。こうしたなかで、韓国側は日本の経済進出や文化面での交流に強い警戒感を持ってきた。

近年の日韓・日朝

韓国の本格的な民主化は冷戦の終結を背景に一九八七年にいたってようやく実現される（盧泰愚《ろたいぐ》《ノテウ》民主化宣言）。これ以前から新興《しんこう》工業地域の一つとして著《いちじる》しい経済発展を実現。八八年にはソウルオリンピックも開かれ、さらに九一年、南北の両国が国連に同時加盟する。こうして経済的・政治的に韓国は国際社会に確実な地位を築くこととなった。日韓関係も近年になって、長く続けられてきた韓国の日本の音楽・映画などの大衆文化の流入への規制の解除、日本製品輸入禁止措置《そち》（乗用車、大型テレビ、家庭用VTRなど）の撤廃《てっぱい》が実現するなど交流は拡大し、国民の間の相互《そうご》の不信感も確実に改善の方向にある。

しかし北朝鮮との関係はその後も改善されず、わずかに貿易や、赤十字社《せきじゅうじ》を通じての交流などが続けられているばかりである。九〇年には自由民主党、日本社会党と朝鮮労働党による共同声明で関係改善への交渉が始まったが、その後ははかばかしい進展を見ていない。

参考図書　尹健次『きみたちと朝鮮』（岩波ジュニア新書）

資料（日本と北朝鮮両国の相互の認識はどこまで進んでいるのか）「日朝関係に関する日本の自由民主党、日本社会党、朝鮮労働党の共同宣言」（九〇年）からの抜粋

（前略）……三党は、自主・平和・親善の理念にもとづき日朝両国間の関係を正常化し、発展させることが両国国民の利益に合致し、新しいアジアと世界の平和と繁栄に寄与すると認め、次のように宣言する。

一、三党は、過去に日本が三六年間、朝鮮人民に与えた不幸と災難、戦後四五年間、朝鮮人民が受けた損害について、朝鮮民主主義人民共和国に対し、十分に公式的に謝罪を行ない、償うべきであると認める。／二、三党は、日朝両国間に存在している非正常な状態を解消し、できるだけ早い時期に、国交関係を樹立すべきであると認める。―中略―／四、三党は、在日朝鮮人が差別されず、その人権と民族的諸権利と法的地位が尊重されるべきであって、日本政府はこれを法的にも保障すべきであると認める。

（『朝日新聞』九〇・九・二九）

11 高度経済成長と国民生活

一九五〇年代半ばの生活

一九五〇年代半ばの日本の様子《ようす》を想像できるだろうか。太平洋戦争に敗れて十年も過ぎ、住宅はまだ十分ではなかったが、戦禍《せんか》の影もだいぶ消えてきた。「もはや『戦後』ではない」という評論《ひょうろん》（中野好夫《なかのよしお》）をきっかけに、「戦後」は終わったかどうかという論争が起きたのが五六年のことであった。この年の『経済白書《はくしょ》』は経済も戦前の水準を回復したとして、「もはや『戦後』ではない。……今後の成長は近代化によって支《ささ》えられる」と宣言した。

戦争から回復したといっても、当時の生活は今日とはだいぶ異なる。就業者《しゅうぎょう》の四割近くの人々が農林業に従事していたし、村が全国で二千以上あった。海には自然の浜や磯《いそ》が広がっていた。道路で舗装《ほそう》されているのは三％程度、乗用車は何百人に一台だったから、こどもたちは道路で遊んだ。平均寿命《じゅみょう》は六十代半ばで、こども百人に六人は誕生日《たんじょうび》を迎えずに亡《な》くなった。健康で家族仲よく暮らせれば幸せと人々は考え、こどもは三人は欲しいと望む人が多かった。食卓《しょくたく》では肉類はごちそうだった。都会ではまだ多くの人が風呂《ふろ》を持たず、銭湯《せんとう》へ行った。世帯《せたい》の三分の一は電気洗濯機《せんたくき》を持っていたが、電話は少なく、電気冷蔵庫はなかった。放送の始まった白黒のテレビを人々は街頭《がいとう》で黒山《くろやま》になって見た。中卒《ちゅうそつ》で就職して他郷《たきょう》へ出る人も多かったが、大学や短大へ行ける人は同年齢《どうねんれい》の二割にも満たなかった。貧富《ひんぷ》の差は大きかったが、人がたずねれば五人に一人は不正を退《しりぞ》けて、清く正しく生きたいとはっきり答えた。

敗戦後の占領時代から身近に見ることになったアメリカ人たちの生活は、日本人のこうした生活とは大違《おお》いであった。だれもが自動車で動いていた。何百人もの人夫《にんぷ》で取り組むような工事をブルドーザーで簡単に片付けた。雑誌や映画で見るアメリカの家庭は格段《かくだん》に豊かでスマートに見えた。その技術の水準や消費文化は日本人にとって夢であり、願いでもあったが、「近代化」とはその夢をめざすことだった。その実現に向けて進んでいったのが「高度経済成長」である。

高度経済成長とは

経済の発展は産業や生活や文化などをさまざまに変えながら進む。「経済成長」とはそうした発展を内容や質は問わず、量の拡大としてとらえた概念《がいねん》である。その指標《しひょう》が「経済成長率」で、国民所得あるいは国民総生産の各年の増加率をいう。ある期間の日本の経済成長率は特に高かったので高度経済成長とよんだ。その期間についての意見は分かれるが、ここでは、一九五五年ごろから七三年の第一次石油危機（二四五頁「石油危機」参照）までとする。それは好況《こうきょう》と不況《ふきょう》の波を繰《く》り返しながらの成長であって、三回の好況は神武《じんむ》景気（一九五五〜五七）、岩戸《いわと》景気（一九五八〜六一）、いざなぎ景気（一九六六〜七〇）とよばれる。好況・不況を平均してみても、当時の日本の経済成長率は主要国と比《くら》べ群を抜いていて（表参照）、特に六〇年代の発展が著しかった。もっとも、後になって日本を追ったＮＩＥＳ《ニーズ》諸国や中国本土の経済発展も急速であり、中国のように長期にわたって高い成長率を持続《じぞく》した例もあって、高度成長は東アジア共通の特色となった。

	1955〜73	1973〜80
日本	10.0	3.7
アメリカ	3.4	2.2
西ドイツ	5.4	2.2
フランス	5.6	2.5
イギリス	3.0	0.9
イタリア	5.6	2.8

表　工業国の実質経済成長率（平均年率、%）（安場保吉「歴史の中の高度成長」〈安場・猪木編『日本経済史8　高度成長』279頁〉より）

高度経済成長の環境

一九五〇年代半ばは、高度成長がスタートする条件が整った時期であった。食糧難・インフレ・外貨不足《がいかぶそく》といった困難は何とか収《おさ》まった。一九五二年にはＩＭＦ（国際通貨基金）と世界銀行への加盟が認められていたが、五五年にＧＡＴＴ《ガット》（関税及び貿易に関する一般協定）に加盟し、翌五六年には日ソ国交が回復、国連（国際連合）加盟も実現し、国際社会への復帰を果《は》たした。

国際的な外部環境も恵《めぐ》まれていた。一九五〇年代から六〇年代にかけて世界経済は、かつてない成長を持続し、五五年から七〇年までに世界貿易の数量は三倍（成長率七・六％）に増えている。中東の開発で原油の値も下がり、鉄鉱石の入手も容易《ようい》であったから、加工製品を輸出し、原料とエネルギー源を買って生産を拡大するのに向いていた。また、平和共存《きょうぞん》下でもアジアの緊張《きんちょう》が続き、アメリカは日米関係を戦略的に重視した。民間投資や技術供与《きょうよ》は技術革新の刺激となり、ベトナム戦争の特需《とくじゅ》もあったが、何よりも、アメリカはつねに日本の最大の輸出先であり続けた。こうした環境を活《い》かして、成長を進めることのできた力は何であったのだろうか。

企業と労働者

企業にとって、技術や経営の立ち遅れは切実《せつじつ》な問題で、合理化や技術革新を進めて競争力をつけることが差し迫《せま》った課題であった。生産性向上が叫《さけ》ばれ、鉄鋼・電力・造船などの基幹《きかん》産業は次々に新鋭《しんえい》技術を導入して設備投資をした（二一〇頁「技術革新」参照）。五〇年代前半から外資をバックに石油精製《せいせい》業が発展し、石炭から石油へのエネルギー転換が進んで、炭鉱《たんこう》を閉《へい》山《ざん》に追い込んだ。さらに、合成繊維《ごうせいせんい》・石油化学・家庭電器・自動車などの新興《しんこう》産業が次々に発展した。多くの企業が関係の深い大銀行から設備投資の資金を借り入れたので、銀行ごとにあらゆる業種の企業が融資の系列を作り、いろいろな産業で各系列の企業の間の激しい競争を展開した。

企業の発展は勤勉《きんべん》で質の高い労働者に支《ささ》えられていた。戦後の六・三・三制の下《もと》で若い人の教育水準は高まったが、高度成長以前は労働力が過剰《かじょう》で、地域や企業規模による賃金《ちんぎん》や労働環境の格差は大きかった。労働組合運動は初め階級闘争《とうそう》による資本との対決を掲《かか》げ、労働強化を伴う生産性の向上には反対していたが、大企業の企業別組合はしだいに企業側の提唱《ていしょう》する労使協調《ろうしきょうちょう》路線を受け入れ、生産性向上の成果を賃金などに分配させる経済闘争に転じた。一九五五年に全国労働組合総評議会（総評《そうひょう》）が「春闘《しゅんとう》」を始めてから、産業ごとの賃上げ要求が慣例となった。高度成長が始まると雇用《こよう》者は急増し、農村から都市へ、零細《れいさい》企業から大企業へという人々の移動がずっと続いた。地方から大勢の中卒《ちゅうそつ》者が集団就職《しゅうだんしゅうしょく》で都会へ出た。しかし、労働力は中学新卒《しんそつ》者から不足し始め、初任給《しょにんきゅう》が上昇《じょうしょう》して企業間の賃金格差も縮小へと向かった。七〇年前後にはほぼ完全雇用となった。大企業では終身雇用《しゅうしんこよう》制が成立し、雇用者の企業への一体感を強めた。集団主義と自己研鑽《けんさん》は東アジアに共通する経済発展の要因とみられている。

所得が増えると、貯蓄《ちょちく》も消費も増えた。住宅や老後のための貯蓄は銀行や郵便《ゆうびん》局を通じて、再び企業や産業基盤への投資の資金となった。新しい耐久《たいきゅう》消費財が次々に出現し、消費需要《じゅよう》も拡大したが、企業の蓄積も大きく、個人消費支出の国民総支出に対する比率はかえって低下した。

「所得倍増」と経済政策

政府による産業の保護育成政策は早くからあったが、一九五〇年代は税制の優遇《ゆうぐう》と低利融資《ゆうし》が主体であった。六〇年代になると政府が財政や財政投融資による社会資本への投資を進めていった。六〇年、日米安保《あんぽ》条約改定の強行（一九七頁「日米安保体制」参照）への抗議運動のさなかに首相になった池田勇人《いけだはやと》は、政策の争点を経済に転換して「所得倍増」というヴィジョンを示し、全国総合開発計画により新産業都市などの産業拠点《きょてん》開発に乗り出した。ま

京葉工業地帯（1981年9月撮影）〈毎日新聞社提供〉

た、農業基本法により農家を減らして大規模な自立経営の育成をめざした。この頃には高度成長のマイナス面も見えてきたが、六四年に池田と代わった佐藤栄作《さとうえいさく》内閣は「ひずみ是正《ぜせい》」を掲《かか》げて生活基盤整備に力を入れ、六五年に不況《ふきょう》を招くと赤字国債《こくさい》の発行に踏みきって高成長を維持した。また日韓基本条約締結《ていけつ》（六五年）や東南アジア援助により、アジアへの輸出を急伸《きゅうしん》させた。

経済を発展させた日本は、各国から貿易・為替《かわせ》の自由化の早急な実施を迫《せま》られ、一九六三年に例外措《そ》置《ち》から離れてＩＭＦ八条国およびＧＡＴＴ《ガット》一一条適用国へ移行し、ＯＥＣＤ加盟を許された。政府は自由化対策として産業の再編成をとなえ、立法化には失敗したが介入《かいにゅう》の維持をはかった。新日鉄《しんにってつ》誕生のような巨大合併《がっぺい》（七〇年の八幡製鉄と富士製鉄の合併）もあったが、多くの産業は激しい競争を続けた。

一九七〇年の日本――高度成長の明暗　一九七〇年に日本のＧＮＰは世界の六％に達した。一人あたりＧＮＰはイタリアを抜いてイギリスに近づき、平均寿命《じゅみょう》は男六九歳・女七五歳になった。洗濯機《せんたくき》、テレビの普及率《ふきゅう》はほぼ九割、電気冷蔵庫も八割を超え、電話は四割五分、乗用車は二割となった。旅行やスポーツの体験も増えた。国民の九割は自分を中流階級だと考えた。

農地整備や機械・農薬の利用で農業労働は軽減したが、経済的負担が増えて離農《りのう》者や兼業《けんぎょう》者が増え、政治米価《べいか》への依存《いぞん》が進んだ。就業《しゅうぎょう》者に占《し》める第一次産業の比率は一九七〇年には二割に減り、老人ばかりの過疎《かそ》地帯も生まれた。都市には人口が集中して集合住宅が増え、高層建築や高速道路の建設が進み、空はスモッグで、川は排水で汚れた。五〇年代から四日市《よっかいち》などコンビナートの大気汚染《おせん》による喘息《ぜんそく》が問題となった。悲惨《ひさん》な奇病《きびょう》の水俣《みなまた》病・イタイイタイ病は六〇年前後に企業廃棄物《はいきぶつ》による重金属《じゅうきんぞく》中毒だとわかったが、その責任は七〇年代まで回避《かいひ》された。七〇年には全国でカドミウム・ヘドロ・光化学《こうかがく》スモッグなどの被害が多発し、公害対策の立法（公害対策基本法など）を促《うなが》した。都市住民の不満は革新首長《かくしんしゅちょう》

スモッグで先が見えない道路（神奈川新聞社提供） 重化学工業の発展は大気汚染を広げ，喘息の死者も出た。

を生み、若者の閉塞感《へいそく》は学園紛争《がくえんふんそう》で爆発したが、野党は多党化して支持層の利害を代弁する組織となり、自由民主党の政権独占が永続した。

高度経済成長の終焉《しゅうえん》

一九七一年、アメリカはドル防衛のために金・ドルの交換停止を発表、それは日本の株式市場《しじょう》を直撃《ちょくげき》し、長年にわたる一ドル三六〇円の為替《かわせ》レートの時代は終わった（一九四頁「円の変遷《へんせん》」参照）。七三年には第一次石油危機がおき、日本経済に大きな打撃を与えた（二四五頁「石油危機」参照）。高度経済成長は終わり、時代の性格は変わったのである（二五一頁「石油危機後の日本経済」参照）。

参考図書 有沢広巳監修『昭和経済史 中』（日経文庫）、宮本憲一『昭和の歴史10経済大国（増補版）』（小学館ライブラリー）、吉川洋『高度成長 日本を変えた6000日』（読売新聞社）

12 技術革新

革新(innovation)と技術と

アメリカの経済学者シュムペーターは新しい商品や生産方法、あるいは新しい市場《しじょう》や供給源、新しい経済組織などが創造的破壊によって経済を進歩させていくと考え、物や力の新しい結合をもたらす行為を革新innovation《イノベーション》と呼んだ。この概念に日本では「技術革新」という語をあてた（一九五六年『経済白書』）。この訳語には、第二次世界大戦とその敗戦による日本の大きな立ち遅れを、技術を発展させることで取り戻《もど》したいという当時の悲願が表われている。『白書』の念願どおり、この後、急速に技術革新が進んで高度経済成長を促し、日本の産業構造を変えた（二一四頁「高度経済成長と国民生活」参照）。

技術革新にはアメリカや西欧からの先進技術の導入が大きな役割をはたしたが、それまでに蓄積《ちくせき》していた技術が基礎となって、導入技術を短期間で消化し、発展させることができた。ナイロンや塩化《えんか》ビニールは戦時下に研究されながら産業化できなかったものが、海外技術の導入で急速に発展した例である。独自の技術開発も進んでいて、投資比率ではこの方が大半を占《し》めていた。

産業中心の科学技術へ

第二次世界大戦下の日本では、科学技術は国家によって戦争の遂行《すいこう》のために動員された。敗戦後、戦時統制から解放されると、真理追究《ついきゅう》のための民主的な学術研究をめざす動きと、戦時研究を平和目的に置き換えて国策として科学技術を振興《しんこう》しようとする動きとが起こった。日本の学術を代表する日本学術会議は前者の立場をとることが多かった。一九五〇年代には原子力開発が両者の争点となったが、五五年に自主・民主・公開の三原則を条件に入れて原子力基本法が成立し、原子力のような先端的技術のプロジェクトを国家が推進するために、翌五六年に科学技術庁が設置された。五七年、ソ連による人工衛星スプートニクの打ち上げは西側諸国にショックを与え、日本でも政府主導の科学技術振興体制が作られ、大学の理工系学部も拡充された。大学と産業界との提携《ていけい》も進んだ。

技術革新をもっとも切実に推進したのは企業であり、基幹《きかん》産業だけでなく、若々しい起業家が新しい事業と取り組んで大きく成長した例もある（二三九頁「電化製品の普及」、二四二頁「自動車産業の発達」参照）。一九六〇年代後半以降、企業の研究開発費は増加の一途《いっと》をたどるが、製品の水準は生産の現場での品質管理や工夫《くふう》・改良の努力にも支えられていたし、先進技術が下請《したう》け企業の在来からの熟練《じゅくれん》労働に依存《いぞん》することも多かった。企業の開発した技術は工業所有権として保護されて利益を生むので、激しい競争が進歩を加速させたが、それは科学技術の私有化が進むことでもあった。

さまざまな技術進歩―高度成長期を中心に

技術革新は製造業だけでなく、流通や交通・通信、あるいは医療など、あらゆる分野にわたるが、製造業の例で具体的な変化を追ってみよう。

素材産業の中心であった鉄鋼業は、すでに一九五〇年代から国家の支援によって合理化を進めていたが、ストリップ・ミルのように連続的で自動化された圧延《あつえん》技術を導入し、また、屑鉄《くずてつ》が不要で経済的なLD転炉《てんろ》をオーストリアからいちはやく採用したことで、高炉から製品までの一貫した生産が可能となった。こうして、六〇年代には各社が競って臨海埋立地《りんかいうめたてち》に巨大な**銑鋼一貫**《せんこういっかん》製鉄所を建設し、七〇年代には質・量ともに世界最強となった。そこから大量に供給される良質の薄板鋼板《うすいたこうばん》で自動車や家庭電器のボディが作られ、厚板鋼板《あついたこうばん》の品質の向上が熔接《ようせつ》ブロック工法による造船技術を確実なものにした。造船業は六〇年代にブロック工法を発展させて、タンカーのように用途を専用化した大型船を量産できるようになり、世界に輸出して原油・鉄鉱石・ボーキサイトなどの運賃の低減に貢献《こうけん》した。これがまた、製鉄や石油精製の消費地立地を支《ささ》えたのである。

石油による**エネルギー革命**は産業構造を変えた。石油企業の多くは国際石油資本の系列の下で海外技術を導入したが、中東油田の開発とタンカーの大型化で原油のコストが低下すると、沿岸の埋立地に新鋭の精油所が次々に建設され、高度成長期の一五年間に原油輸入量は一五倍に増えた。発電や各種動力の燃料、産業や家庭の熱源《ねつげん》などが石油製品に転換して石炭を追放し、自動車や航空機の普及でガソリンの消費も急増した。一九七五年にはエネルギー源の七三%を石油が占めた。炭鉱の衰退は悲惨な事故を頻発《ひんぱつ》させ、閉山《へいざん》による解雇《かいこ》で大争議が続き、六〇年前後の三池《みいけ》争議で衝突《しょうとつ》は頂点に達した。なお、電力では石油に続いて原子力がエネルギー源となる。

石油はまた、たくさんの**新しい素材**を生み出した。一九五〇年代後期から石油化学のコンビナートが発展して合成樹脂《じゅし》・合成ゴム・合成繊維の原料を生産するようになり、六〇年代にポリプロピレンが普《ふ》及《きゅう》して、石油製品が生活のあらゆる場面に用いられるようになった。石油への依存《いぞん》のこうした深まりが石油危機の打撃を大きくし（二四五頁「石油危機」参照）、外交の針路《しんろ》にも影響を与えた。

技術革新のもう一つの大きな柱は**エレクトロニクス**だが、これについては別の項目に譲る。

さまざまな技術の進歩は相互に結び付いて革新となる。技術の網の目が現代社会を作っている。しかし、どんな産業技術も廃棄物《はいきぶつ》の処理ができなければ完結したものにはならない。排気ガスも、ダイオキシンも、使用済み核燃料も、人間の手で生み出した熱も今のところ溜《た》まる一方で、地球環境を変えている。現代の科学技術はきわめて不完全なのである。

参考図書　中山茂『科学技術の戦後史』（岩波新書）、小関智弘『大森界隈職人往来』（岩波同時代ライブラリー）

13 東京オリンピック・東海道新幹線・高速道路

オリンピックが始まる

一九六四年一〇月一〇日土曜日、東京。国立競技場のスタンドを埋《う》めた七万五千人の大観衆が見守る中、参加九四カ国の選手・役員の入場行進、昭和天皇の開会宣言、聖火の点火が行われた。日本選手団主将による選手宣誓《せんせい》がこだまし八千羽のハトが舞い飛ぶ競技場の上空には、自衛隊機によって巨大な五輪マークが描《えが》かれた。オリンピック第一八回大会の始まりである。

東京オリンピック開催《かいさい》までの道のりは平坦《へいたん》ではなかった。すでに第二次世界大戦前の一九三六年に第一二回大会（四〇年開催予定）の東京での開催が決定されたが、日中戦争（三七年〜）に対する中国・アメリカ・イギリスなどの反発や、戦時下での開催を危《あや》ぶむ国内世論のため、政府は三八年に中止を決定し、アジア初のオリンピックは幻《まぼろし》と消えた。第二次世界大戦後は、オリンピックに復帰した五二年から招致《しょうち》活動が再開され、第一六回大会（五六年開催）の招致には失敗したものの、招致対象を第一八回大会に切り替えてさまざまな方面から活動をくり広げた結果、五九年に第一八回大会の東京開催がようやく正式に決定されたのである。

大会期間中、行われた競技は新種目のバレーボール・柔道を含めて二〇種目。マラソンで二連覇《れんぱ》を成し遂げたアベベ＝ビキラ、「チェコの名花《めいか》」とよばれた女子体操のチャスラフスカ、男子体操個人総合優勝の遠藤幸雄《えんどうゆきお》、男子マラソン三位の円谷幸吉《つぶらやこうきち》らが活躍した。中でも日本中の注目を集めたのは女子バレーボールで、「鬼」の大松博文《だいまつひろぶみ》監督率《ひき》いる「東洋の魔女」とよばれた日本がソ連を破った決勝戦のテレビ視聴率《しちょうりつ》は八五%を記録した。日本が獲得した金メダル数は一六でアメリカ・ソ連に続く三位。整然《せいぜん》とした大会運営、世界中へのテレビの衛星中継……、東京オリンピックは、敗戦から復興《ふっこう》し高度経済成長のまっただなかにあった日本の経済力と技術力を世界中に印象づけることになる。

直接・間接のオリンピック関連経費は約一兆《ちょう》円余り、そのうち国庫支出金が約一〇パーセント、財政投融資が約八〇パーセントを占《し》め、まさに国を挙《あ》げた大事業だった。

新幹線・高速道路

会場・大会施設の整備だけでなく、オリンピック開催地としてふさわしい環境作りにも力が注《そそ》がれた。とくに交通網の整備には巨大な費用と技術革新の成果が投入された。

鉄道では東海道新幹線の建設が進められた。一九五九年四月に着工し、東京～新大阪間が開通したのは、オリンピック開会式の直前の六四年一〇月一日。東京～新大阪間の所要時間は「ひかり」号で四時間。工費は約三八〇〇億円（世界銀行から八千万ドル〈二八八億円〉借入）、時速二一〇キロメートルを実現するために架線《かせん》電圧交流二万五千ボルトで完全電車化され、ロングレール、ATC（自動列車制《せい》御《ぎょ》装置）、CTC（列車集中制御装置）など最先端《せんたん》技術が導入されたまさに「夢の超特急」だった。

一方で高速道路の建設も進められた。一九五六年に日本道路公団が設置され、五八年に名神《めいしん》高速道路の建設が始められた。六三年に栗東《りっとう》～尼崎《あまがさき》間が完成し、オリンピック開催年の六四年には一宮《いちのみや》～関ケ原《せきがはら》間と尼崎《あまがさき》～西宮《にしのみや》間も開通し、中京～阪神《はんしん》が結ばれた。総工費は約一、一四八億円だった。都心でも首都高速道路の整備が進められ六四年までに一号上野《うえの》線、三号渋谷《しぶや》線、四号新宿《しんじゅく》線、都心環状《かんじょう》線などが整備された。

新幹線や高速道路という高速輸送網の整備は、この時期の政府の経済政策と深く関わっていた。当時の池田勇人《いけだはやと》内閣（六〇年成立）は「所得倍増」をスローガンに、高度経済成長政策を推し進め、その一環として産業の発展に欠かせない道路・鉄道など輸送設備や工業用地の整備のために巨額の投資を行い、それによって重化学工業の発展を促《うなが》した。

明と暗

人々が「東洋の魔女」たちの回転レシーブに息を呑《の》んで見入ったテレビは、一九六〇年に普《ふ》及率《きゅう》約四一%だったのが、六五年には一〇〇%近くに達した。これは、労働者の平均賃金も五六〜六五年の間に名目二・二倍、実質一・五倍に上昇し、人々が増大した収入を電化製品の購入につぎ込んだ様子を示している。

都心の高速道路・地下鉄などの交通網《もう》の整備や隅田川《すみだがわ》浄化作戦が必要となったのは、この時期に農村から重化学工業の集まる大都市へ人々が移り住み、六二年に世界初の「一千万」都市となった東京の都市問題の深刻さ故《ゆえ》である。しかし、道路網の整備で「将軍の城下町」江戸の繁栄を支えた川や運河の多くを埋め立て、その上を高速道路の高架《こうか》が縦横《じゅうおう》に走るようになった。日本橋の真上を高架道路がふさいだのも、無秩序な開発による環境・景観破壊を象徴している。

宴《うたげ》の終わり

一〇月二四日の閉会式、スタンドを埋める大観衆とフィールドに思い思いに集まった選手たちが見守る中、電光掲示板に「WE MEET IN MEXICO CITY 1968」の文字が輝き、祭典の終わりを人々に告《つ》げた。開会式には出席した池田勇人首相はこの時すでに病床《びょうしょう》にあり出席できず、翌日に退陣《たいじん》を表明。高度成長を演出した代表的政治家と、経済成長の光と陰を象徴する大祭典は去ったが、経済の高度成長はさらに続いていく。

参考図書　池井優『オリンピックの政治学』、西田善夫『オリンピックと放送』(ともに丸善ライブラリー)

14 プロ野球・高校野球・大相撲

戦後日本の大衆が、熱い思いを込めて観戦したスポーツ競技に、プロ野球・高校野球・大相撲《おおずもう》がある。これらの競技から、戦後、多くのヒーローや流行語が生まれた。

大衆文化のヒーロー

プロ野球では、敗戦直後の「青バット」の大下弘《おおしたひろし》（東急セネタース）、「赤バット」・「打撃の神様」の川上哲治《てつはる》（巨人）。プロ野球史に残る「神様、仏様、稲尾《いなお》様」・「三原魔術」の言葉を生んだ西鉄ライオンズの日本シリーズ逆転優勝（一九五八年。五六・五七・五八年三連覇《れんぱ》。相手は巨人）、六〇年代から七〇年代にかけては、巨人九連覇の立役者「ON《オーエヌ》」の王貞治《さだはる》と長嶋茂雄《ながしましげお》。

高校野球では、一九五八年夏の大会で延長一八回・引き分け、翌日再試合の末に勝利をおさめた徳島商業、板東英二《ばんどうえいじ》投手。六九年夏の大会の三沢高校、太田幸司《おおたこうじ》投手（青森、準優勝）。

大相撲では、一九五〇年代の「栃若《とちわか》」、栃錦《とちにしき》と若乃花《わかのはな》。六〇年代の柏戸《かしわど》と大鵬《たいほう》。彼らが熱い火花を散《ち》らした。子どもが好きなものは、「巨人・大鵬・卵焼き」。八〇年代、忍耐《にんたい》や辛抱《しんぼう》をあらわす流行語、「おしん・家康・隆《たか》の里《さと》」も生まれた。

いったい、なぜこれらの競技が大衆に親しまれているのだろうか？

「一球入魂」・「不惜身命」

まず、これらの競技が、日本人特有の精神風土・国民性にかなっていることがあげられる。勝つことも大切だが、死にもの狂いで毎日のように練習をして勝負にのぞむ姿勢がそれである。もともと国産の大相撲は長い歴史のなかで親しまれてきたが、アメリカで生まれた国民的娯楽《ごらく》（敗戦直後の日本人は繁栄・デモクラシーの象徴として、草野球など実際に経験することで親しんだ）である野球も、明治・大正・昭和をへてやがて日本風に変質していった。そして、戦後復興《ふっこう》期から高度経済成長期はもちろん、その後のバブル経済期から平成不況《ふきょう》期にいたる今日において、競争原理にもとづく資本主義社会のなかで必死に働くサラリーマン層から、選手や力士《りきし》のこうした姿勢は支持されていった。

野球では、「一球入魂《いっきゅうにゅうこん》」という言葉がよく使われる。これはアメリカ人には理解しがたい言葉で、日本特有のものである。大相撲では、最近、「不惜身命《ふしゃくしんみょう》」（一九九四年、貴乃花《たかのはな》の横綱昇進時）といった言葉が話題になった。いずれの言葉にも、単に技巧《ぎこう》や才能だけで競技にのぞむべきではないという意識が示されている。記憶に新しい例として、九二年高校野球夏の大会で星稜《せいりょう》高校（石川）の松井秀喜《ひでき》が全五打席とも敬遠されたとき、これを指示した対戦相手、明徳義塾高（高知）の監督に対する激しい非難の声が起こったことがあげられる。試合直後に牧野直隆《なおたか》日本高野連会長が、「一年間この日のためにお互い苦しい練習をしてきたのだから、その力を思いきりぶつけあうのが高校野球ではないか」と語っているのも、こうした精神主義にもとづくものである。

日本人は、同窓会《どうそうかい》・県人会《けんじんかい》などにみられるように、郷里や地域への帰属《きぞく》意識が強い。プロ野球の場合、自分の住む地域に近いところを拠点にしている球団のファンになる人が多い。関西地方のタイガースファン、東海地方のドラゴンズファンなどがそれである。高校野球の場合でも、郷里代表の高校（地区予選では母校）の優勝を祈念《きねん》して熱烈《ねつれつ》に応援し、それが負けたあとは近隣の都道府県から出場している高校を応援する人が多いように思う。こうした国民性も野球人気を支える要素である。

劇場の内と外の役者

次に、野球の球場や大相撲の土俵《どひょう》が、名だたる役者として活躍するにふさわしい劇場であるということがあげられる。いうまでもなく、スポーツ競技観戦を大衆の多くが経験するようになったのは、テレビ中継がはじまった一九五〇年代からである。それまで、観客として観戦する以外では新聞・ラジオを通してしか知らなかった球場や土俵、そして選手や力士《りきし》が、「街頭《がいとう》テレビ」や家庭のテレビを通して身近なものになったのである。

大相撲の場合、まるでテレビ時代にそなえるかのように、一九五二年に蔵前《くらまえ》国技館の四本柱が撤去《てっきょ》されて、今の「釣《つ》り天井《てんじょう》」が登場している。これによって視聴者《しちょうしゃ》は、柱に邪魔《じゃま》されずに力士そのものや勝負の一部始終を見ることができるようになった。また、選手も力士も、テレビでは、一人ひとりの顔や動作《どうさ》がしっかりと映し出される。めまぐるしくボールが動き、瞬間的に動きをとらえにくいサッカーやバレーと異なり、向かい合った力士や投手・打者の顔がアップで映《うつ》し出される。観客席を埋めて、選手や力士に声援、時には非難の声を上げる観客も、場を盛りあげる貴重な存在である。高校野球の場合、必死に応援する出場高校の応援団・ブラスバンド部・バトン部の姿も競技を彩《いろど》っている。

選手・力士たちは、本来、競技を見せることによって観客や視聴者と関わるものである。視聴者が抱く関心も、選手・力士がどのように戦ったか、勝敗はどうだった、どのような練習を積んでいるか、といったことに限定されるはずである。しかし、マスコミュニケーションが氾濫《はんらん》する今日、選手・力士たちは、球場・土俵だけのヒーローではなくなってきている。私生活や趣味《しゅみ》、愛用の自家用車、さらには配偶者のファッションのセンスといった、競技とは全く関係のないことまでが話題になる。大会社（球団の親会社など）の商業主義にもよるが、選手や力士《りきし》も自らTVのCMや娯楽《ごらく》番組に出演する。引退後、芸能界で活躍している選手・力士も多い。

今や、西武のルーキー、松坂大輔投手が球界のアイドルである。

今後、プロ野球・高校野球・大相撲は、どのように発展・変貌《へんぼう》していくのだろうか。いくつかの視点があると思うが、国際化と女性参加に注目したい。野球は、一九九二年のバルセロナオリンピックから正式種目として採用されて以後、ロシア・中国・ヨーロッパ諸国でも普及しはじめている。アメリカの大リーグでは野茂英雄《のもひでお》投手らが活躍している。今後、これらの「新《しん》興国《こうこく》」から来日《らいにち》して活躍する選手も増えるだろう。大相撲では、曙《あけぼの》がはじめて外国人横綱《よこづな》になった（九三年。九九年には武蔵丸《むさしまる》も昇進）。野球も大相撲も、国際化はまだまだこれからである。

新世紀に向けて

女性参加について、マラソンでの有森裕子《ありもりゆうこ》、柔道での田村亮子《たむらりょうこ》らが活躍するスポーツ競技とくらべて、これらの競技は、著しくたち遅れている。大相撲の場合、九三年に赤松良子《よしこ》文相が取りあげて批判した「土俵は女人禁制《にょにんきんせい》」も社会的な話題になった。野球でも、ベンチは半ば男性だけの「聖域《なか》」とされている。果たして二一世紀は、これらの問題が見直されて、女性の野球選手、女性の力士が登場し、活躍できる時代になるだろうか。

参考図書　池井優『野球と日本人』（丸善ライブラリー）

15　力道山

英雄誕生

一九五四年といえば日本が独立を回復《かいふく》して三年、国民の多くはいまだに敗戦と占領《せんりょう》によるアメリカへのコンプレックス（劣等感《れっとうかん》）に捉《とら》われ、自信を喪失《そうしつ》していた。その中でアメリカ渡来《とらい》の新スポーツ、プロ・レスリングが公演され始める。日本人には馴染《なじ》みのない無法《むほう》なスポーツで、アメリカ人レスラーは審判《しんぱん》《レフリー》の目を盗んでルール違反と汚《きたな》い技《わざ》で日本人レスラーを苦しめ、いたぶる。しかし、ついに登場した一人の「日本人」レスラーが悪役の白人、黒人を空手《からて》チョップでなぎ倒す……。その姿が放送《ほうそう》開始間《ま》もないテレビを通じて全国に映《うつ》し出されると、彼は一躍《いちやく》日本国民のヒーローとなった。その後一〇年にわたって日本人を熱狂《ねっきょう》させた男、力道山《りきどうざん》。

「伝説」によれば、彼は長崎《ながさき》県の大村《おおむら》で一九二四（大正一三）年に貧《まず》しい農家に生まれた。幼少《ようしょう》から正義漢《せいぎかん》で、逆境《ぎゃっきょう》に耐《た》えて小学校を卒業、大相撲《おおずもう》に入門した。才能と努力で四九年には関脇《せきわけ》に。大関《おおぜき》間違いなしと言われながらこの年突然大相撲を引退《いんたい》、廃業《はいぎょう》。やがて日本に紹介されたばかりのプロレスに転《てん》向《こう》し、五二年初め修業《しゅぎょう》のためアメリカに渡る。悪役達をなぎ倒した必殺《ひっさつ》「空手チョップ」は、相撲で得《とく》意《い》技《わざ》だった張《は》り手と、空手《からて》の手刀《てがたな》を組み合わせて新たに編《あ》み出した。五三年、帰国。テレビに放映《ほうえい》された試合は翌年の二月一九日のことである。

テレビとプロレス

ＮＨＫテレビの本放送の開始は一九五三年二月だった。同年八月、民放《みんぽう》の日本テレビも開局した。すぐに相撲や野球の中継が始まる。テレビ時代の幕開《まくあ》けであった。しかし当時テレビ受像機は全国に約三千台しかなかった。大卒《だいそつ》者の初任給《しょにんきゅう》が七千円、テレビは一八万円だった。一般の人々が見たのは、放送局がテレビの普及《ふきゅう》を狙《ねら》って人の集まる街頭《がいとう》に設置し、無料で見せた「街頭テレビ」だった。二月の厳寒《げんかん》の戸外《こがい》で、小さなモノクロ画面の力道山に人々は熱い声援《せいえん》を送り、熱狂《ねっきょう》した。テレビは力道山をヒーローに作り上げていく。同時に力道山とプロレスがテレビの普及を推《お》し進めた。五四年、約一万台だったテレビ視聴《しちょう》の契約《けいやく》台数は、翌五五年一〇月に一〇万台へ。五六年には三〇万台、五八年には一〇〇万台へと、驚異《きょうい》的に拡大した。

力道山の秘密

戦勝国アメリカを相手に勝ち進む正義の日本人プロレスラー力道山《りきどうざん》。しかし死後一〇数年にして彼の本当の姿がようやく明らかにされる。本名、金信洛《キムシンナク》。朝鮮咸鏡南《かんきょうなん》道洪《ホウ》原《ゲン》郡龍源《リョンウォン》（現北朝鮮）で、日本支配下の一九二四年、金錫泰《キムソクテ》・田己《チョンギ》の六人目の子供として生まれた。やがて創氏改名《そうしかいめい》によって、金村光浩《かねむらみつひろ》と改名させられる。故郷で行われていた朝鮮相撲、シムルでの活躍が日本人の目に留まり、その誘いで内地《ないち》、日本に渡って大相撲二所ノ関《にしょのせき》部屋に入門したのだった。この時さらに百田《ももた》光浩と改姓、この名を戦後に日本国籍として役所に届け出て（就籍《しゅうせき》）いた。

故郷とされた大村や彼の周囲には事実を知る者もあったらしい。しかし、ヒーローとなった力道山は朝鮮人であることはできなかった。それ以前に日本で朝鮮人はヒーローにはなれなかった。多くの人々は朝鮮が独立した後も朝鮮人を対等《たいとう》と認めなかったし、認めたくない感情もあった。「日本人」を押し通した彼は、一九六一年北朝鮮から秘《ひそ》かに訪問した兄と娘（彼が朝鮮で結婚した妻との娘）に新潟《にいがた》で一度だけ会った。また韓国政府の誘いでやはり一度だけ、秘《ひそ》かに韓国を訪問している。

悪役の外国人プロレスラーに「空手チョップ」をあびせる力道山（木村盛綱氏提供）

参考図書　李淳馹『もう一人の力道山』（小学館文庫）

16 沖縄の復帰

一九七二年五月一五日、沖縄の施政権《しせい》がアメリカから日本政府に返還された。同日、東京の武道館《ぶどうかん》で日本政府主催《しゅさい》の復帰記念式典が開かれた。佐藤栄作《さとうえいさく》首相（一九〇一～七五）は、「戦争によって失われた領土を、平和のうちに外交交渉で回復したことは、史上きわめて稀《まれ》なことであり、これを可能にした日米友好のきずなの強さを痛感する」と挨拶《あいさつ》した。その後、式典は首相が音頭《おんど》をとって「天皇陛下万歳《ばんざい》」を三唱して終わった。

復帰記念式典

記念式典は沖縄の那覇《なは》市民会館でも行われた。その会場で屋良朝苗《やらちょうびょう》沖縄県知事（一九〇二～九七。「復帰」に伴い、「琉球《りゅうきゅう》政府」は消滅し、その行政主席であった屋良が沖縄県知事とみなされた）は、米軍基地《きち》の存続など「復帰の内容をみますと、必ずしも私どもの切なる願望《がんぼう》がいれられたとはいえないことも事実」と指摘した上で、「沖縄が歴史上、常に手段として利用されてきたことを排除して」、「みずからの運命を開拓《かいたく》し、歴史を創造《そうぞう》」していくべきことを強く訴えた。この佐藤首相と屋良知事のことばの間にある落差《らくさ》は、決して小さくない。

五月一五日

なぜ、一九七二年五月一五日に復帰が実現したのだろうか。まず、五月一五日の方から見てみると、次のようになる。七二年一月、佐藤首相や福田赳夫《ふくだたけお》外相（一九〇五～九五）らは訪米し、カリフォルニア州サンクレメンテでフォード大統領と会談した。この時に復帰の日取《ひど》りが決まったのだが、その事情を福田は、「そうだなあ、当初はアメリカ側は七月一日を主張し、われわれは四月一日を主張したわけね。で、それではということで、足して二で割って五月一五日に決めたわけですよ」と説明している。つまり特に根拠、いわれがあって決めたわけではなく、日米両政府の妥協《だきょう》によるものであったというわけだ。

では、なぜ一九七二年であったのか。また、アメリカは「外交交渉」という「史上きわめて稀《まれ》な」形で沖縄を手放したのか。

復帰の真相

アメリカは、南ベトナムでの独立・解放を求める人々のたたかいの後ろ盾《うしろだて》となっている北ベトナムに打撃を与えようと、一九六五年二月から北ベトナムへの爆撃（北爆《ほくばく》）を開始した。これ以降、ベトナム戦争は本格化し、アメリカにとって沖縄の基地の重要性は増した。七月には嘉手納《かでな》基地からB52爆撃機が直接、ベトナム爆撃に出撃するにいたった。こうしたなかで米軍関係の需要（ベトナム特需《とくじゅ》）が沖縄経済を潤《うるお》す面があったとはいえ、他方で基地騒音や危険物落下、米軍人・軍属《ぐんぞく》による犯罪など深刻な事件が頻発《ひんぱつ》した。特に六八年一一月一九日、ベトナム攻撃に飛び立ったばかりのB52が墜落《ついらく》し、大爆発事故を引き起こした。これに対し沖縄ではすぐさま「B52撤去《てっきょ》、原潜寄港《げんせんきこう》阻止《そし》県民共闘会議」（別称「いのちを守る県民共闘」）が結成され、反戦反核運動が大きく盛り上がった。アメリカの沖縄統治が住民の力強い抵抗で困難となるなか、ベトナム戦争の泥沼化《どろぬまか》に手を焼いたアメリカは、日本に対し積極的な役割をになうことを求めるようになった。

こうして一九六九年一一月、佐藤首相とニクソン大統領との首脳会談がもたれた。その共同声明では、第一に「韓国《かんこく》の安全は日本自身の安全にとって緊要《きんよう》」、「台湾《たいわん》地域における平和と安全の維持も日本にとってきわめて重要な要素」として、これら地域の安全保障において日本の役割の積極化を明示《めいじ》した。第二に「核兵器に対する日本国民の特殊な感情及びこれを背景とする日本政府の政策（いわゆる非核《ひかく》三原則のこと）」に関する首相の説明に大統領は「深い理解を示し」たが、同時に「日米安保条約の事前《じぜん》協議制度に関する米国政府の立場を害することなく」とされた。事前協議制度とは、六〇年安保条約の第六条に関する交換公文《こうぶん》に基づくもので、（1）米軍の日本への配置における重要な変更、（2）米軍の装備における重要な変更、（3）米軍の域外《いきがい》作戦行動の三点については、日本との事前協議の主題とするというものである。共同声明で「米国政府の立場を害することなく」というのは、（2）にかかわってアメリカが核兵器を持ち込みたい旨《むね》、事前協議を申し出た場合は日本政府は同意するということを暗示していた。第三に「日本を含む極東《きょくとう》の諸国の防衛のために米国が負っている国際義務の効果的遂行《すいこう》の妨《さまた》げ」をしないと首相は述べた。そして以上の合意の上に立って、七二年の沖縄の返還が約束されたのである。

五・一五メモ

佐藤・ニクソン共同声明を踏まえて、一九七一年六月一七日、東京とワシントンをテレビの宇宙中継で結んで沖縄返還協定（琉球諸島及び大東《だいとう》諸島に関する日本国とアメリカ合衆国との間の協定）が調印された。しかし「核抜《かくぬ》き」の保証が不明確で、基地の存在も「本土なみ」ではないという沖縄の人々の不満を背景に、屋良琉球政府主席は東京の調印式に欠席した。

一九七二年五月一五日の復帰の日、那覇《なは》の記念式典の外では、多くの人々が「屈辱《くつじょく》の日」として怒りのデモ行進を繰り広げた。そのまさに同じ日、米軍の基地の自由使用要求を最大限に飲み込んだ覚書《おぼえがき》（五・一五メモ）が日米間でかわされていた（『朝日新聞』九七年三月二五日付）。こうして沖縄は日米安保の矛盾《むじゅん》のしわ寄せを一方的に受ける基地の島であることを強《し》いられたのである。

参考図書　朝日新聞社編『沖縄報告―復帰前一九六九年』（朝日文庫）、新崎盛暉『沖縄現代史』（岩波新書）

17 戦後の日中関係 ―日中共同声明への歩み―

日中共同声明（一九七二年）は戦後の日中間の最大の歴史的な出来事であった。満州《まんしゅう》事変《じへん》以来、戦争・国交断絶と続いてきた半世紀近くの両国間の不正常な関係はようやくこの声明によって終わる。北京《ペキン》を訪れた田中角栄《たなかかくえい》総理大臣・大平正芳《おおひらまさよし》外務大臣と中国の周恩来《しゅうおんらい》首相、姫鵬飛《きほうひ》外交部長らによって出された日中共同声明は次のように述べる。

日中共同声明

「日本側は、過去において日本国が戦争を通じて中国国民に重大な損害を与えたことについて責任を痛感し、深く反省する。」「これまでの不正常な状態は、この共同声明が発出《はっしゅつ》される日に終了する」「日本国政府は、中華人民共和国が中国の唯一《ゆいいつ》の合法《ごうほう》政府であることを承認する」「中華人民共和国政府は、日中両国国民の友好のために、日本国に対する戦争賠償《ばいしょう》の請求《せいきゅう》を放棄《ほうき》することを宣言する」……。

戦後の中国

戦後、中国が歩んだ道は苦難《くなん》に満ちている。日本との戦争が終わった翌一九四六年、蔣《しょう》介石率《かいせきひき》いる中国国民党と毛沢東率《もうたくとう》いる中国共産党は全面的な内戦を開始した。三年の内戦の結果、四九年一〇月、共産党の指導する中華人民共和国が成立、米国の支援《しえん》を受けながらも敗れた国民党は台湾《たいわん》に逃げ込んだ（台湾政府＝「中華民国」）。

中華人民共和国成立間もない一九五〇年六月、朝鮮戦争が始まる。戦争に介入《かいにゅう》した国連軍（実質は米国軍）が中国国境に迫《せま》ると中国は朝鮮民主主義人民共和国を支援して義勇軍《ぎゆうぐん》を派遣《はけん》、参戦した。そのさなかの五一年、米国は旧連合国に呼びかけて日本との講和会議を開く（サンフランシスコ平和条約を結ぶ会議）。中国は会議に招請《しょうせい》されず、米国は台湾を正統政府として、中国を国際的に封《ふう》じ込めようとし

1972年9月29日，日中共同声明に調印する田中首相（左）と周首相（右）（読売新聞社提供）

た。こうしたなかで中国は社会主義陣営の一国として国家建設を続けるが、厳《きび》しい国際状況も関係して、内部対立から何度か政治混乱も生じることになった。ことに六六年に始まる文化大革命は激しい国内抗争となり、経済も停滞《ていたい》した。この状況は六〇年代を通じて続いた。

政府の対応

日本が中国と関係を改善する最大のチャンスは一九五一年の講和会議であった。しかし吉田茂《よしだしげる》内閣はこの時米国の政策に忠実に従い、中国を無視したまま他の国々と平和条約を締結《ていけつ》し、さらに五二年には台湾政府と日華《にっか》平和条約を締結する。中国を敵視《てきし》するアメリカの政策に加担《かたん》するものであった。こうした中国敵視政策はその後も、岸・池田・佐藤の歴代内閣に受け継がれ、政府は日中国交回復にきわめて消極的な態度を取り続ける。

一九七〇年代に入ると、中国をめぐる国際情勢は大きく転換した。七一年、アメリカ・日本の反対にもかかわらず、国連が中華人民共和国政府を中国の正統政府と認め、台湾政府を国連から追放する。ベトナム戦争に行き詰まっていた米国もやっと中国との関係改善に乗りだし、七二年にはニクソン大統領が初めて訪中する。田中内閣はこのように国際情勢が変化するなかで誕生《たんじょう》した。国交回復に意欲を示した内閣のもとで交渉は急速に進み、内閣成立の二カ月後には共同声明に至ったのである。

民間の運動

両国の関係が途《と》絶《だ》えていた間、国交正常化の要望はむしろ民間に強まっていた。経済界ではすでに五五年、国際貿易振興《しんこう》会が北京を訪ねて交渉の途《みち》を開いていた。六二年には高碕《たかさき》達之助《たつのすけ》と廖承志《りょうしょうし》の間で交《か》わされた覚書《おぼえがき》にもとづくLT貿易も始まっている。また野党《やとう》であった日本社会党は中国との国交回復に熱心であったし、与党《よとう》の自由民主党のなかにも高碕や松村謙三《まつむらけんぞう》など中国に深い理解を示す人々がいて、努力を続けていた。

中国をどう見るかについて国民の考えはさまざまであった。社会主義中国を理想の国家と見る人々もあったが、一方でこれを嫌悪《けんお》する人々や日中戦争を侵略《しんりゃく》とは認めたくない人々もいて、アメリカの中国封じ込め政策に追随《ついずい》する政府の政策を支持した。また戦前から中国と深く付き合い、その文化や歴史に理解と尊敬の念をもつ日本人は少なくなかった。そうした中には中国に対して犯《おか》した侵略行為を、近代日本の在《あ》り方の問題として、またそれぞれの生き方の問題として考え直そうとする者もあった。武田泰淳《たけだたいじゅん》ら戦後文学派といわれた文学者たち、竹内好《たけうちよしみ》らの評論家などもそうした立場から友好への努力を続けていた。一般の国民の間にも日中友好の運動は広く浸透《しんとう》して国交回復への気運を高めた。共同声明の実現はこうした運動の高まりと無縁《むえん》ではない。

日中平和友好条約とその後

声明にもとづき、日本政府は日華《にっか》平和条約の終了を談話で発表、台湾政府との外交関係は終了した（翌年結ばれた日台交流民間協定により民間の交流は継続している）。また懸案とされた平和条約はその後曲折《きょくせつ》があったものの、一九七八年八月「日中平和友好条約」として締結され、日中間の友好的関係の基礎が確立した。

これ以後、両国の首脳《しゅのう》はしばしば相互《そうご》に訪問を繰り返すようになった。人的交流は拡大し一九七八年当時四万人にすぎなかった日本人の中国入国者は一〇年後の八七年には一〇倍の四二万人近くに達し、その後も数をのばし続けている。この間、中国は七七年に文化大革命の終了を宣言して、本格的な経済の近代化に乗り出したが、八〇年代に入ると鄧小平《とうしょうへい》の指導のもとで市場《しじょう》経済化が進み、急速な経済発展が始まった。これにともない日中間の経済的交流も飛躍《ひやく》的に拡大している。

一九八一年以来、戦争で中国に置き去りにされた「残留《ざんりゅう》日本人孤児《こじ》」が肉親探しのために日本を訪れるようになった。遅れた国交回復により、戦後三五年にして初めて実現した肉親探しであった。日本側要人の侵略否定発言など、時に問題を表面化させながらも（歴史教科書問題・歴史認識問題）日中間の交流は拡大を続けている。

	中華人民共和国	中華民国
1945	日中戦争終結	
46	国共全面的内戦へ	
49	国共和平会談決裂	国民政府台湾へ
	中華人民共和国成立	
50	(朝鮮戦争)	
	中国人民義勇軍参戦	米華協定
51	対日講和会議（中国招請されず）	
52	第一回日中民間貿易協定	日華平和条約調印
54		米・国府相互防衛条約
55	日中民間漁業協定	
57		岸首相・台湾訪問
58	長崎切手展で中国国旗降ろされる	
59	中ソ対立激化	
62	LT貿易始まる	
64	中仏国交樹立	国府対仏国交断絶
66	文化大革命始まる	
71	中国国連での代表権得る	国府国連から追放
72	ニクソン米大統領訪中	
	田中首相訪中	
	日中共同声明	
73		日台交流民間協定
74	日中航空協定	日台航空協定停止（75, 再開）
77	文化大革命終了宣言	
78	日中平和友好条約調印	
79	大平首相訪中・文化交流協定調印	
	米中国交樹立	
81	残留孤児調査団初来日	
82	歴史教科書問題	
88	奥野発言問題	
90	花岡事件で鹿島建設謝罪	
96		台湾初の総統選挙 国民党の李登輝当選
2000		第2回総統選挙 民主進歩党の陳水扁当選

日中関係略年表

18　電化製品の普及――マツシタとソニー――

家電ブーム

一九五〇年代後半からの高度経済成長期は、家庭電化製品が急速に普及《ふきゅう》した時期であった。例えば、五六、五七年ころの神武《じんむ》景気にことばを合わせて「三種の神器《じんき》」といわれた（白黒）テレビ・洗濯機《せんたくき》・冷蔵庫の普及率が九〇パーセントを超えたのは、それぞれ順に六五年、七〇年、七一年という具合である。特にテレビは、ある評論家が「電化元年《がん》」と名付けた五三年に本放送が始まってからわずか一〇年余りで九〇パーセントになるというめざましい普及ぶりであった。ちなみに六〇年代の半ばごろの三C（カー・クーラー・カラーテレビ）の一つカラーテレビの方は、六〇年の本放送開始から一五年で九〇パーセントを超え、白黒テレビを駆逐《くちく》してしまった。

こうして電気機械工業の売上高全体に占める家電製品の比率も、一九五五年の二〇パーセントから、六〇年には倍の四〇パーセントと急上昇した。この間、家電部門では東京芝浦電気や日立製作所、三菱電機といった重電機メーカーがアメリカなどの外国メーカーと技術提携《ていけい》して家電市場に参入し、熾烈《しれつ》な企業間競争が展開された。

ところで、一九九六年現在の理科系男子大学生の人気企業ランキングでは二位にソニー、四位に日立製作所、五位に松下電器産業、六位にＮＥＣ、七位に東芝と家電に関係ある企業が顔を並べている（なお一位はＮＴＴである）。ここでは、家電業界を代表する松下電器産業とソニーについて、その発展の歩みを振り返ってみたい。

松下電器産業

松下幸之助《まつしたこうのすけ》（一八九四～一九八九）は、一九一八年に大阪でプラグなどの配線器具メーカーの松下電気器具製作所を設立した。二七年には「ナショナル」というブランド名を冠《かん》した最初の製品である「ナショナルランプ」（自転車や手提《てさ》げ用の箱形ランプ）の製造販売に踏み切り、一大ヒット商品となった。さらにそのランプに使用できる乾電池《かんでんち》の製造にも乗り出した。三五年には松下電器産業と改称し、その傘下《さんか》に九つの子会社を設立した。戦時中は軍需《ぐんじゅ》生産を行ったりしたため、敗戦後はGHQから制限会社の指定を受け、松下家は財閥《ざいばつ》家族に指定されると同時に、幸之助以下役員は公職追放となった。その上、松下電器産業は持株《もちかぶ》会社に指定され、子会社を分離させられることになった。しかしこの満身創痍《まんしんそうい》の状態から朝鮮戦争を契機とした特需《とくじゅ》景気で立ち直り、五〇年代半ば以降、「明るいナショナル」のCMに乗せて、ラジオやテレビ、冷蔵庫、洗濯機などの家電製品を主力に、高度経済成長と並行《へいこう》する形で業績を伸ばしていき、家電業界のトップを走り続けることになった。この間、幸之助も五〇年代から八〇年代半ばまでいわゆる「長者《ちょうじゃ》番付」のベストテンの常連《じょうれん》（五一年に「長者番付」が新聞紙上などに発表されて以来、八〇年代半ばまで一一回ほど一位になった）に君臨《くんりん》した。

さて、マツシタの成長の過程でおびただしい種類の製品が生み出されていった。新製品の登場は、企業内部に洗濯機事業部や掃除機《そうじき》事業部といった形で製品別の事業部を次々と誕生させていった。事業部は経営組織の基本として、本社レベルに対して販売責任額や基本利益額、利益率などの数値目標を達成する責任を負っており、現在はその数が四六ある（なお、このうち三〇の事業部は九七年に四つの社内分社に包摂《ほうせつ》された）。また、新製品の登場は、子会社を誕生させ、松下電器産業を親会社とした企業グループ化を促《うなが》した。子会社や関連会社を含めた関係会社は、松下電子工業や松下通信工業、松下電子部品、松下冷機など、現在では六百数十社を擁《よう》するにいたっている。

さらにマツシタの成長を支えたものとして見落とせないのは、系列販売店網《はんばいてんもう》の構築《こうちく》である。販売会社を設立する一方、数多くの連盟店を組織し、それらを数段階にランク付けし、その内の優秀な店を「ナショナル・ショップ」としてマツシタ製品の専売店にするなどして強固な流通販売網を作り上げたのである。

ソニー

ソニーの前身は、井深大《いぶかまさる》（一九〇八～九七）と盛田昭夫《もりたあきお》（一九二一～九九）によって一九四六年、東京で設立された東京通信工業である。ソニーという社名になったのは五八年のことで、そのいわれは、ラテン語のSONUS（音）と英語のSONNY（坊や）を合わせたもので、小さい、のイメージにこだわったという。戦後の技術革新のなかで高性能でしかも小型軽量のモノが作りだされ、人々のライフスタイルを変え、新しいファッションさえ生んでいったが、ソニーは社名の通り、まさにそうしたコンパクト化のリード役を果たした。例えば、五五年発売のトランジスターラジオや空前のヒット商品となった七九年発売のウォークマン（宣伝広告には「風景がかわってみえる」というコピーが使われた）などあげればきりがない。こうしたソニーの先進性は、「ひと真似をするな。他人がやらないことをやれ」といい続けた井深のパイオニア精神に原動力があるのかもしれない。

ソニーは、敗戦後間もない時期に中小企業として誕生し、わずか半世紀の間に世界のブランドとして国際企業にまで急成長を遂《と》げたという点で、戦後の壊滅《かいめつ》的状態から経済大国にまでのし上がった「日本神話」を象徴する企業ということができよう。

参考図書　立石泰則『復讐する神話―松下幸之助の昭和史』（文春文庫）、ソニー広報センター『ソニー自叙伝』（ワック出版部）

19 自動車産業の発達

──トヨタとホンダ──

一九三〇年に日本で生産された自動車の台数はわずかに四五八台であった。ところが一〇年後の四〇年には四六、〇〇〇台余り、ざっと百倍となった計算である。

自動車産業の発達

その後、敗戦による減退《げんたい》をはさんで、朝鮮戦争のころには戦前の台数を回復した。それからは急激に生産を増やし、ことに七〇年代にはいって溶接《ようせつ》ロボットに象徴される自動化や省力化《しょうりょくか》が進み、徹底した生産管理、品質管理が図《はか》られたこともあって、ついに八〇年には一、一〇〇万台を生産して、アメリカを抜いて世界第一位となった。このうち、過半数の六〇〇万台が輸出された。

戦後における自動車生産台数の増え方は、経済の成長率とほぼ正比例の関係にあり、工業生産力を集約するといわれる自動車産業は、戦後日本経済の牽引車《けんいんしゃ》の役割を果たしたといっても決して過言《かごん》ではなかろう。そこでトヨタとホンダを例にして自動車産業の発展ぶりをみてみよう。

トヨタ自動車の歩み

一九三三年、豊田佐吉《とよたさきち》の長男喜一郎《きいちろう》（一八九四〜一九五二）により豊田自動織機製作所に自動車部が設置され、愛知県挙母町《ころもちょう》（五九年、挙母市は豊田市に変更した）に工場が建設されたことにトヨタ自動車の歩みは始まる。一五年戦争期は軍用トラックを中心に生産を拡大した。戦後は朝鮮戦争の特需《とくじゅ》景気で経営を立ち直らせ、五五年、本格的乗用車としてトヨペット・クラウンを発売、さらに高度経済成長期後半の六六年には、三C（カラーテレビ・クーラー・カー）時代の始まりを象徴する乗用車カローラを発表して日本のモータリゼーションに多大な寄与《きよ》をした。石油危機を短期間で克服《こくふく》した後は、業績を拡大させ、世界トップクラスの自動車メーカーにのし上がっていった。

八〇年代にはいって、自動車産業に象徴される日本企業の強さの背景にあるものとして、アメリカ国内では日本型の生産システム、特にその代表的なモデルとしてトヨタ自動車のＪＩＴ（ジャスト・イン・タイム）生産方式に目が注《そそ》がれるようになった。その火付け役の一人となった門田安弘《かどたやすひろ》筑波《つくば》大教授は、「トヨタ生産方式は、日本人が近代世界に開国してから、百年後にして、ようやく発明したオリジナルで包括《ほうかつ》的な生産管理のテクノロジーである。これほどに巨大な生産方式の開発というものが見られることは、当分の間、まずないだろう。」と絶賛《ぜっさん》した（英語版〝Toyota Production System〟八三年。日本語版『トヨタシステム』八五年、講談社）。

では、このＪＩＴ生産方式とはどのようなものであろうか。本来はアメリカのスーパーマーケットの販売方式からきたものとされるが、それぞれの工程《こうてい》が加工分だけ前の工程に部品・材料を取りにいき、前工程は後《あと》工程に引き取られた分だけの生産を行う。これによって不要な在庫《ざいこ》を徹底的に削減《さくげん》しようとする仕組《しく》みである。この方式は工程間だけでなく、親工場と下請《したうけ》工場との間にも適用され、工程・工場間でのやり取りには「かんばん」と呼ばれるカードが用いられるところから「かんばん方式」ともいわれる。

また、トヨタ生産方式においては無駄《むだ》の排除を徹底していくため、ＱＣ（クオリティ・コントロール）運動も行われている。これは現場労働者たちが自分たちの労働過程をいかにしたら効率よくできるかを集団的に検討しあう改善運動である。つまり現場の知恵《ちえ》を企業目的達成のために動員していく仕組みといえよう。

こうして一九七〇年代の低成長期にも高い生産性を維持し、高収益をあげていったのである。

本田技研工業の歩み

ホンダは、一九四八年に本田宗一郎《ほんだそういちろう》（一九〇六〜九一）により静岡県浜松市《はままつ》に設立された小さな町工場からスタートした。当初は大衆向けの自動二輪車や高性能バイクを生産していた。六一年、イギリスのマン島でのオートレースで一二五CC、二五〇CC部門で優勝してからは、二輪車メーカーとしての地位を不動のものにすると同時に、世界各地への輸出を拡大させていった。その後、四輪自動車にも本格的に進出した。七〇年前後、急激なモータリゼーションに伴い、自動車公害が深刻化するなかで、低公害車を完成することはメーカーにとって大きな課題であったが、ホンダは、大気汚染《おせん》源となるCO（一酸化炭素）、HC（炭化水素）、NOx（酸化窒素）を大幅に減少させるエンジンの開発に成功し、アメリカの厳しい環境規制法のマスキー法にも真っ先に合格した。このCVCCエンジンを搭載《とうさい》したシビックを七三年に発売して、乗用車市場でも成功をおさめていった。

ところで創業二〇年弱にして世界的に有名な企業になった背景には、ひとつの経営理念があった。それは労働者の管理において、学歴や年功序列《ねんこうじょれつ》にとらわれない労務・人事管理を行ったことにあらわれているように能力主義を打ち出したこと、そして日常的な生産管理や品質管理の場面で、各自の仕事なり職務なりを積極的な創意《そうい》と工夫《くふう》をもって自律的に取り組む気風を浸透《しんとう》させようとしたことにまとめることができよう。技術屋本田宗一郎の精神を全社的に実現していこうとしたのである。

参考図書　鎌田慧『自動車絶望工場—ある季節工の日記』・城山三郎『本田宗一郎との一〇〇時間—燃えるだけ燃えよ』（ともに講談社文庫）、井深大『わが友本田宗一郎』（ごま書房

20 石油危機

第四次中東戦争

一九六四年に開かれたUNCTAD《アンクタッド》（国連貿易開発会議）で、従来《じゅうらい》先進国に支配されていた諸国が資源《しげん》に関する主権を取り戻《もど》そうという資源ナショナリズムの動きが活発になってきた。このような中で、一九七三年一〇月イスラエル軍とエジプト・シリア両軍がシナイ半島とゴラン高原で激戦を繰り広げた（第四次中東戦争）。戦闘そのものは米ソが双方への武器補給を止めて約一〇日間で沈静《ちんせい》したが、このときOAPEC《オアペック》（アラブ石油輸出国機構）は石油戦略を発動《はつどう》した。すなわち、原油生産を削減《さくげん》してイスラエル支援国への原油供給を停止し、日本のような中立国への原油供給を削減した。また、この措置《そち》はイスラエル軍のアラブ領土からの撤退《てったい》とパレスチナ人民の法的権利が回復されるまで続くと発表したのである。これと同時にOPEC《オペック》（石油輸出国機構）はそれまでの約四倍近い原油価格の大幅引上げを決定した。一バレル（約一五九リットル）二・六二五ドルから、わずか三カ月で一二ドル近くの高値になったのである。石油は現代社会の最重要エネルギー資源であるため、世界経済は大混乱に陥《おちい》った。

石油危機の衝撃

日本は高度成長政策の基礎を低価格の原油輸入に置いていた。そのため高度成長期に、石炭から石油へのエネルギー転換《てんかん》を徹底的に行い、一次エネルギー中での石油依存率《いぞん》が七七・六％と先進国の中で最も高かった。しかも石油の九九％を輸入に頼っていたため、その衝撃《しょうげき》はどの国にもまして大きかった。このため円は急速に弱くなっていく。七三年の二月から一〇月までの間、一ドル＝二六四円から二六六円ぐらいの間で推移《すいい》していたが、一一月一三日には一ドル＝二八

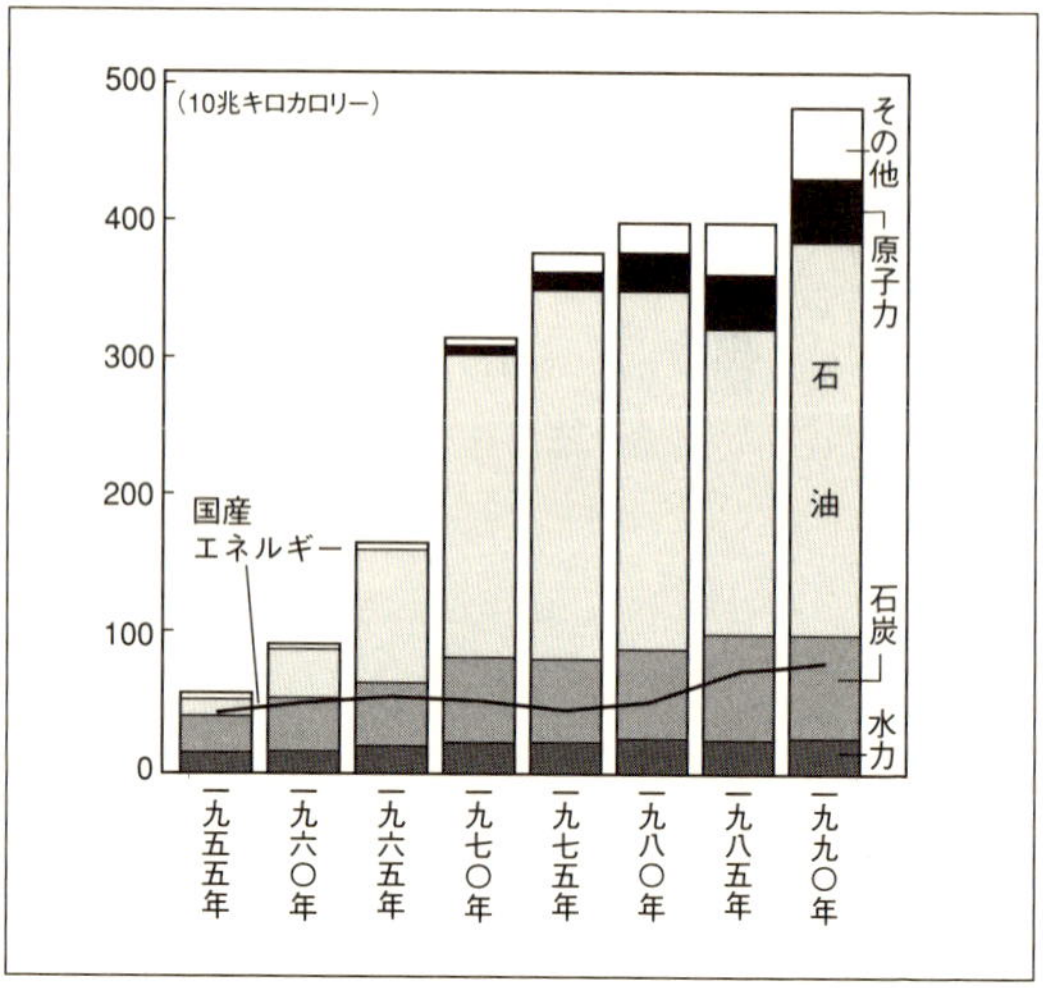

エネルギー供給量の推移

〇円、七五年一二月八日には三〇六円を記録し、スミソニアン協定の三〇八円近くまで、円は下落《げらく》した。原油高騰《こうとう》はアメリカにとってもマイナスであるが、自国内にアラスカやカリフォルニアの油田を持っているので、影響の度合いが違い、そのため円売り・ドル買いの動きが強くなったのである。

銀座のネオンが消えた

高度成長の末期の日本経済は七一年八月のニクソン・ショックや、七三年二月の変動為替相場制への移行による混乱に苦しんでいた。また田中角栄《かくえい》内閣の列島改造論の影響で土地投機《とうき》の横行《おうこう》や、積極財政の展開などによりインフレが進行していた。

このインフレに石油危機は決定的な追い討《う》ちをかけることになり、消費者物価は一挙《いっきょ》に二五パーセント上昇し、ガソリンやプラスチック、アルミなど、物によっては倍以上に上がるものも少なくなかった。一一月、田中内閣は一般企業へ石油・電力の二〇パーセント削減《さくげん》など、民間へエネルギー・原料資源の節約を要請《ようせい》した。この結果、企業は原材料の買い占め・備蓄《びちく》や製品のストック（在庫）増を大々的に実施し、「モノ不足」を喧伝《けんでん》したため、国民の間にパニックを引き起こすことになった。

大多数のスーパーマーケットではトイレットペーパーが不足し、多くの人々がその噂《うわさ》を聞いて買い溜《だ》めに走った。そのほか洗剤、砂糖、調味料に至るまでスーパーでは在庫払底《ふってい》する有様《ありさま》であった。「トイレットペーパーがなくなる」とか、石油が足りないので、「砂糖や洗剤もなくなる」などという口《くち》コミ情報が次々と各地に蔓延《まんえん》し、人々は狂ったように買い溜めに走った。中には小中学生にまで学校を欠席させ、行列に並ばせる現象も見られた。一部の企業は売り惜《お》しみをして物価をいっそうつり上げた。特に石油業界はこの時期闇《やみ》カルテルによって石油小売り価格を大幅に引上げ、混乱に拍車《はくしゃ》をかけた。

通産省の呼び掛けによって、「省《しょう》エネ」、「省《しょう》資源」は時の合い言葉になり、ガソリンスタンドの日曜休業、マイカー自粛《じしゅく》、深夜テレビの自粛などが行われ、銀座や新宿の繁華街からネオンサインが姿を消した。高度成長政策の中で宣伝された「消費は王様」のスローガンに代わって、「節約《せつやく》は美徳《びとく》」が提言《ていげん》される中、政府は国民の不信がつのるのを避けようと努めた。

石油ショックによる狂乱物価（共同通信社提供）　パニックに陥った消費者は灯油・洗剤・トイレットペーパーの買いだめに殺到《さっとう》した。

いわゆる「狂乱物価《きょうらんぶっか》」を沈静させるため、日銀は公定歩合《ぶあい》を四・二五パーセントから一挙に九パーセントへと、戦後最低から戦後最高に引上げ、福田赳夫《たけお》大蔵大臣は総需要抑制《よくせい》政策をとり、それまでの積極財政を大きく転換した。しかしインフレは収束《しゅうそく》しないまま深刻な不況《ふきょう》に陥《おちい》った。七四年の経済成長率は戦後初めてマイナスになり、翌年以降も二～五パーセントの水準にとどまる。ここに日本の高度経済成長は終わりを迎えたのである。

参考図書　下川浩一『日本の企業発展史』（講談社現代新書）

21 サミット

サミットとは

サミット（summit）とは山の頂《いただき》のことであるが、転じて頂上《ちょうじょう》会談、つまり大統領や首相など国家の最高首脳による直接交渉を意味する。したがって、二カ国の首脳による会談もサミットといえるが、一般的には一九七五年一一月、パリ郊外のランブイエ城に主要先進国の首脳が一堂《いちどう》に会する形で始まり、以後、毎年開催されている先進国首脳会議をさしていう。では、なぜサミットが開かれるにいたったのだろうか。

サミット開催の背景

第二次世界大戦後の世界経済の枠組《わくぐ》みは、一九四四年七月、アメリカのニューハンプシャー州ブレトンウッズで開催された連合国経済会議で基本的には形成された。それは、この会議の結果、国際復興開発《ふっこうかいはつ》銀行（ＩＢＲＤ、通称世界銀行）や国際通貨基金（ＩＭＦ）が設立されたことによる。ＩＭＦのもとでは、ドルを基軸《きじく》通貨とし、アメリカは加盟各国の通貨当局が保有するドルをいつでも金《きん》と交換することを保証した上で、各国の通貨を固定的にドルとリンク（連結）させる仕組みをとった。こうして各国の通貨価値の安定をはかり、ひいては国際経済秩序の安定をめざしたのである。

ところが、ベトナム戦争で敗退が濃厚《のうこう》となるなかで、アメリカは戦費《せんぴ》増大によるインフレが昂進《こうしん》し、アメリカ産業の競争力はしだいに低下していった。やがて国際収支赤字や財政赤字に悩まされるようになり、ドルの価値に対する信用は低下していった。そして各国通貨とドルとの固定レート制も破綻《はたん》せざるをえなくなる。こうした事態にニクソン大統領は、一九七一年八月、ついにドルと金《きん》との交換停止、ドルの切り下げといった措置《そち》を取ることを発表した。いわゆるドル防衛措置である。その後、七三年三月からは各国通貨は変動為替相場《そうば》制に移行した。ここにドルは基軸《きじく》通貨であることを終え、アメリカを中心とした国際経済秩序が大きく崩《くず》れてしまった。いいかえれば、国際経済はリーダーシップなき状態となり、西欧と日本、アメリカの三極を中心とした経済パワー・ゲームの様相《ようそう》を呈《てい》することになったのである。

さらに一九七三年一〇月に始まった第四次中東戦争でアラブ産油国は、いわゆる石油戦略を発動した。この石油戦略は、第二次世界大戦後の経済成長を支えてきた低廉《ていれん》で豊富なエネルギーの安定供給に影をおとすものであると同時に、世界経済に深刻な影響を及ぼした。第一に、世界的規模で物価上昇を発生させ、第二に非産油国において国際収支の赤字をもたらした。そして第三に経常収支の赤字やインフレ抑制《よくせい》的な財政・金融《きんゆう》政策により全般的な不況《ふきょう》に見舞われたのである。こうした状況をあらわすことばとして、インフレーションとスタグネーション（停滞《ていたい》）を組み合わせたスタグフレーション（stagflation）という新造語が使われたりした。

サミットの意義

第一回サミットは、前述した通貨問題やスタグフレーションといった世界経済の危機に対して処方箋《せん》を描《えが》こうと、フランスのジスカールデスタン大統領の提唱で開かれた。ランブイエに招かれたのは、西ドイツのシュミット首相、アメリカのフォード大統領、イギリスのウィルソン首相、イタリアのモロ首相、日本の三木武夫《みきたけお》首相で、ホスト国のフランスをあわせて六カ国の首脳会談であった。一九七七年の第二回サミットからはカナダが参加して七カ国首脳会議となるが、これら七カ国とは、七八年の統計でみると、「自由世界」でGNPの上位七カ国であり、しかもその合計は「自由世界」の六八％をも占《し》める。また、貿易額も七カ国合計で「自由世界」全体の五三％を占めるといった、「北」の世界のなかでも経済規模が巨大で、最も豊かな国々であった。かつて大恐慌《だいきょうこう》期の三三年六月、ロンドンで六六カ国の代表が参加して国際経済会議が開かれたことがあるが、成果を挙《あ》げずに終わったという苦《にが》い経験があった。そうした失敗を踏まえて、サミットでは世界経済の管理には少数の主要国が責任を持ってあたるという判断に立脚《りっきゃく》したのである。

ところで、サミットの生みの親はジスカールデスタン仏大統領とシュミット独首相であるといわれている。そのことはアメリカの指導力の低下を物語っており、その低下を少数の大国のいわば集団指導体制で補っていこうとする試みだったとみることもできよう。

日本の役割

日本は、ガット（ＧＡＴＴ）やＩＭＦ、ＯＥＣＤ（経済協力開発機構）といった既存《きぞん》の国際経済組織にはあとから遅れて参加したが、サミットの場合には構想段階からメンバーとして予定されていた。サミットは、一定の条件を整え、所定の手続きに従って申請《しんせい》すればメンバーになれるというものではないという点からも、日本がメンバーになったということは、一九七〇年代半ばにおいて、先進国として認知され、世界の序列においてしかるべき位置を得たことを意味した（明治以来日本が追求してきた「脱亜入欧《だつあにゅうおう》」の一つの実現形態ともいえよう）。しかしそのことは政府に十分認識されていたわけではなかったが、戦後の国際経済体制の受益者、消費者という側面が強かった従来の日本のあり方では済まなくなった、国際経済システムの重要な一角を担う責任を持たざるをえない存在になったということも意味したのである。

参考図書　船橋洋一『サミットクラシー』（朝日文庫）

22　石油危機後の日本経済

石油危機からの立直り

日本はエネルギー・鉱物資源《こうぶつしげん》が乏《とぼ》しく、そのほとんどを輸入に頼っており、資源の海外依存度《いぞん》が極めて高い。そのため安価《あんか》な石油供給に頼っていた日本にとって第一次石油危機の打撃は、他の先進国に比較して深刻であった。しかし、その後の経過は、インフレの沈静《ちんせい》は早く、かつその生産回復も速かった。実質経済成長率は、一九七四年には対《たい》前年比一・四%のマイナスであったが、その後はプラスに転じ、八二〜八三年を除き七七年以降は、五パーセント台で推移していく。これに対し、欧州諸国や石油資源のない途上国は、スタグフレーション（景気停滞時の物価上昇）や経済不況《ふきょう》で打撃を受け、立ち直るのに七〜八年以上かかった。日本経済の立ち直りが早かった理由は何であろうか。一つには為替《かわせ》レートが円安《えんやす》になり、輸出が増大したためである。七六年には経常収支《けいじょうしゅうし》も黒字に転換し、為替相場も円高《えんだか》には向かわなかった。このため日本の通貨当局がわざとドルに対して円を安いままにしているとの非難がおき、当時ダーティ・フロート（汚い変動相場制の利用）ともいわれた。翌年も経常収支の黒字が拡大したため、日本は世界経済の成長を引っ張っていく「機関車」になるべきだといったことまでいわれるのである。二つ目は七四年の春闘《しゅんとう》で労働組合が大幅《おおはば》賃上《ちんあ》げを獲得したことである。その結果、内需《ないじゅ》（国内の需要）がそれなりの回復をみたのである。

しかしより基本的な理由は、賃上げ・エネルギー・原料資源のコスト上昇を企業が徹底した合理化努力で吸収し、産業構造の調整に努力したことであろう。

量の経済から質の経済へ

巨大技術を中心として、量的拡大によって利益を追求した化学・鉄鋼など「重厚長大《じゅうこうちょうだい》」型産業

		石油危機前	石油危機後
経済全体の総称		「量」経済	「質」経済
時代区分		高度成長時代	情報経済時代
経済目標		量的拡大（モノ中心）	質の充実（サービス・ソフト化）
産業構造	産業構造	重厚長大	軽薄短小
	主力産業	鉄鋼・自動車	エレクトロニクス・通信・バイオテクノロジー
	貿易姿勢	輸出重視	輸入重視
財政・金融	政府の性格	大きな政府	小さな政府
	公共投資の対象	道路・橋など全国ベース	大都市再開発、住宅の質の充実
	税体系	直接税重視	間接税重視
	金利体系	規制金利	自由金利
生活	生活観	同質化	多様化、差別化
	年金	若者社会	老人社会
国際環境	通貨制度	固定相場制	変動相場制
	世界GNPに占める割合	5%	10%
	経済圏	大西洋の時代	太平洋の時代

日本経済の変化（石油危機の前と後）
〈『ゼミナール日本経済入門』日本経済新聞社より〉

は、主要工程《こうてい》における廃熱《はいねつ》の利用や、原料原単位《げんたんい》節約、歩留《ぶどま》りの向上など、省《しょう》エネ・省《しょう》資源対策を徹底していく。また減量経営だけでなく事業内容の見直しと、製品の顧客《こきゃく》のニーズに合わせた細分《さいぶん》化《か》・高付加価値《ふかかち》化、多角化など、企業活動の再構《こう》築《ちく》を進めていく。造船業のプラントエンジニアリング（生産設備などの工学技術）や重機《じゅうき》部門への進出、石油化学・鉄鋼などの製品内容の多様化はその一つの表れである。

一方、家電・電子・自動車など国際競争力を輸出志向に結び付けた業種は一時的には減産したが、高度な技術力開発や周辺技術の活用によって、品質およびコスト競争力をつけ、やがて海外輸出市場を拡大していく。高度成長期には規模の拡大・大量生産の効果の陰《かげ》にかくれて目立たなかったが、多品種少量生産と工程《こうてい》技術重視の努力は、着実に進行していた。このことが欧米諸国と比べて対外競争力や市場の環境変化に対する適応能力《てきおうのうりょく》の違いとなって、石油危機後はっきりと現れてきた。大衆消費市場の成熟《せいじゅく》化が進展するにつれ、コンピューター技術の急速な発達をフルに活用した形で、製品の多品種化・高度化・高付加価値化が進み、モデルサイクル（商品モデルの切り換え期間）の短縮化もみられて、各産業の多品種少量生産の傾向が強まっていった。

日本的合理化

もう一つの対応は必要なものを必要なだけ作ることであった。工程内の流通過程の材料や部品、そして仕掛品《しかけひん》（半製品）の在庫《ざいこ》を削減《さくげん》する合理化努力が積み重ねられた。

その代表例がトヨタのかんばん方式で、七〇パーセント操業でも利益が出せる体質ということが話題になった。これには部品メーカーから素材メーカー、全ての現場ワーカーの一人ひとりに至るまでのQCサークル活動（品質改善運動）や現場改善の積み重ねが必要で、一部の専門家集団だけでは実現できない。そこで全員参加のQCサークル活動を進め、現場技能と生産技術を技術集約・知識集約型の方向に体系化していった。そうした合理化には、新素材《しんそざい》などの利用、高周波レーザーによる微細加工《びさいかこう》などハイテク技術が大きな役割を果たした。こうした新技術への挑戦の相乗《そうじょう》効果として「軽薄短小《けいはくたんしょう》」型の産業構造が実現した。

第二次石油危機後

一九七八年から七九年にイラン革命の混乱によって、七三年以上の第二次石油危機が西側先進国を襲《おそ》った。日本は石油備蓄《びちく》を進めており、また七九年四月以降経常収支の赤字に対処して、早めに公定歩合《ぶあい》を引上げに転じた。このため、円安《えんやす》はそれ以上進まず、第一次石油危機ほどには物価をつり上げることはなかった。また、産業構造の転換と合理化を進めていた日本企業の国際競争力は着々と強化され、他の先進国よりもずっと容易に危機を乗り切っていった。八一年に就任したレーガン米大統領による「強いアメリカ」実現政策（高金利政策をとった）のために円安ドル高が続き、欧米への輸出は一層好調に推移した。自動車はアメリカのトップの輸出産業であったが、燃費《ねんぴ》と品質のよくないデトロイト製大型車の売れ行きが不振となり、日本車が急激に輸出を伸ばした。そのため通産省の指導で対米輸出の自主規制を実施するほどになった。このようにあまりにも急速な日本の輸出産業の競争力の上昇・強化が日本の大幅な貿易黒字傾向を定着させ、やがて日米貿易の摩擦《まさつ》を深刻化させていくのである。

参考図書　下川浩一『日本の企業発展史』（講談社現代新書）

23 バブル経済とその崩壊

バブルの始まり

一九八一（昭和五六）年、アメリカではレーガン大統領が就任《しゅうにん》してから「強いアメリカ」・「ドル高」政策を展開していたが、その結果として「双子《ふたご》の赤字」といわれる財政赤字と貿易赤字とに苦しむようになった。八五年九月、ニューヨークにあるプラザホテルで主要先進国五カ国蔵相・中央銀行総裁会議（G5《ファイブ》）が開かれ、ドル高是正《ぜせい》に向けて協調介入《きょうちょうかいにゅう》を行うことが合意された。このプラザ合意後、急激に円は高騰《こうとう》し、八五年二月の一ドル＝二六三円から、八八年には一ドル＝一二〇円を切る状態にまで至り、そのため日本は円高不況《えんだかふきょう》に見舞われた。またアメリカからも強い金利引き下げ要求があった。というのはアメリカ経済は、海外からの資本流入なしにはたちゆかず、大きな資本供給国である日本が金利を引き上げると、高金利を求めてのアメリカへの資本供給が減少しアメリカにとって困難な状態に陥《おちい》ると判断したからである。

確かに円高は輸出産業には悪影響を与えるが、消費者の立場から見れば、輸入品価格の低下により、実質所得は増大するはずである。しかしさまざまな政府の規制や流通市場の複雑さなどによって、円高差益《さえき》は消費者に還元《かんげん》されず、輸入産業と流通業者に吸収され、しかも輸出産業に打撃を与えることとなった。そこで、政府・日銀は国内金融を緩和《かんわ》させるため、公定歩合《こうていぶあい》を過去最低の二・五パーセントまで引き下げた。一方、企業は増加した余剰の資金を運用するために、財テク（財務テクノロジー）に走った。こうして未曾有《みぞう》の超低金利時代が到来し、「金《かね》余り」によって行き場を失ったお金は株式や土地投機に向かったのである。株価の推移を日経《にっけい》平均株価で見ると、八三年平均では八、八〇〇円が、八六年平均は一六、四〇〇〇円と約二倍になった。八七年一〇月一九日に、ブラックマンデーと呼ばれる株価大《かぶかだい》暴落《ぼうらく》がニューヨークで起こり、世界大恐慌再来論《さいらいろん》も唱《とな》えられたが、実際には日本の株価はその後もさらに上昇し、八九年末には約三九、〇〇〇円にまで上昇し、この間地価も高騰《こうとう》した。

バブルの時代

株式市況の活況《かっきょう》で、大企業を中心に「エクイティ・ファイナンス（時価《じか》による新株の発行や転換社債《てんかんしゃさい》などによる資金調達のこと）」による資金調達がなされ、その資金がまた「財テク」の運用へと流れ込んだ。金融機関は巨額な資金の具体的運用が難しくなり、貸付先を従来の大企業・製造業から、中小企業・不動産業へと大きく転換させていった。直接融資だけでなく、ノンバンク（非銀行系金融機関）を経由する「迂回融資《うかいゆうし》」もあり、土地転《とちころ》がし、地上《じあ》げ、リゾート開発、投資用ワンルームマンションなどに、資金が流れていった。また一方、すでに七九年の譲渡性《じょうとせい》預金（CD）の導入を皮切りに、金融自由化策が行われていた。自由金利商品は、規制されていた銀行金利より高く設定されていたので、これらの商品を利用できる企業の金融収益が増大し、「財テク」への誘因《ゆういん》はこの間《かん》高まっていた。八六年頃の財テクによる大企業の金融資産収益率は八パーセント近くであるのに対して、エクイティ・ファイナンスによる資金コストは、二パーセント程度であった。したがって、企業は資金を右から左に動かすだけで巨額の金融収益（差益）を上げることができたのである。

株式や土地の資産価値は顕著《けんちょ》に上昇し、個人の消費性向《せいこう》も高まり、企業も設備投資を増やしていった。こうして八七年から九〇年にかけて、「いざなぎ景気」（六五〜七〇年）に匹敵《ひってき》する長い「バブル景気（平成《へいせい》景気）」が出現した。例えば、乗用車の年間販売数は、通常は三〇〇万台程度であるが、八九〜九〇年には五〇〇万台になった。資産価格の上昇は、投資家に富をもたらしたが、額《ひたい》に汗して働くよりマネーゲームの方に精を出した方が得《とく》ということになり、労働意欲にも悪影響が及んだ。企業も本業よりも財テクによる金融収益の方が多くなり、国全体が「ギャンブル経済」化の様相《ようそう》を示し始めた。また、地価の異常な値上がりのため住宅を勤労所得だけでは購入できなくなった。通常、好ましい住宅価格は年収の五倍程度までといわれるが、首都圏では八倍を超えてしまったからである。

バブル崩壊

政府と日銀はバブルを潰《つぶ》すために、八九年から金融引締政策に転換し、公定歩合《ぶあい》は二・五パーセントから九〇年には六・〇パーセントに引き上げられた。株式、債券《さいけん》、円はそろって値下がり傾向を強めていった。八月の湾岸危機も一つの契機となり下げ足《さ》が速まる。その後まもなく地価も下落《げらく》、このため資産デフレーションが起き日本経済は急速に不況へと突入していった。その結果バブル期に購入した住宅の高額ローンの返済に国民が苦しんだだけでなく、金融機関も巨額な不良債権の処理問題に直面した。国民の強い批判の中、政府は一九九六年度予算で六、八五〇億円の税金を住専《じゅうせん》（住宅金融専門会社）に投入せざるをえなくなった。さらにその後、東京協和・安全信用組合など弱い体質の金融機関の倒産も続いた。

現実の資産価格のうち、ファンダメンタルズ（経済成長率・物価上昇率など経済状況を表現する基礎的な指標《しひょう》）で説明できない異常な部分をバブル（泡《あわ》）と規定することができようか。しかし、バブルが膨張《ぼうちょう》している八九年ごろまでは、「バブル」という言葉は『日本経済新聞』にもあまり現れていない。たとえどんなに異常な上昇であっても、実際の名目《めいもく》価格が上昇しているさなかでは、多くの人はそれがバブルによるものであることを十分には認識していなかった。その反転《はんてん》を予測することが困難だからこそバブルは膨張しえたのである。人々がバブルの存在に気付くのは、それがはじけ始めてからであった。

参考図書　野口悠紀雄『バブルの経済学』（日本経済新聞社）、『現代用語の基礎知識』（自由国民社）

24 漫画・アニメの歴史

手塚治虫のメッセージ

冒頭《ぼうとう》に、船に乗り遅れまいと波止場《はとば》をめざして疾走《しっそう》する車が登場する。運転している少年の顔がアップになる。見開いた目。一転して、自動車の運転席、海辺《うみべ》と、次々に場面が切りかわる。

まるでアメリカ映画のようなスピード感を持つ漫画《まんが》が、敗戦間もない一九四七年に世に出て、数一〇万部も売れた。当時一九歳の医学生、手塚治虫《てづかおさむ》による『新宝島』(原作・酒井七馬《さかいしちま》)である。

それから一七年後の一九六三年一月。彼の『鉄腕《てつわん》アトム』が戦後初のアニメ作品としてテレビで放映された。未来都市の上空を縦横無尽《じゅうおうむじん》に飛びまわるアトムは、当時の青少年に夢とロマンを与え、視聴率《しちょうりつ》もピーク時は四〇%を超えた。手塚は『アトム』について、「自然や人間性を置き忘れて、ひたすら進歩のみをめざして突っ走る科学技術が、どんなに深い亀裂《きれつ》や歪《ゆが》みを社会にもたらし、差別を生み、人間や生命あるものを無残《むざん》に傷つけていくかをも描いたつもりです」と述べている(『ガラスの地球を救え』より)。しかし、こうした手塚の思いとはうらはらに、その後しばらく、『鉄人28号』(六三年、横山《よこやま》光輝《みつてる》)、『マジンガーZ』(七二年、永井豪《ながいごう》)など、重厚長大《じゅうこうちょうだい》で、敵と戦えば必ず勝つロボットが漫画・アニメの世界で活躍するようになった。

スポーツ根性からギャグへ

戦後生まれのいわゆる「団塊《だんかい》の世代」が大学に進学するようになった一九六〇年代後半から七〇年代初頭にかけて、漫画の売れ行きが大きく伸びる。梶原一騎《かじわらいっき》原作の『巨人の星』(六六年、川崎のぼる)、『あしたのジョー』(六八年、ちばてつや)

を連載《れんさい》した『週刊少年マガジン』(講談社)は六六年末に一〇〇万部を、七〇年に一五〇万部をそれぞれ突破《とっぱ》した。六九年をピークに盛りあがる学生運動の時期にあって、熱く闘《たたか》う星飛雄馬《ほしひゅうま》、矢吹丈《やぶきじょう》らが活躍《かつやく》するスポーツ根性《こんじょう》漫画が学生の人気を集め、「右手に『朝日ジャーナル』、左手に『少年マガジン』」とまでいわれた。『巨人の星』では、飛雄馬の父・星一徹《ほしいってつ》も、当時減りつつあった「頑固《がんこ》な父親」像として注目された。『あしたのジョー』では、丈《ジョー》のライバルで孤児院《こじいん》出身の力石徹《りきいしとおる》がリングで死ぬと、劇作家の寺山修司《てらやましゅうじ》らが「力石徹追悼《ついとう》集会」を開き、六〇〇人ものファンが集まった。少女漫画にも、『アタックNO《ナンバー》・1《ワン》』、『サインはV』など、バレーボール部を舞台としたスポーツ根性漫画が登場した。しかし、その後、「団塊の世代」が社会人になり漫画から離れていくと、これらも次第《しだい》に人気を失っていった。

スポーツ根性漫画が色あせていくなかで人気を集めたのが、ギャグ漫画である。この分野では、すでに赤塚不二夫《あかつかふじお》『おそ松くん』(一九六二年)、藤子不二雄《ふじこふじお》『オバケのQ太郎』(六四年)があったが、七〇年代初頭から激しい内容へと変化していく。こうした変化は、発行者側が、「団塊の世代」から当時の少年・少女層へと対象年齢を下げたことによる。とりいかずよし『トイレット博士』(七〇年)は「マタンキ」を叫び、赤塚『天才バカボン』(六七年)は主人公バカボンよりも個性的なパパが主役の座を奪った。永井豪《ながいごう》『ハレンチ学園』(六八年)に描かれる女子の裸やスカートめくりについて、七〇年、三重県四日市《よっかいち》市の中学校長会は教育上好ましくないとして「ハレンチ漫画」の追放を決め、評論家の阿《あ》部進《べすすむ》は「子どもたちがなぜ拍手喝采《はくしゅかっさい》するのか、教師は考えよ」と発言するなど、教育論争にまで発展した。ギャグ漫画の極めつけが、『がきデカ』(七四年)である。殺し文句の「死刑!」を連発し、およそ少年とは思われない顔つきで、性器を露《あら》わに走りまわる主人公こまわり君が、新鮮なキャラクターとして人気を集めた。権力や権威をおそれずに行動し、従来の道徳や倫理《りんり》を平然と破壊するこまわり君について、評論家の鶴見俊輔《つるみしゅんすけ》は、「私が現代に希望を託《たく》する最大のもの」と評している。

一九七〇年、何をやっても失敗ばかりの少年に、どんな望みでもかなえてくれる猫型ロボットが未来からやってきた。藤子不二雄『ドラえもん』である。丸々とした体型の愛嬌《あいきょう》もあって、今や子どもの永遠の友だちである。八〇年春にはアニメ映画化されて大ヒットして、当時のアイドル、ピンクレディーのコンサートが振るわず、「ピンクレディーが猫に食べられた」とまでいわれた。

アニメが描く生命の尊厳

また一九七〇年代半ばから、ノストラダムスの大予言ブームもあって、世界の終末を題材にする作品が登場した。『宇宙戦艦ヤマト』（七四年）は、西暦二一九九年、放射能汚染《おせん》のために滅亡寸前の地球を救うため、沖田《おきた》艦長をはじめとするヤマト乗組員が、イスカンダル星へと向かう。テレビアニメ放映時の視聴率は伸びなかったが、再放送から人気が上昇し、七七年にアニメ映画化されたときは八月から十月末までのロングランとなった。その後、『ヤマト』の監督もつとめた松本零士《まつもとれいじ》は、『銀河《ぎんが》鉄道999《スリーナイン》』などのSF漫画・アニメを世に出す。七八年には月刊誌『アニメージュ』（徳間書店）が創刊され、以後、『ルパン三世』、『機動戦士ガンダム』、『美少女戦士セーラームーン』、『新世紀エヴァンゲリオン』など、時代を代表する人気作品がその誌面を飾った。

『風の谷のナウシカ』（八四年）以降、『天空《てんくう》の城ラピュタ』（八六年）、『となりのトトロ』（八八年）、『紅《くれない》の豚』（九二年）などのアニメ映画で相次ぐヒット作を世に出しているのが、宮崎駿《はやお》である。九七年の『もののけ姫』では、人間と自然・動物との共生や戦い、生命の根源が主なテーマとされ、さらには、大和《やまと》政権に追われた辺境《へんきょう》の民《たみ》、病者、売られた女、牛飼《うしか》い衆など、当時の社会や権力から排斥《はいせき》されたり差別された民衆が、タタラ場（製鉄所）での生産活動に従事しながらたくましく生きる姿も描かれた。

歴史を学ぶうえで貴重な教材になりうるアニメである。

漫画・アニメは世代をこえて

今や漫画は、子どもから大学生はもちろん、大人《おとな》も主要な読者である。この理由として、漫画が一九八〇年代以降、ビジネスマンや経済、歴史といった教養部門にまでその領域《りょういき》を広げてきていることがあげられる。六〇年代に『快傑《かいけつ》ハリマオ』、『サイボーグ009《ゼロゼロナイン》』、七〇年代に『仮面ライダー』、『がんばれロボコン』などを世に出した石《いし》ノ森章太郎《のもりしょうたろう》は、『HOTEL』、『マンガ日本経済入門』、『マンガ日本の歴史』を手がけるようになる。これらの作品については、彼をそれまで支持してきた多くのファンは積極的には評価していない。しかし、漫画が、滑稽《こっけい》、風刺《ふうし》、笑いの一分野にとどまらず、あらゆる事柄を対象にするメディアであることが社会的に認められるようになったという意味で画期《かっき》的なことだった。このほかの作品で、現実の大人社会を舞台とするものに、青木雄二《ゆうじ》『ナニワ金融道』（九二年）、弘兼憲史《ひろかねけんし》『課長　島耕作《しまこうさく》』（八三年）などがある。

今後、私たちは、どんな漫画やアニメと出会うのだろうか。ますます楽しみである。

参考図書　手塚治虫『ぼくのマンガ人生』（岩波新書）、夏目房之介『マンガと「戦争」』（講談社現代新書）

25 情報化社会の進展 ―インターネットがつなぐ未来―

自宅にいながら、瞬時《しゅんじ》にして、大英《だいえい》博物館など海外の有名博物館の展示《てんじ》品を見たり、写真や画像を自分のパソコンに取り込むことができる。買いたい商品を注文することもできるし、売りたい商品を紹介《しょうかい》することもできる。有名作家の膨大《ぼうだい》な字数からなる作品をテキスト文書《ぶんしょ》に取り込《こ》んだり、自分が創作《そうさく》した小説や撮影《さつえい》した写真を発表・公開することもできる。見知らぬ人との会話（チャット）を楽しんだり、電子掲示板《けいじばん》（ＢＢＳ）やテレビの討論番組（生《なま》放送）に参加して自分の意見を述べることもできる。このように、瞬時に大量の情報を受信《じゅしん》したり送信《そうしん》することが、インターネットによって可能になった。と同時に、今までは政界・マスコミ界のそれぞれのプロである政治家・ジャーナリストの意見を「聞く」一方だけの立場だった国民が、積極的に「発言する」立場になるという、本来の民主主義を実現する場がつくられつつあるといっても過言《かごん》ではない。

インターネット利用者数も増加の一途《いっと》をたどり、一九九八年二月の時期で約一千万人だったのが、九九年末には二千万人を超えることが予想されている（日本インターネット協会『インターネット白書《はくしょ》一九九八年版』インプレス販売）。利用者の層も、若年層・中年層の社会人から、高校生などの学生、女性へとひろがってきている。教育現場においても、大学や短大はもちろん、多くの小・中・高校の授業でもインターネットが利用されている。インターネットを用いて入手《にゅうしゅ》した情報を卒業《そつぎょう》論文にいかす学生、夏休みなどの自由研究にいかす生徒・児童も多い。一九九九年度からは、インターネット利用を前提とする通信制大学院も発足《ほっそく》している。今後、いわゆる「ネット界」のなかから、豊富《ほうふ》な知識をもつ学者・

評論家、独特の感性で読者を魅了《みりょう》する小説家、あるいはアイドルが誕生《たんじょう》し活躍《かつやく》するかもしれない。株式の売買《ばいばい》で億万長者《ちょうじゃ》になる人も出てくるかもしれない。高齢《こうれい》社会を迎《むか》えようとしている今日にあって、一人で暮《く》らすお年寄りを精神的にも物質的にも支《ささ》え助けるものとして期待できるかもしれない。

総務庁青少年対策本部が満一二歳から二九歳までの男女六千人を対象に実施《じっし》した「情報化社会と青少年に関する調査」（一九九六年）をみると、こうした情報化の進展について、プラス面では「生活が便利になる」、「いろいろな楽しみが増える」、「交際や行動範囲《はんい》が拡大する」、「あたらしい文化がうまれる」などを挙《あ》げ、マイナス面では「人と人とのふれあいが少なくなる」、「機械に弱い人が取り残される」、「自由やプライバシーが侵《おか》される」、「人々の個性が少なくなる」などを挙《あ》げていることがわかる（総務庁『青少年白書　平成一〇年度版』）。

瞬時《しゅんじ》に大量の情報を送信したり受信することができるということは、他人のプライバシーを侵害《しんがい》したり名誉《めいよ》を毀損《きそん》したり、覚せい剤や毒物《どくぶつ》、わいせつ画像の売買・授受《じゅじゅ》など、犯罪を引き起こす要素をもあわせもっている。インターネットを利用して億万長者になる人をうむ一方で、瞬時にして財産を失う人をうむかもしれない。わが国におけるインターネットに関する法律について、政府はその整備にとりかかっているが、まだまだ不十分であると多くの法律学者は指摘《してき》している。

このように、インターネットについては、今後検討すべき問題は多い。新たな時代を踏《ふ》み出した私たちは、未来に向けて、インターネットのよりよい利用方法を、模索《もさく》しなければならない。

参考図書　村井純『インターネット』（岩波新書）

26 衣の変遷

明治以降の衣服

髷《まげ》、和服に靴《くつ》という岩倉具視《いわくらともみ》の滑稽《こっけい》な写真がある。明治の文明開化《ぶんめいかいか》は和洋折衷《せっちゅう》から始まった。四民《しみん》平等により服装上の制約がなくなり服が身分を示さなくなると、近代化の流れで洋服が流行する。山高帽《やまたか》や傘《かさ》が近代化の証《あかし》となり、軍人や郵便《ゆうびん》局員、警官、役人など官《かん》における洋風の男子制服が定められ、宮中《きゅうちゅう》でも礼服《れいふく》は洋装《ようそう》（一般は燕尾服《えんびふく》）が通例《つうれい》となる。さらに鹿鳴館《ろくめいかん》時代を迎え、上流階級の女性にも洋装が流行する。すでに洋服の機能性は認められていたが、洋装が一般大衆の普段《ふだん》（・外出）着《ぎ》になってきたのは、女性では大正末から昭和初期にかけて車掌《しゃしょう》や店員など職業婦人が社会に進出するようになった頃である。都市に現れた洋装の彼女らはモガ（モダンガール）といわれ、通勤にはスーツ、夏は「アッパッパ」と呼ばれた安価なワンピース、都市の女学校では着物《きもの》・袴《はかま》に混《ま》じってセーラー服も目立ち始めた。モボ（モダンボーイ）の背広《せびろ》姿も増えた。紡績《ぼうせき》（木綿《もめん》）など当時の繊維《せんい》工業の機械化の影響も大きく、他にもモスリン（毛織物《けおりもの》）が輸入され、絹《きぬ》、莫大小《メリヤス》編《あ》みなど素材・技術が充実した。しかし、住宅は和室が主流であったため、家庭では和服《わふく》が圧倒的で、地方はもとよりモガの集まる銀座やデパートの三越《みつこし》でも客は和服が多かった。

戦争中の衣料事情

昭和一〇年代には戦時色が強まり国家総動員体制へと進む。綿糸《めんし》の統制に始まる繊維不足で質の悪いスフ（staple fiber、人造短繊維）やレーヨン（人造絹糸《けんし》）などの代用《だいよう》・混用《こんよう》品が衣料を占《し》めるようになった。洋装の象徴であるパーマ（電髪《でんぱつ》）は一九三九年に禁止され、四〇年に男性には国防色《カーキ》の国民服《こくみんふく》、女性にもまもなく標準服が制定された。スカートを禁止された女学生はセーラー服にズボン・モンペなどを組み合わせた。四二年に衣料切符《きっぷ》（点数）制が始まると衣料は国家の管理下に置かれ、簡素化と機能性のみが重視され人々は衣《い》の自由を楽しむ余裕《よゆう》を失う。女性のモンペ姿や男性のゲートル巻きは、その機能性もさることながら戦意高揚《せんいこうよう》的側面が強かった。軍需《ぐんじゅ》産業《さんぎょう》に労働力や繊維資源・燃料が優先《ゆうせん》されたため、衣料難は戦況《せんきょう》悪化と共に深刻化した。

戦後の変貌《へんぼう》

終戦後も衣料事情は好転せず、復活した衣料切符制は一九五一年まで続けられ、スフによる代用《だいよう》衣料や旧軍服《きゅうぐんぷく》、国民服の生活が暫《しばら》く続いた。その中で配給生地《はいきゅうきじ》や古着《ふるぎ》を家庭洋《よう》裁《さい》（足踏《あしぶみ》ミシンによる）で改造した自由な服装が始まり、これらは更生《こうせい》服と呼ばれた。これは女性にとっては戦後の社会進出、解放や地位向上、平和への謳歌《おうか》と結びつく象徴《しょうちょう》でもあった。洋裁学校や服飾雑誌が人気となり、ワンピースやドレス、アロハシャツなど特にアメリカ型のスタイルが占領《せんりょう》期に広まる。朝鮮戦争の特需《とくじゅ》景気は繊維《せんい》業界にも恩恵《おんけい》をもたらした。紡績業が復興《ふっこう》し綿布《めんぷ》の輸出が伸び、まもなく国内向けの繊維市場をも潤《うるお》すようになった（「糸へん（のつく繊維業界の好）景気」と呼ばれた）。

高度経済成長と衣服

一九六〇年代に入ると高度経済成長が本格化し、生産も消費も拡大した。石油などから作る供給が安定する合成繊維《ごうせいせんい》が発達し、各社が開発を競《きそ》い六七年には合成繊維の生産量が綿糸を抜いた。その代表は安く強くなったナイロンストッキング（六一年からシームレス）の定着であろう。また大量生産、大量流通ルートにのって合成繊維のブラウスや学生服など、豊富な素材で安価な既製《きせい》服が主流となり、高級既製服《プレタポルテ》という言葉も生まれた。背広《せびろ》はテーラーで仕立《した》てる注文服《ちゅうもんふく》が中心であったが、「つるし」と呼ばれた既製《きせい》服の比率が増し、セーターなど従来は手編みであったものもサイズ別に既製品化《きせいひんか》された。戦前には乳バンドと呼ばれていたブラジャーを始め下着の開発も進んだ。男女とも鮮《あざ》やかな色や柄が好まれるようにもなった。社会の規制にとらわれ、どぶ鼠《ねずみ》色

（ダーク）中心であった男性服がカラー化したのは雄《おす》が派手《はで》な孔雀《くじゃく》のようでピーコック革命とも呼ばれた。六〇年代に家庭に浸透したテレビは、東京オリンピック中継でブレザーブームを生むなど、流行を瞬時《しゅんじ》に全国へ送り届ける役割を果《は》たした。画面の中は殆《ほと》んどが洋服で流行は世界と直結した。その象徴は女性の意識革命とも言われたミニスカートで、六五年に欧州に現れると六七年には日本の至る所に広まった。この後パンタロン、ロングスカート、ヒッピールックなど流行はめまぐるしく変化し、不十分ながらも衣食住に対する消費生活の楽しみを味わえるようになった。一方、団地の建設や椅子《いす》（洋室）生活に併《あわ》せて家庭でも和服が減り、下駄《げた》も廃《すた》れていった。着付け教室が花嫁修業《しゅぎょう》の一つになるのは和服が普《ふ》段着《だんぎ》としての役割を失ったことを物語っている。着物《きもの》が冠婚葬祭《かんこんそうさい》用（晴れ着・喪服《もふく》）となって久しい。

流行の変容

一九七〇年代以降、本来は労働着であるジーンズ（デニム生地《きじ》）と下着のTシャツ姿やパンクルック、タンクトップ、ブーツなどが街《まち》に流行するなど、衣料ファッションは機能性よりももっぱら「個性」を主張する手段となり、社会常識をも変え多くの是非《ぜひ》論争を招《まね》いた。それらは男女・年齢・系統別に細分化された雑誌や映画・テレビ・ファッションショーなどメディアによって誘導《ゆうどう》され、都市と地方の別なく同一《どういつ》傾向が流行するようになった。背広は大型量販《りょうはん》店で気軽に購入できるようになり、アパレル（既製服《きせいふく》）産業が発展するとともに、高級ブランド商品との両極化、合成繊維《せんい》と天然素材の使い分け、新素材の開発も進んだ。しかし、流行が従来のように主張を伴わず単にメディアに追随《ついずい》しているにすぎない面も強まり、その期間も極《きわ》めて短くなっているといえる。

参考図書　柏木博『ファッションの20世紀』（NHKブックス）、『写真で見る20世紀の日本3・衣食住の100年』（PHP研究所）、家庭総合研究会編『昭和・平成家庭史年表』（河出書房新社）、『図説日本文化の歴史13』（小学館）、高田倭男《しずお》『服装の歴史』（中央公論新社）

27 食の変遷――インスタントラーメンの登場――

食糧難の時代

昭和に入ると満州事変《まんしゅうじへん》、日中戦争、太平洋戦争と戦時体制が確立・強化されていく中、一九三九（昭和一四）年米穀配給《はいきゅう》統制法が公布《こうふ》され、「日の丸弁当」（ご飯に梅干《うめぼし》の弁当）や「代用食」（米の代《か》わりの主食）が登場し、一九四二（昭和一七）年には食糧管理制度がはじまり、主要食糧（米・麦《むぎ》・芋《いも》・雑穀《ざっこく》）を強制的に供出《きょうしゅつ》させた。「ぜいたくは敵だ」「欲しがりません勝つまでは」と食生活をはじめさまざまな面で窮乏《きゅうぼう》生活を強《し》いられていった。やがて敗戦となるが、食糧不足が一層深刻化し、食糧管理制度も残り、都会の人々は買《か》い出《だ》し（地方に食料を求めに行く）や「ヤミ市《いち》」（不法な市場）で不足の食糧を調達せざるをえなかった。この状態はしばらくつづき、アメリカのガリオア資金（占領救済資金《せんりょうきゅうさいしきん》）で日本へ小麦・米の援助が行われ、これをもとに小学校では、ミルク（脱脂粉乳《だっしふんにゅう》）給食《きゅうしょく》が行われたが、国民の食糧不足はなかなか解決されなかった。

一九五〇（昭和二五）年に朝鮮戦争がはじまり、特需《とくじゅ》で景気が回復すると、翌年には経済水準が戦前のレベルまで回復し、食糧不足も次第《しだい》に回復していった。食糧管理制度も改変されていったが米は直接統制がつづいた（五五年以降は生産者米価《べいか》の上昇を通して米作《べいさく》保護を図《はか》った）。

高度経済成長と食生活の激変

高度経済成長期（一九五五～七三年）には、食生活はまた大きく変化した。電気釜《でんきがま》が一九五五年に発売され、翌年には一〇〇万台の販売《はんばい》数を突破《とっぱ》し、三種《さんしゅ》の神器《じんき》として人気のテレビ、電気冷蔵庫、電気洗濯機《せんたくき》も都市から農村へ急ピッチで増え、家庭の電化が進み、食生活のスタイルも大きく変化した。公団住宅で五六年に採用《さいよう》されたダイニングキッチン（DK）も一般に普及《ふきゅう》し、これにつれてちゃぶ台（テレビアニメ「サザエさん」一家で使用している）に代《か》わりテーブルの利用がはじまり、食事風景も大変化した。五六年にはスーパーマーケットもアメリカから日本に入り、やがて急速に発展し、流通革命が進んだ。これに対応して、六五年には冷蔵庫の普及率も五〇パーセントを超え、翌年には野菜などの低温輸送によるコールドチェーン化が進み、新鮮な野菜・肉・魚・ハム・ミルク・チーズ・バター・ビール、清涼《せいりょう》飲料水などが手軽に口に入るようになった。燃料も薪《まき》や炭《すみ》・練炭《れんたん》に代わり、プロパンガス、さらに都市ガスが普及《ふきゅう》し、家庭用換気扇《かんきせん》やステンレス流し台が発売されるなど台所・調理用具の変化なども家庭料理のあり方に大きく影響した。伝統的な煮物《にもの》など和食《わしょく》の家庭料理の比重が低下し、洋風・中華風料理がしばしば登場し、五〇年ころから都市サラリーマンの生活は洋風化が著《いちじる》しく、魚介類《ぎょかいるい》・野菜中心から肉類・卵・乳《にゅう》製品中心の食生活へと変化し、六八年ころの子供の人気メニューは玉子焼からハンバーグへと変わった。これらの食生活の変化と対応して米の一人あたりの年間消費量は六二年の一七八・三キログラムを戦後最高に再び減少し（戦前は一六〇キログラム）、六七年には米は生産過剰《かじょう》時代となり副食《ふくしょく》（おかず）が増え、八八年には肉と魚の消費量が逆転した。

　高度経済成長期以降の食生活の重要な変化の一つは食の簡便化《かんべんか》が進み、インスタント食品が登場したことである。そのはじめ

電気炊飯器(東芝科学館所蔵)　電気炊飯器《すいはんき》は，かまどにつきっきりで釜のようすを見ながら火加減をする飯炊《めした》きの腕前をひとまとめにしたので，主婦には大助かりだった。写真はわが国最初の自動電気釜。間接三重構造で先端商品として人気を集め，最盛期には月産15万個を超えた。またすぐれた意匠によりグッドデザイン賞を受賞し，9年間にわたる長期間モデルチェンジをしなかった。1955年発売，1.8 ℓ（1升）炊き。価格は4500円だった。

は一九五八（昭和三三）年インスタントラーメン「日清《にっしん》チキンラーメン」の発売だった。爆発的人気で、この年に一三〇〇万食が生産された。六〇年までに三〇〇社が進出し、年間生産量は一億五〇〇〇万食で、七四年には四〇億食となり、現代の食生活を象徴する食品となった。さらにインスタントコーヒー（六〇年）、インスタント味噌汁（六二年）など熱湯《ねっとう》を注《そそ》ぐだけの簡単な調理法のインスタント食品は六〇～六五年にかけ急速に家庭に浸透《しんとう》した。六八年には初のレトルト食品の「ボンカレー」が発売。以来、ハンバーグ、ミートボールなど次々とレトルト食品ができ、七一年には、容器に熱湯を注ぐだけの「カップヌードル」が発売された。また、六五年ころから冷蔵庫も二段式の冷凍《れいとう》冷蔵庫が主流となり、冷凍食品が売上げを伸ばし、冷凍ライス、冷凍コロッケなど加熱《かねつ》するだけで食べられる、ほぼ調理済《ず》みの食品が家庭に浸透《しんとう》した。

食事風景の変化

七〇年代前半にはファーストフード＝チェーン店が展開し、外食《がいしょく》のファッション化・レジャー化が進んだ。事実八九年には余暇《よか》のトップに外食があがっている。ケンタッキー（七〇年）、ハンバーガーのマクドナルド（七一年）、ミスタードーナツ、ピザのシェーキーズ等が続々と開店した。また大資本によるファミリーレストランも、スカイラーク（七〇年）、ロイヤ

チキンラーメン（1958年発売）
〈日清製粉提供〉

カップヌードル（1971年発売）
〈日清製粉提供〉

ルホスト（七一年）、デニーズ（七四年）など続々開店・展開した。この理由は第二次資本自由化により外国企業が自由に資本参加できるようになったことにある。これらのファーストフードとファミリーレストランは新しい食事スタイルをつくり上げ、外食《がいしょく》をごく自然なものと認識させた。さらに外食（飲食店で食事すること）に対する感覚の延長線上に「中食《ちゅうしょく》」がある（中食はコンビニエンスストアーや持ち帰り弁当店で弁当や調理済みの食品を買い、職場や家へ持ち帰り食べること）。この中食の流行には電子レンジの普及が密接《みっせつ》に関係する。また、外食、中食により、食事を家族や集団でとることから一人でとる個食、孤食化現象が著《いちじる》しくなった（家族で外食することは逆に家庭での食事の団らんが失われていることの反映）。そして、このような高度経済成長による食生活の変化の背景《はいけい》には女性の社会進出もあった。一方、次のようなさまざまな問題も起こった。森永《もりなが》ヒ素ミルク事件、カネミ油症《ゆしょう》事件など食品被害、食品の添加物《てんかぶつ》などの危険な食品の出現、もどき食品、食品のニセ表示、自然のものを含めすべての食品は金で買うのが当然との風潮《ふうちょう》、などである。また、七〇年代に入ると世界中の食品が航空機や高速コンテナ船で日本へ輸入され、日本には食べきれないほどの食材があふれて飽食《ほうしょく》時代を迎えたが、日本の食糧自給《じきゅう》率は極《きわ》めて低く、膨大《ぼうだい》な輸入食品が飽食《ほうしょく》日本の食卓《しょくたく》を支《ささ》えているといった問題もある。

参考図書　原田信男『木の実とハンバーガー』（ＮＨＫブックス）

28 住の変遷

都市化と住宅

明治時代、一部に「洋風《ようふう》建築」住宅（洋館と和風《わふう》住宅がつながって、洋館は接客用）が出現する。それらは華族《かぞく》や政府の高官、財閥《ざいばつ》などの社会的地位を示すシンボル的なものとして建てられたものが多かった。一般の人々の住宅への関心がたかまるのは大正時代に入ってからである。第一次世界大戦後、資本主義経済の発達に伴い、工場労働者が増大して都市部の人口が急増した。都市での労働者の住宅はほとんどが貸家《かしや》であったが、サラリーマンなど中産階級の人たちが増加するにつれ、より良い居住《きょじゅう》環境や持家《もちいえ》を求める風潮がたかまり、都市の郊外《こうがい》に開通した私鉄の計画的な宅地《たくち》開発などで、山手《やまのて》から郊外《こうがい》へ文化住宅が続々と建てられた。「文化住宅」は関東大震災後のモダンな家のことで、玄関《げんかん》の横に応接間があり、中廊下《なかろうか》を奥へ進むと和室《わしつ》が二、三室あった。このように和風住宅に洋風の応接間を接続し中廊下をはさんで南北に部屋を設けた和洋折衷《せっちゅう》の住宅が中産階級の住宅の典型《てんけい》となった（図1参照）。しかし、部屋の仕切《しき》りが襖《ふすま》であるため、プライバシーが保たれず、接客と主人を中心とした点は前近代的なものであった。

大正から昭和のはじめには同潤会《どうじゅんかい》アパートに代表される鉄筋《てっきん》コンクリート造りの「アパート」も建設されたが、庶民には高嶺《たかね》の花で、主に中産階級のものであった。都市労働者や庶民に対しては粗悪《そあく》な木造アパートが多く建てられたが、これは社会環境の悪化の一要因にもなった。

戦後の住宅難

太平洋戦争により、全国約一六〇の都市で五割以上が被災《ひさい》し、そのうち住宅は二一〇万戸が焼失し、五五万戸が延焼《えんしょう》を防止するため間引《まび》きで取りこわされた。その結果、戦争中の住宅不足一一八万戸に加えて、戦後の海外からの引揚《ひきあ》げ者の住宅需要を合わせ約四二〇万戸の住宅が不足した。こうした不足を補うため、焼け残った木材やトタン板でつくった「バラック」や防空《ぼうくう》壕《ごう》の跡など、あらゆるものが住宅として利用されていった。

住宅産業の成長

やがて、一九五〇（昭和二五）年朝鮮戦争が始まるとわが国の経済は特需《とくじゅ》で復興《ふっこう》し、五五年以降、「もはや戦後ではない」のことばが生まれ、高度経済成長に突入していった。工業化が進むと、第一次産業（農林・水産業）の就業者《しゅうぎょう》が減少し、第二次産業（製造・建設）、第三次産業（小売などサービス）の就業人口が増大し、その多くは都市部に集中して、人口は農村から都市へと流出した（三ちゃん農業〈かあちゃん・じいちゃん・ばあちゃん〉、過密と過疎《かそ》などの問題も発生）。住宅不足は深刻になり、経済復興の中、五〇年には国は住宅政策として住宅金融公庫を創設《そうせつ》した。住宅資金の貸し出しがはじまり持家《もちいえ》が奨励《しょうれい》された。さらに高度経済成長で人々が豊かになり住宅の需要が高まると、商社、建設、鉄道、造船などを本来の業務としていた大企業が産業としての住宅部門に着目《ちゃくもく》し、商品として大量に供給《きょうきゅう》・販売するようになり、「分譲建売《ぶんじょうたてうり》住宅」（山林や農地を造成《ぞうせい》して建てた住宅）や「プレハブ住宅」（大量に工場で生産された部材を現地で組み立てる）や、「ツーバイフォー工法の住宅」（アメリカから導入した施行法で2×4インチを基本とした均一な木材の組合せで各部を組み立てる）、「マンション」が次々と生まれた。

公団住宅の登場

一方、都市部労働者（特に中産階級以下の庶民《しょみん》）に対しては、国の政策として賃貸《ちんたい》住宅が大規模に供給されることになった。このため、五五年には日本住宅公団（現、都市基盤整備公団《としきばん》）が創設《そうせつ》され、大規模、大量に団地《だんち》が造成され、住宅が供給された。この「団地住宅」は、不燃《ふねん》化、規格《きかく》化、合理化を推進《すいしん》し、「団地族」のことばが定着した。公団住宅は四、五階から十数

図１　中廊下のある住宅
（『日本住宅の歴史』NHKブックスより）

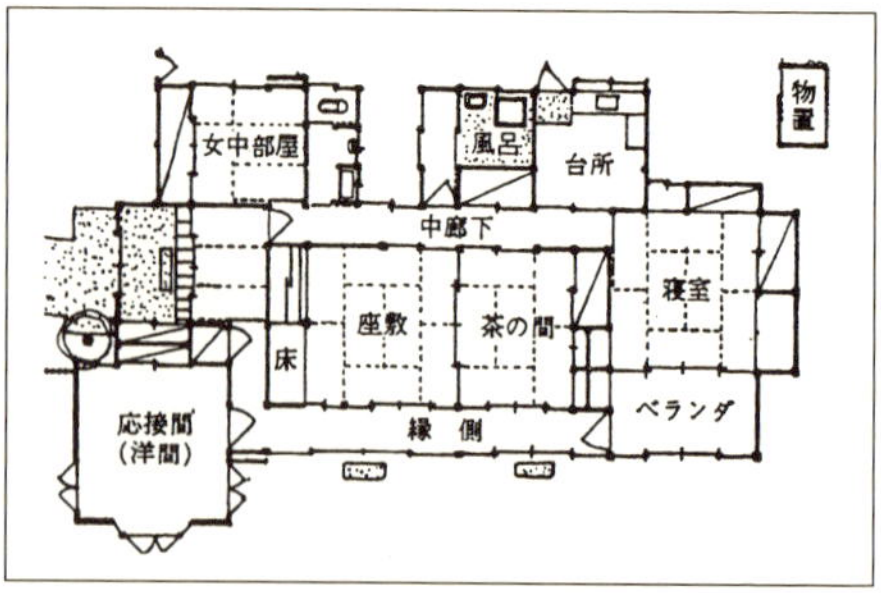

図２　公団住宅2DKの標準設計（『日本住宅公団20年史』より）

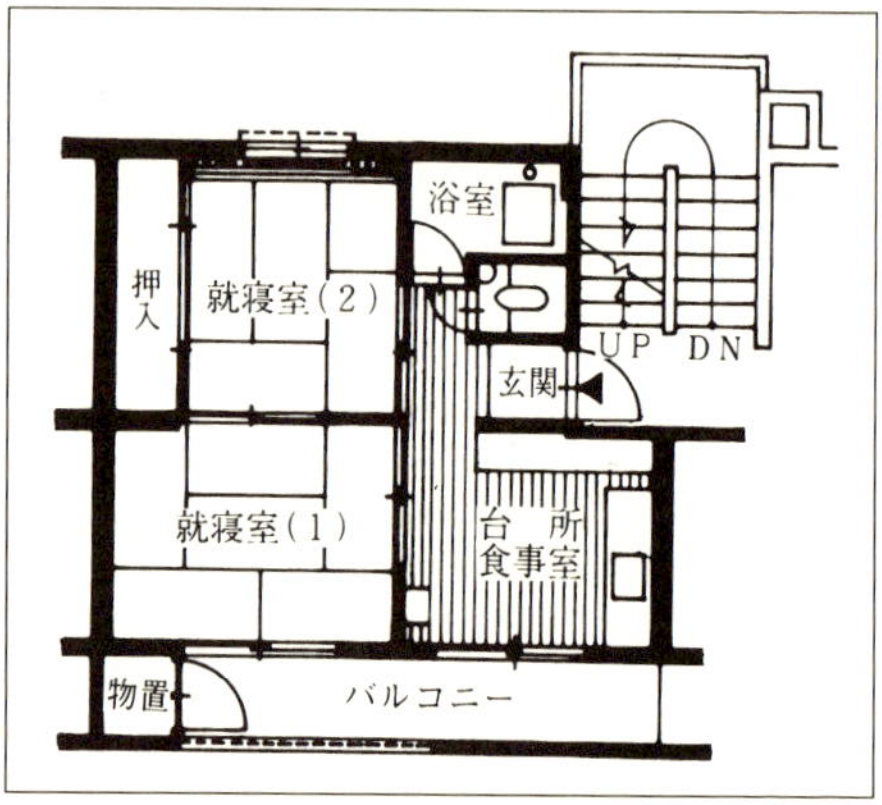

図３　公団住宅2DKの住まい方（商品科学研究所＋CDIによる）

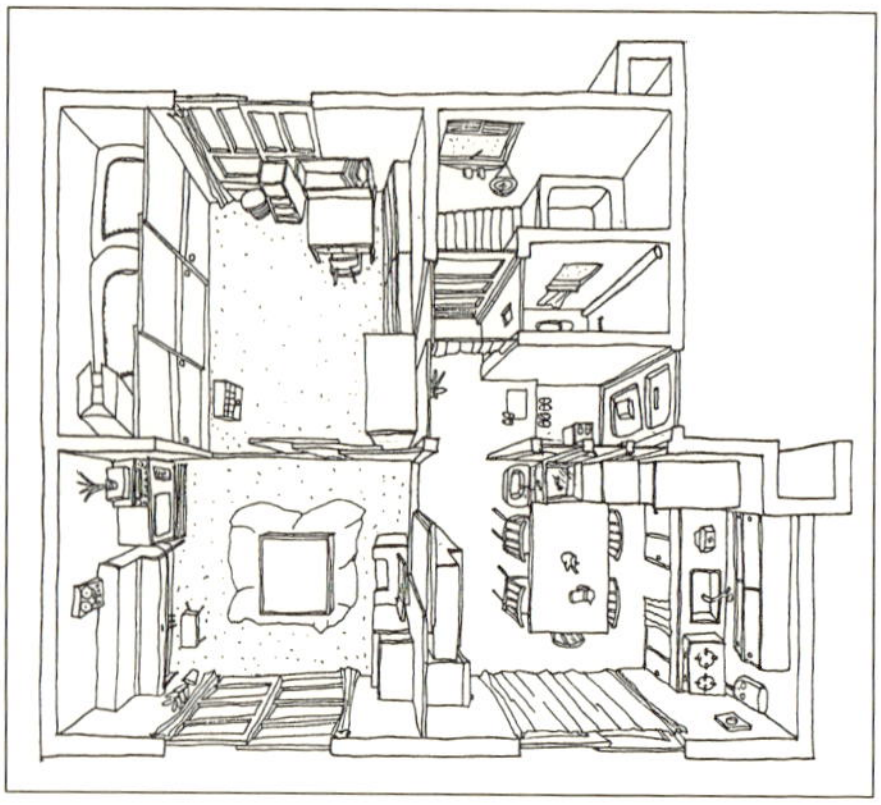

階建ての高層もあった。そして、その間取《まど》りは2DKが標準であった（図2・図3参照）。なかでも食堂（D）と台所（K）を一室にしてDK（ダイニング・キッチン）タイプをつくり、寝食《しんしょく》分離を図《はか》ったのは公団住宅が最初である（これは現在では普及している。2DK＝2部屋＋DKの意）。テレビアニメ「サザエさん」に見られるような従来のちゃぶ台（折り畳みのできる短い脚付きの食卓）を囲んでの一家だんらんの食事風景は、椅子《いす》に坐ってテーブルで食事をとるように変化していった。また、団地サイズなどその狭さの問題点もあるが、各戸《こ》に風呂を設けたり（都市部では銭湯《せんとう》の利用者が多かった）、流し台・洋式水洗トイレ・サッシ窓・ヴェランダなどの設備も新しく開発し普及させて、一時代を画《かく》して民間にも影響を与えた。

さらに公団は、都市内部に「市街地《しがいち》住宅」（下層を商店、上層を住宅とする）や再開発による「高層住宅団地」を建て、職場と住宅の接近を図る一方、郊外《こうがい》には数千戸の住宅団地のある「ニュータウン」をつくった（例えば、千里ニュータウン・多摩《たま》ニュータウン）。

わが国では新しい憲法下で家父長《かふちょう》制度がくずれ、核《かく》家族（夫婦と子ども中心）化が進んだ。さらに団地住宅も核家族を前提としたので、この高度経済成長期には核家族化は急速に進み、「カギッ子」も出現した。豊かさを求める人々は住宅のほかに、一九五〇年代には三種の神器《じんき》（白黒テレビ、洗濯機《せんたくき》、冷蔵庫）、六〇年代後半には新三種の神器の3C（カラーテレビ、カー、クーラー）を求めていった。

このように高度経済成長期（一九五五〜七三年）を境に、わが国の住生活は大きく変化していったのである。

参考図書　稲葉和也・中山繁信『日本人の住まい—住居と生活の歴史』（彰国社）

日本近現代史を通して参考になる図書

百瀬孝『事典　昭和戦前期の日本　制度と実態』(吉川弘文館)
百瀬孝『事典　昭和戦後期の日本　占領と改革』(吉川弘文館)
『国史大辞典』1～15巻(吉川弘文館)
『標準日本史年表』(吉川弘文館)
『標準日本史地図』(吉川弘文館)
日本史教育研究会編『新版日本史史料』(吉川弘文館)
『近代日本総合年表』(岩波書店)
『日本歴史大系』4・5巻(山川出版社)
『日本史広辞典』(山川出版社)

執筆者一覧　（50音順・所属先は執筆当時）

飯田　雅教　（東京・元佼成学園女子高等学校）
井上　　薫　（千葉・渋谷教育学園幕張中学・高等学校）
鮒沢　瑛子　（東京・元東京大学附属中学・高等学校）
勝股　　正　（神奈川・県立元石川高等学校）
岸上　康久　（香川・県立三豊工業高等学校）
国枝　哲夫　（岐阜・県立大垣農業高等学校）
古賀　克彦　（千葉・国府台女子学院中学・高等学校）
後藤　恭平　（兵庫・武庫川女子大学附属中学・高等学校）
駒田　和幸　（神奈川・桐蔭学園高等学校）
斉藤　正敏　（山梨・県立甲府第一高等学校）
関口　伴明　（東京・元都立豊多摩高等学校）
高橋　　哲　（千葉・渋谷教育学園幕張中学・高等学校）
高橋　通泰　（東京・お茶の水女子大学附属高等学校）
田畑　敏之　（兵庫・灘高等学校）
智野　豊彦　（神奈川・市立戸塚高等学校）
中里　行雄　（神奈川・県立逗葉高等学校）
中村　匡男　（東京・清泉女子大学）
花井　正男　（兵庫・市立西宮高等学校）
松井　秀行　（三重・県立四日市南高等学校）
松本　　馨　（東京・都立富士高等学校）
村瀬　克己　（神奈川・元県立光陵高等学校）
山中　信幸　（兵庫・柳学園高等学校）
吉田　洋子　（東京・都立白鷗高等学校）
吉原　正人　（兵庫・武庫川女子大学附属中学・高等学校）

編集委員　阿曽《あそ》　一《はじめ》
斉藤正敏《さいとうまさとし》
高橋《たかはし》　哲《あきら》
高橋通泰《たかはしみちやす》
松本《まつもと》　馨《かおる》
吉原正人《よしはらまさと》

story　日本《にほん》の歴史《れきし》　―近現代史編《きんげんだいしへん》

2000年2月15日　第1版第1刷発行
2015年11月20日　第1版第10刷発行

編　者　日本史教育研究会《にほんしきょういくけんきゅうかい》
会長　松本《まつもと》　馨《かおる》
発行者　野澤伸平
印刷所　明和印刷株式会社
製本所　株式会社ブロケード

発行所　株式会社　山川出版社
〒101－0047　東京都千代田区内神田1－13－13
電話　03(3293)8131(営業)　03(3293)8135(編集)
http://www.yamakawa.co.jp/
装幀　菊地信義　　振替　00120-9-43993

ISBN978-4-634-01620-0